인물로
보는
근대 한국

근대한국학 대중 총서 01

인물로 보는 근대 한국

초판 1쇄 인쇄 2020년 7월 17일
초판 1쇄 발행 2020년 7월 24일

–

엮은이 연세대학교 근대한국학연구소 인문한국플러스(HK+) 사업단 지역인문학센터
펴낸이 이방원
편　집 송원빈·김명희·안효희·윤원진·정조연·정우경·최선희
디자인 손경화·박혜옥·양혜진　　**영　업** 최성수

–

펴낸곳 세창출판사
출판신고 1990년 10월 8일 제300-1990-63호
주소 03735 서울시 서대문구 경기대로 88 냉천빌딩 4층
전화 02-723-8660　　**팩스** 02-720-4579
이메일 edit@sechangpub.co.kr　　**홈페이지** http://www.sechangpub.co.kr
블로그 blog.naver.com/scpc1992　　**페이스북** fb.me/scp1008　　**인스타그램** @pc_sechang

–

ISBN 978-89-8411-963-5 94910
　　　978-89-8411-962-8 (세트)

© 연세대학교 근대한국학연구소 인문한국플러스(HK+) 사업단 지역인문학센터

_ 이 책에 실린 글의 무단 전재와 복제를 금합니다.

_ 이 책은 2017년 정부(교육부)의 재원으로 한국연구재단의 지원을 받아 수행된 연구임(NRF-2017S1A6A3A01079581)

이 도서의 국립중앙도서관 출판예정도서목록(CIP)은 서지정보유통지원시스템 홈페이지(http://seoji.nl.go.kr)와
국가자료종합목록 구축시스템(http://kolis-net.nl.go.kr)에서 이용하실 수 있습니다.(CIP제어번호 : CIP2020030243)

근대한국학 대중 총서 01

인물로
보는
근대
한국

연세대학교 근대한국학연구소
HK+ 사업단 지역인문학센터

세창출판사

발간사

인간은 언제부턴가 현상의 이유를 알고 싶어 하는 물음, 즉 '왜'라는 질문을 하기 시작했다. 어떤 철학자는 이 질문과 더불어 비로소 인간이 된다고 한다. 자연스럽게 경험되는 현상을 그 이유(reason)부터 알고자 하는 것, 그것이 곧 이성(reason)의 활동이고 학문의 길이다. 이유가 곧 이성인 까닭이다. '존재하는 모든 것에는 충분한 이유가 있다(충족이유율)'는 학문의 원칙은, 따라서 '존재는 이성의 발현'이라는 말이며, '학문에의 충동이 인간의 본성을 이룬다'는 말이기도 하다. 최초의 철학자들이 자연의 변화 이유를 알고 싶어 했었는데, 이내 그 모든 물음의 중심에 인간이 있음을 알게 된다. 소크라테스의 "네 자신을 알라"는 말은 물음의 방향이 외부에서 내부로 이행되었음을, 인간에게 가장 중요한 물음이자 답하기 어려운 물음이 인간 자신에 대한 물음임을 천명한다.

자연과학이 인간에 대한 물음에 간접적으로 관여한다면 인문학(Humanities)은 인간을 그 자체로 탐구하고자 한다. 자연과학의 엄청난 성장은 인문학 역시 자연과학적이어야 한다는 환상을 심어 주었다. 대상을 객체로 탐구하는, 그래서 객체성(객관성)을 생명으로 하는 과학은, 주체성과 상호주체성으로 특징지어지는 인간의 세계뿐만 아니라 인간 역시 객체화한다. 인간이 사물, 즉 객체가 되는 순간이며, 사람들은 이를 인간성 상실이라고 말한다.

우리는 다시 묻는다. 나는 누구이며 인간은 무엇인가? 이 물음은 사물화된 인간에 대한 반성을 담고 있다. 인간이 이처럼 소외된 데는 저 원칙에 따라 이유가 있을 것이다. 그것을 찾고자 인문학이 다시 소환된다. 자신의 가치를 객관적 지표에서 찾으려 동분서주했던 대중들 역시 사물화된 자신의 모습에 불안하다. 인간은 객관적 기술이 가능한 객체라기보다는 서사적 존재이고, 항상적 본질을 반복적으로 구현하는 동물이라기보다 현재의 자신을 끊임없이 초월하고자 하는 실존적, 역사적 존재이다. 인간에게서는 실존이 본질을 앞선다. 문학과 예술, 역사, 그리고 철학이 사물화된 세계에서 호명된 이유이다.

한국연구재단은 이러한 사명에 응답하는 프로그램들을 내놓았다. 그것들 중에서도 "인문한국(HK, HK+)" 프로그램은 이 문제에 가장 직접적으로 대면한다. 여전히 성과, 즉 일종의 객체성에 의존하는 측면이 있기는 하지만 인문학자들의 연구활동과 대중들의 인문의식 고양에 획기적인 프로그램으로 자리 잡았다.

연세대학교 근대한국학연구소는 2017년 11월부터 한국연구재단으로부터 "근대한국학의 지적기반 성찰과 21세기 한국학의 전망"이라는 어젠다로 인문한국플러스(HK+) 사업을 수주하여 수행하고 있다. 사업단

내 지역인문학센터는 연구성과 및 인문학 일반의 대중적 확산에 주력하고 있다. 센터는 강연과 시민학교, 청소년 캠프 및 온라인 강좌 등을 통해 전환기 근대 한국의 역동적인 지적 흐름들에 대한 연구소의 연구성과들을 시민들과 공유하고 있다. 출간되는 대중 총서 역시 근대 한국의 역사, 문학, 철학 등을 인물별, 텍스트별, 주제별, 분야별로 대중에게 보다 폭넓게 다가가기 위해 기획되었다. 이 시리즈들을 통해 나와 우리, 즉 인간에 대한 물음에 함께하기를 기대한다.

연세대학교 근대한국학연구소
인문한국플러스(HK+) 사업단 지역인문학센터

차례

한글을 창제한 성군,

세종

— 훈민정음 독창성과 세종의 창의성을 중심으로

김슬옹
세종국어문화원

1. 영원히 깨지지 않을 '훈민정음/한글'의 독창성, 세종의 창의성

한글을 창제한 세종에 대해서는 논저 수를 헤아리기 어려울 정도로 많은 책들이 나와 있다. 그렇다면 여기서는 새로운 관점에서 한글을 창제한 세종의 업적을 조명해 보자. 바로 창의성 관점에서 다시 평가해 보자는 것이다. 이 책 전체 주제가 근대 한국의 인물론인데 세종이 중요한 이유는 근대성에서 가장 중요한, 사람다움(휴머니즘)을 위한 소통 문제를 근본적으로 해결할 수 있는 문자를 세종이 15세기에 이미 공식 문자로 반포했기 때문이다. 누구나 쉽게 쓸 수 있는 훈민정음의 보편적 가치는 근대적 가치를 훨씬 뛰어넘고도 남는다.[1]

훈민정음의 그런 가치가 세종의 애민 사상에서 나온 것임은 두말할 필요도 없지만 애민 사상만으로 그런 문자가 나오지는 않는 것도 분명하

---

1 '언문일치'로 평가되는 문자 사용의 근대성 문제는, 허재영·김경남·정대현·김슬옹·김정애 (2019), 『계몽의 수단: 민족어와 국어』, 경진출판 참조.

다. 바로 중국과 한문 중심의 15세기의 견고한 질서를 깬, 세종의 창의성이 뒷받침되었기에 가능했다. 그렇다면 인류 역사에서 가장 창의적인 발명품은 무엇일까? 당연히 보는 관점에 따라 달라질 것이다. 이런 기준을 세워 보면 어떨까? 같은 계열의 또 다른 창의적 발명에 의해 무너지지 않는 발명품! 바로 '훈민정음(訓民正音, 한글)'이다. 훈민정음은 세종(世宗, 1397-1450)의 발명품이었다. 훈민정음은 인공 문자이니 당연히 발명자가 있는 것이고, 여럿이서 함께 발명할 성질이 아니었기에 세종 단독 발명품이었다. 아직도 많은 사람들이 집현전 학사들과 함께 발명했다고 알고 있지만, 그런 논의는 하나의 설로도 성립할 수 없는 100% 역사 왜곡이고 사실이 아니다.

대부분의 물리적인 제품은 최소 1년, 최대 10년 안으로 새로운 제품이 쏟아진다. 그런데 훈민정음은 창제 577년이 지났는데 이 이상의 발명품이 나오지 않고 있다. 새로운 발명의 필요성이 없어서일 수도 있지만 실제 그 이상의 발명이 불가능하다. 상상이 안 되는 분들을 위해 이런 비유는 어떨까? 지금 시점에서 세계의 천재들 천 명을 모아 천 년을 연구한다면 훈민정음 그 이상의 문자를 발명해 낼 수 있을까? 어려울 것이다.

물론 더 개량하고 보완한 것은 얼마든지 가능하고 필자도 만들어 낼 수 있다. 실제 그런 문자가 나와 있기도 하다. 바로 김세환 님의 『인류문자』(2018)가 그것이다.[2] 그러나 새로운 차원의 문자는 나올 수 없다. 그만

---

2 훈민정음 창제 원리에 따라 훈민정음식 문자를 확장한 것이다. 문제는 컴퓨터에서 입력할 수 없는 특수 부호가 많아 실용화에 어려움이 있다.

큼 세종은 1443년 12월(음력)에 완벽에 가까운, 더 이상 깨지지 않을, 기록적인, 그래서 '문자혁명'이라는 기적의 발명품을 내놓은 것이다.

세종이 훈민정음을 창제(1443), 반포(1446)하던 때엔 이미 지금 쓰고 있는 인류 문자가 다 나와 있었고 세종도 다양한 문자를 참고했을 것이다. 그러나 다른 문자를 모방했다는 의심의 여지가 없도록 문자 창제의 전 과정(원리)과 체계 등을 새로운 논리 체계로『훈민정음』해례본에 밝혀 놓았다. 문자는 소릿값이 분명한 짜임새가 중요한데 그 음가와 체계를 세종대왕이 처음 만들었다. 그래서 훈민정음 28자는 기존 문자를 다듬은 게 아니라 세종이 새롭게 창제한 것으로 보는 것이다.

2. 훈민정음, 무엇이 그토록 독창적일까?

훈민정음의 독창성을 과정, 결과, 특성, 가치 네 가지 측면에서 조명해 보자. 문자 제정 과정과 결과, 문자의 특성, 문자의 가치 등의 독창성은 당연히 기존 문자에서 비슷한 사례조차 없는, 완전히 차원을 달리하는 독창성을 말한다. 훈민정음 외 모든 문자는 로마자나 한자처럼 오랜 세월 동안 개량돼 온 문자이거나 일본 로마자, 티베트 문자, 파스파 문자처럼 기존 문자에서 응용해 내거나 개량한 문자들이다. 훈민정음은 그 어떤 계보에도 속하지 않기에 완전히 독창적인 문자다.

그렇다면 그 독창성을 어떻게 입증할까? 제자 과정이 중요한 것은 그것이야말로 독창성을 입증해 주는 가장 강력한 결과물이기 때문이다.

1) 과정: 제자 원리의 독창성

흔히 훈민정음은 발음기관을 모방해서 과학적이라고 한다. 이러한 담론은 두 가지 문제가 있다. 자음자와 모음자 제자 원리가 다르다는 대전제가 빠져 있고 또 하나는 발음기관을 상형했다고 그것이 과학이 되는 것은 아니라는 것이다. 과학 측면에서 더욱 주목한 것은 도형 측면이다. 문자는 꼴이 중요한데 훈민정음을 점과 직선과 동그라미만으로 상형했다는 점에 더 주목할 만하다. 바로 가장 단순한 도형 기하(유클리드 기하)를 적용한 상형이라는 데 방점을 두어야 한다.

또한 문자는 전체 짜임새가 중요한데 자음자와 모음자의 상형 전략과 원리를 달리했다는 것이 또한 과학이다. 자음은 어딘가에 닿았다가 터지면 파열음, 스치면 마찰음, 터졌다가 스치면 파찰음이 되는데 여기서 닿는 곳을 본뜬 것이 과학이다. 모음자는 입 오므림 정도, 혀 오그림 정도, 그리고 목의 상태에 의해 결정되므로 발음기관을 상형할 수 없다. 그래서 상형 기본 자음자는 발음기관과 발음작용을 상형했지만 상형 기본 모음자는 하늘(•)과 땅(ㅡ)과 사람(ㅣ)을 상형했다. 그것도 점과 직선만으로 했다. 평면 기하 원리를 적용한 것은 자음자나 모음자가 같다. 일부에서는 하늘과 땅과 사람을 본 뜬 것이 비과학이라 하지만 그것은 세종의 모음자 제자 전략과 맥락을 제대로 파악하지 못한 가벼운 평가다. 우리말에 들어 있는 음양의 기운을 반영하기 위한 측면에서 대단히 과학적인 전략이기 때문이다.

이렇게 보면 상형 기본자 설정 자체가 과학적이면서 대단히 맥락적이고 전략적임을 알 수 있다. 당연히 이러한 전략이 적용된 기존의 문자는

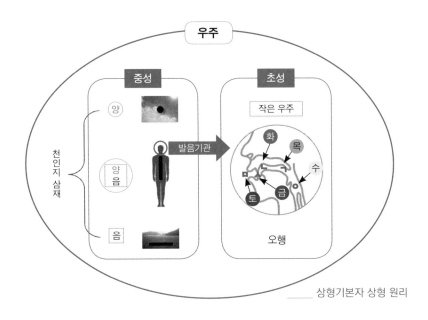

_____ 상형기본자 상형 원리

한국어에 발달되어 있는 모음조화

갈래	양성모음끼리	음성모음끼리
예사소리	졸랑졸랑	줄렁줄렁
	잘랑잘랑	절렁절렁
된소리	쫄랑쫄랑	쭐렁쭐렁
	짤랑짤랑	쩔렁쩔렁
거센소리	촐랑촐랑	출렁출렁
	찰랑찰랑	철렁철렁

없다. 이러한 상형 기본자에서 확장되어 가는 과정 또한 자음자는 가획의 규칙성, 모음자는 합성의 규칙성을 적용한다.

훈민정음 중성 11자 조음 방법에 따른 분류

혀목입	상형기본자			8성			
	목	입		입			
		기본 벌림		입오므림(口蹙)		입벌림(口張)	
		설명		초출자	재출자(ㅣ에서 시작[起於ㅣ])	초출자	재출자(ㅣ에서 시작[起於ㅣ])
혀오그림(舌縮)	• / 소리 깊음(聲深)	ㅗ 보다입덜오므림 / ㅏ보다 입덜벌림		ㅗ	ㅛ	ㅏ	ㅑ
혀조금 오그림(舌小縮)	ㅡ / 소리 깊지도 얕지도 않음(不深不淺)	ㅜ 보다 입덜오므림 / ㅓ보다 입덜벌림		ㅜ	ㅠ	ㅓ	ㅕ
혀안 오그림(舌不縮)	ㅣ / 소리 얕음(聲淺)						

모음자와 자음자의 합자 원리도 규칙적이다. 자음자 'ㅎ'을 기준으로 모음자를 90도씩 돌리면 '호하후허' 네 글자가 차례대로 생성된다. 이는 최소의 문자로, 최소의 움직임만으로 최대의 글자 수를 만들어 내는 위상수학의 원리를 적용한 것이다. 자음자, 모음자 각각에 유클리드 기하 원리를 적용했다면, 자음자와 모음자 합자에서는 비유클리드 기하 원리를 적용한 것이다. 이런 원리 역시 비슷한 사례조차 없다.

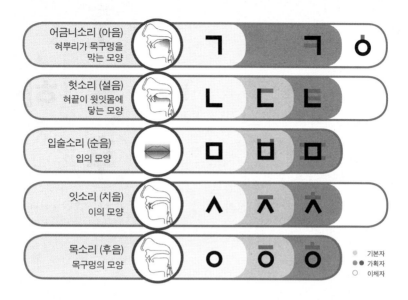

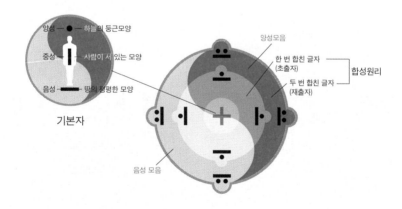

_____ 자음자 확장의 규칙성과 모음자 확장의 규칙성[3]

_____

3   김슬옹 글, 강수현 그림(2015), 『누구나 알아야 할 훈민정음, 한글이야기 28』, 글누림.

이러한 제자 과정에서의 과학적 원리 외에 음양오행 철학 원리도 적용됐다.

삼재 음양오행 철학은 동양 보편 철학이었으니 독창적 요소가 아니다. 그러나 이런 원리를 철저하게 적용한 것은 훈민정음으로, 음양오행 철학의 보편 원리가 극대화되었다.

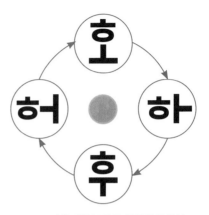

_____ 자음자와 모음자 합자의 규칙성

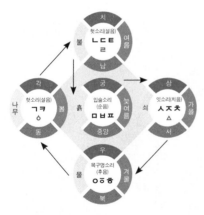

○ 오행: 우주를 이루는 다섯 원소
● 오시: 계절이 변하는 다섯 시기
● 오방: 동서남북과 그 가운데의 다섯 방향
● 오음: 국악의 다섯 음률
➜ 초성자 배열 오행 차례 : 아설순치후

_____ 자음자에 적용된 음양오행 철학

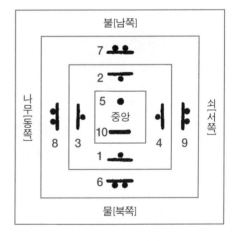

_____ 모음자에 적용된 음양오행 철학

2) 결과: 문자 짜임새의 독창성

자음자와 모음자 또는 초성자, 중성자, 종성자의 음절자 생성 결과는 마치 바둑판 같은 체계성을 띤다. 자음자와 모음자의 1차 짜임새인 음절자, 그리고 자음자와 모음자 전체 짜임새가 체계적인 것은 훈민정음이

초·중·종성자 음절자 배열표

갈래	ㄱ	ㄴ	ㄷ	ㄹ	ㅁ	ㅂ	ㅅ	ㅇ	ㅈ	ㅊ	ㅋ	ㅌ	ㅍ	ㅎ	ㄲ	ㄸ	ㅃ	ㅆ	ㅉ
ㅏ	가	나	다	라	마	바	사	아	자	차	카	타	파	하	까	따	빠	싸	짜
ㅑ	야	냐	댜	랴	먀	뱌	샤	야	쟈	챠	캬	탸	퍄	햐	꺄	땨	뺘	쌰	쨔
ㅓ	거	너	더	러	머	버	서	어	저	처	커	터	퍼	허	꺼	떠	뻐	써	쩌
ㅕ	겨	녀	뎌	려	며	벼	셔	여	져	쳐	켜	텨	펴	혀	껴	뗘	뼈	쎠	쪄
ㅗ	고	노	도	로	모	보	소	오	조	초	코	토	포	호	꼬	또	뽀	쏘	쪼
ㅛ	교	뇨	됴	료	묘	뵤	쇼	요	죠	쵸	쿄	툐	표	효	꾜	뚀	뾰	쑈	쫘
ㅜ	구	누	두	루	무	부	수	우	주	추	쿠	투	푸	후	꾸	뚜	뿌	쑤	쭈
ㅠ	규	뉴	듀	류	뮤	뷰	슈	유	쥬	츄	큐	튜	퓨	휴	뀨	뜌	쀼	쓔	쮸
ㅡ	그	느	드	르	므	브	스	으	즈	츠	크	트	프	흐	끄	뜨	쁘	쓰	쯔
ㅣ	기	니	디	리	미	비	시	이	지	치	키	티	피	히	끼	띠	삐	씨	찌
ㅐ	개	내	대	래	매	배	새	애	재	채	캐	태	패	해	깨	때	빼	쌔	째
ㅔ	게	네	데	레	메	베	세	에	제	체	케	테	페	헤	께	떼	뻬	쎄	쩨
ㅖ	계	녜	뎨	례	몌	볘	셰	예	졔	쳬	켸	톄	폐	혜	꼐	뗴	뼤	쎼	쪠
ㅒ	걔	냬	댸	럐	먜	뱨	섀	얘	쟤	챼	컈	턔	퍠	햬	꺠	떄	뺴	썌	쨰
ㅘ	과	놔	돠	롸	뫄	봐	솨	와	좌	촤	콰	톼	퐈	화	꽈	똬	뽜	쏴	쫘
ㅚ	괴	뇌	되	뢰	뫼	뵈	쇠	외	죄	최	쾨	퇴	푀	회	꾀	뙤	뾔	쐬	쬐
ㅙ	괘	놰	돼	뢔	뫠	봬	쇄	왜	좨	쵀	쾌	퇘	퐤	홰	꽤	뙈	뽸	쐐	쫴
ㅝ	궈	눠	둬	뤄	뭐	붜	숴	워	줘	춰	쿼	퉈	풔	훠	꿔	뚸	뿨	쒀	쭤
ㅟ	귀	뉘	뒤	뤼	뮈	뷔	쉬	위	쥐	취	퀴	튀	퓌	휘	뀌	뛰	쀠	쒸	쮜
ㅞ	궤	눼	뒈	뤠	뭬	붸	쉐	웨	줴	췌	퀘	퉤	풰	훼	꿰	뛔	뿄	쒜	쮀
ㅢ	긔	늬	듸	릐	믜	븨	싀	의	즤	츼	킈	틔	픠	희	끠	띄	쁴	씌	찍
받침	ㄱ ㄲ ㄳ ㄴ ㄵ ㄶ ㄷ ㄹ ㄺ ㄻ ㄼ ㄽ ㄾ ㄿ ㅀ ㅁ ㅂ ㅄ ㅅ ㅆ ㅇ ㅈ ㅊ ㅋ ㅌ ㅍ ㅎ																		

매우 과학적이고 그만큼 독창적임을 보여 준다. 이런 짜임새가 생성되는 문자는 비슷한 사례조차 없다.

3) 특성: 융합

훈민정음의 또 다른 특성은 융합이다. 문자에 과학 보편주의와 철학 보편주의가 철저히 함께 녹아 있다. 이때 과학 보편주의는 수학 보편주의를 아우른 것이고 철학 보편주의는 음악 보편주의를 아우른 것이다. 그래서 과학 특성과 철학 특성 어느 하나만을 강조하면 사실 훈민정음에 담긴 융합 정신에 어긋난다. 두 가지 보편성이 철저히 융합되어 있다는 것이 훈민정음 독창성의 두드러진 특징이다.

초성의 조음 특성과 역 특성 설명 내용과 순서(해례본)

갈래	발음 기관 특성과 오행(역)		말소리 특성과 역 특성					
후음 (목소리)	깊숙하고 젖음 (邃而潤)	수	비어 있는 듯이 통함 (虛而通)	거울	우	북	콩 팥	슬 기
아음 (엄쏘리)	어긋나고 긺 (錯而長)	목	목소리와 같으나 막힘 (似喉而實)	봄	각	동	간	어 짊
설음 (혀쏘리)	재빠르게 움직임 (銳而動)	화	구르고 날림 (轉而颺)	여름	치	남	심 장	예 절
치음 (니쏘리)	강하고 단단함 (剛而斷)	금	부서지고 걸림 (屑而滯)	가을	상	서	허 파	정 의
순음 (입시울쏘리)	모난 것이 합해짐 (方而合)	토	머금고 큼 (含而廣)	늦은 여름	궁	중 앙	비 장	믿 음

4) 가치: 사람됨

28자에 과학 보편주의와 철학 보편주의를 적용한 것은, 하늘과 우주, 천지자연의 질서에 따른 것이기도 하고 원리에 따른 것이기도 하다. 그러한 질서와 원리는 사람을 차별하지 않고 만백성에게 두루 미치기에 보편적이다. 이런 원리를 철저히 적용한 28자를 사용하는 사람들은 하늘의 백성이라는 것이다. 세종은 실제로 하늘 아래 양민과 천민의 차이가 있겠느냐고 말한다.

> 임금의 직책은 하늘을 대신하여 만물을 다스리는 일이다. 만물이 각기 제 자리를 얻지 못하여도 마음이 아픈데 하물며 사람에게 있어서이겠는가? 임금으로서 그들을 다스리려면 진실로 한결같아야 하는데 어찌 양민과 천민의 차이를 두겠는가[人君之職, 代天理物, 物不得其所, 尚且痛心, 況人乎? 以人君治之, 固當一視, 豈以良賤, 而有異也]?
>
> —『세종실록』 세종 9년(1427년) 8월 29일

일부 학자들은 훈민정음이 파스파 문자와 비슷하다고 하여 파스파 문자 모방설을 내세우고 자모 문자로서의 기본 이치가 산스크리트 문자와 비슷하다고 하여 산스크리트 문자 모방설을 주장하지만 이런 주장들은 문자의 소릿값과 체계를 고려하지 않은 잘못된 생각들이다.

세종이 여덟 명의 신하들과 함께 펴낸 『훈민정음』(해례본)에 그 근거가 명명백백하게 나와 있다. 창제와 직접 관련된 "制(만들다, 창제하다)"가 쓰인 네 개의 핵심 기록을 통해 살펴보자.

ㄱ. 予, 爲此憫然, 新制二十八字 [정음1ㄱ:5-6]

ㄴ. 正音二十八字, 各象其形而制之 [정음해례1ㄴ:2-3]

ㄷ. 正音制字尙其象 因聲之厲每加畫 [정음해례9ㄴ:3-4]

ㄹ. 一朝制作侔神工 大東千古開矇矓 [정음해례24ㄱ:7-8]

먼저 세종이 직접 저술한 세종 서문(어제 서문)에 훈민정음은 세종대왕이 직접 "새로 스물여덟 글자를 만드니[新制二十八字]"라고 밝히고 있다. 여기서 28이란 숫자에 주목하기 바란다. 문자는 체계가 중요하여 어떤 소리를 적기 위해 어떤 체계를 갖추고 있는가가 중요한데 초성자 17자, 중성자 11자로 이루어진 28자 체계를 세종대왕이 새롭게 만들었음을 천명하고 있다.

그렇다면 어떻게 만들었는가. 그 이치를 세종의 사상과 생각을 자세히 풀어 쓴 「정음해례편」에서 자음자(초성자), 모음자(중성자) 모두 '본뜸[象]' 원리를 따랐음을, "정음 28자는 각각 그 모양을 본떠서 만들었다[正音二十八字, 各象其形而制之]"라고 '제자해'에서 밝히고 있다. 또한 본뜸을 바탕으로 하되 거기서 소리 이치에 따라 획을 더하는 방식으로 하여 소리의 원리를 문자로 그대로 가져와 기본자를 확장했음을, "정음 글자 만들 때 주로 그 꼴을 본뜨니 소리 세기에 따라 획을 더하였네[正音制字尙其象 因聲之厲每加畫]"라고 표현하고 있다.

이러한 세종의 훈민정음 창제 정신과 취지를 해례본 공동 저자들은 합자해 결구에서 이렇게 표현하고 있다. "하루아침에 신과 같은 솜씨로 지어 내시니 거룩한 우리 겨레 오랜 역사의 어둠을 열어 주셨네[一朝制作侔神

工 大東千古開矇曨].”

이것은 신하들이 임금께 바치는 단순한 헌사가 아니다. 당대 최고 학자들이 훈민정음 창제의 가치를 가장 간결하면서도 극명하게 평가하고 있는 것이다. 소리를 제대로 적을 수 없고 정보와 지식을 폭넓게 나눌 수 없는 문자는 진정한 문자가 아니며 그런 문자로는 사람의 지혜를 제대로 이루기 어렵다. 정음 28자 창제는 인류의 역사에서 또는 문자사에서 신석기 혁명, 산업 혁명 그 이상의 가치가 있는 놀라운 빅뱅이었다.

세종이 한자와 한문 사용의 모순을 깨닫고 문자 문제에 대해 고민한 공식 기록은 세종이 30세로 임금이 된 지 8년, 아버지 상왕 태종이 죽고 난 지 3년, 훈민정음 28자 창제 공표 17년 전이었다. 법이라는 것은 백성들과 나누는 것인데 이를 위한 문자가, 양반 사대부들도 20년은 배워야 제대로 지식과 정보를 이해하고 나눌 수 있는 한자, 한문이라는 사실에 절망한 것이다. 세종은 이렇게 오랜 세월 새 문자에 대해 고민한 끝에 어느 날 28자가 완성되는 기쁨을 맛보았을 것이다. 한자 이외의 문자를 상상하기 어려운 사대부들과 함께 논의할 수 없었기에 비밀리에 그 엄청난 고민을 홀로 간직하다가 1443년 12월 어느 날, 사대부 입장에서는 느닷없이 28자를 공표했을 것이다. 하루아침에 만들었다는 것은 이런 맥락을 반영한 수사적 표현이다.

한겨레의 역사가 오래되었지만 우리말을 제대로 적을 수 있는 문자가 없었기에 그 역사는 어둠의 역사였다. 그나마 한자 덕에 문명생활을 해왔지만 처절하게 한자를 변형한 이두를 만들어 사용했을 정도로 답답하고 어려운 역사였다. 진정한 지식과 지혜를 나눌 수 없었으며 일부 극소

수 상류층만이 한자를 독점하고 지식과 정보를 독점하는, 한자를 모르는 백성들은 사람답게 살 수 없는 어둠의 시대였다.

훈민정음 28자는 소리를 적기 위한 단순한 도구로서의 문자가 아니다. 지식과 정보를 쉬운 문자를 통하여 서로 공유하며 사람답게 살 수 있는 세상을 열기 위한 근본적인 혁명이요 빅뱅이었다. 신과 같은 솜씨가 아니고서는 새롭게 창조할 수 없는 28자의 기적이었다.

3. 세종은 어떻게 그런 독창적인 문자 발명이 가능하게 했던 것일까?

그렇다면 도대체 세종을 그렇게 창의적이게 만든 요인은 무엇인가?

첫째, 다름에 대한 철저한 인식에 있다. 다름을 인식하고 다름을 존중하는 것이야말로 창의성의 기본이다. 세종 서문에서 이렇게 선언한다. 우리말과 중국말이 다르다. 당연한 말이지만 그 당시는 혁명적인 선언이었다. 왜냐하면 바로 소중화(小中華)야말로 정치 논리의 힘이었기 때문이다. 이런 지배 논리, 생존 논리를 거부하며 다름에 대한 상식을 존중하고 과학적인 인식을 시도함으로써 창의성에 발판이 되었다.

둘째는 세종의 실용적 태도 때문이다. 세종의 창의적 발명품은 거의 다 다목적용을 지향하고 있다. 그만큼 실용적이라는 것이다. 세종이 발명을 주도한 앙부일구는 방위와 시간과 날씨를 동시에 알 수 있는 다목적이었다. 훈민정음도 한자를 모르는 백성들의 소통 문제뿐 아니라 모든

소리를 적겠다는 목적, 국가 윤리 등을 쉬운 책으로 가르치겠다는 목적을 아우르고 있다.[4]

셋째, 세종 발명품은 철저하게 사람들에 대한 애민 태도가 반영돼 있다. 그만큼 목적의 진정성, 현실에 대한 열정이 들어 있다는 것이다. 앙부일구는 백성 스스로 시간을 알게 만든 발명품이다.

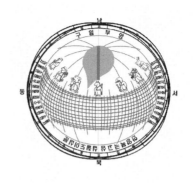

——— 세종 시대 앙부일구 복원도

그래서 시각 표시를, 당시에는 한글이 없었기 때문에 한자 모르는 백성들도 볼 수 있도록 동물 시신(侍臣) 모양으로 표시했다.

그래서 새벽 5시부터 7시까지는 토끼, 그다음에는 용, 뱀, 말, 양, 원숭이, 닭을 그렸다. 앙부일구도 1m도 안 되는 94㎝짜리 3단 계단 위에 올려놓았다. 어린아이들과 한자 모르는 백성들에 대한 따뜻한 배려 없이는 발명될 수 없는 시계였다.

넷째는 철저한 연구와 다양하고도 깊이 있는 독서에서 오는 융합인문학적 역량이었다.

---

4 세종 시대의 찬란한 업적은 이토 준타로[伊東俊太郎] 등이 1983년에 펴낸 『과학사 기술사 사전(科學史技術史事典)』에서 확인할 수 있다. 이 책에 의하면 15세기, 세종대왕 시대의 세계 중요 과학기술 업적은 조선이 29건, 명나라가 5건, 일본은 0건이었고, 동아시아 이외 세계는 28건이었다고 하니 당대 과학 수준을 충분히 짐작할 수 있다[박현모(2014), 『세종이라면』, 미다스북스, 78쪽, 참조]. 세종이 어떻게 그 많은 업적을 낼 수 있었는지는 김슬옹(2019), 『세종학과 융합인문학』, 보고사 참조.

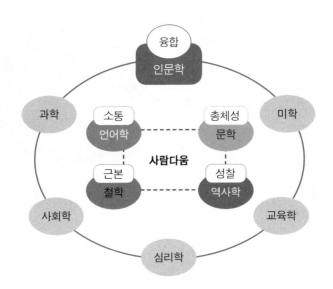

_____ 융합인문학 구성도

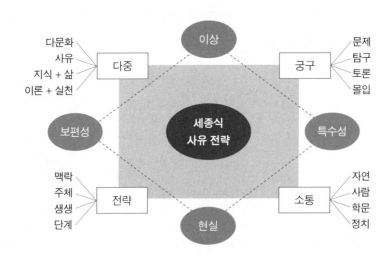

_____ 세종 사유의 독창성

다섯째는 끊임없이 묻는 태도였다. 세종 22년(1440년)의 한 기록에서 우리는 평범하지만 세종의 질문의 힘을 발견할 수 있다.

"병진년(1436)에 최해산(崔海山)이 도안무사가 되어 급히 아뢰기를, '정의현(旌義縣)에서 다섯 마리의 용이 한꺼번에 승천하였는데, 한 마리의 용이 도로 수풀 사이에 떨어져 오랫동안 빙빙 돌다가 뒤에 하늘로 올라갔습니다.'[5]라고 하였다는 신고가 제주에서 바다를 건너 말을 달려 급히 세종 임금에게 보고되었다. 그 당시 용은 상상의 동물로 판명이 난 것이고 신령스러운 동물이라 임금과 관련된 곳에만 연결시키던 때였다. 이런 때에 실제 용을 다섯 마리나 보았다고 하니 이것은 대형 사건이었던 것이다. 오늘날 UFO 다섯 대를 봤다는 보고 이상의 충격 사건이었을 것이다.

이런 보고를 받은 세종은 어떤 반응을 보였을까 각종 강연에서 청중들에게 묻곤 한다. 대부분은 '노인을 잡아 대령하라'는 엉뚱한 답변이 많았다. 그나마 나은 반응은 본 것을 자세히 조사해서 그림으로 그려 오라는 반응이었다. 이때 세종이 보인 반응은 무슨 임금만이 가능한 특별한 반응이 아니었다. 평범한 초등학생조차 보일 수 있는 반응이었다. 세종은 다음과 같은 질문을 교지로 내렸다.

① 용의 크고 작음과 모양과 빛깔과 다섯 마리 용의 형체를 분명히 살펴보았는가.

---

5 歲在丙辰, 崔海山爲都按撫使, 馳報云: "旌義縣, 五龍一時昇天, 一龍還墜叢薄間, 盤旋久之, 後乃昇天." - 『세종실록』, 세종 22년(1440년 1월 30일).

② 그 용의 전체를 보았는가, 그 머리나 꼬리를 보았는가, 다만 그 허리만을 보았는가.

③ 용이 승천할 때에 구름 기운과 천둥과 번개가 있었는가.

④ 용이 처음에 뛰쳐나온 곳이 물속인가, 수풀 사이인가, 들판인가.

⑤ 하늘로 올라간 곳이 인가에서 거리가 얼마나 떨어졌는가.

⑥ 구경하던 사람이 있던 곳과는 거리가 또 몇 리나 되는가.

⑦ 용 한 마리가 빙빙 돈 것이 오래 되는가, 잠깐인가.

⑧ 같은 시간에 바라다 본 사람의 이름은?

⑨ 용이 이처럼 하늘로 올라간 적이 그 전후에 또 있었는가?

⑩ 이전에 보았다면 본 시간과 장소는 무엇인가?

상상의 동물을 직접 보았다고 하니 이런 구체적인 실상을 파악하게 하는 질문이 중요했던 것이다. 일단 세종은 ①, ②와 같이 보았다는 사실을 확인하는 질문을 던지고 있다. 1차적인 사실관계가 불확실하다면 사건 자체가 성립되지 않기 때문이다. 그런 다음 일반 통념을 확인하는 질문(③)을 던졌다. 통상 용이 승천할 때는 천둥 번개가 요동치고 구름 기운과 더불어 승천한다고 알려져 있기 때문이다. 그런 다음 구체적인 정황을 확인하는 질문(④, ⑤, ⑥, ⑦)을 던지고 그런 중요한 사건은 혼자 목격하기 어려우므로 함께 목격한 사람(⑧)을 묻고 있다. 마지막으로 동일한 전례가 있는지(⑨, ⑩)를 통해 이 사건의 의미를 되짚고 있다.

그 노인에게 상을 주든지 벌을 주든지는 이런 확인을 한 다음의 문제였다. 당연히 이런 식의 질문이 필요했고 이런 질문은 어린이조차 가능한 질문이었다. 문제는 우리가 평소 이런 단순하면서도 꼭 필요한 질문들을 제대로 던지지 않는다는 데 있다.

이 질문이 더욱 가치가 있는 것은 한 나라 임금이 변방 제주도의 한 노인에게 던진 질문이라는 것이다. 질문에는 그 어떤 경계도 없다. 나이도 신분도 성별도 벽이 될 수 없다. 설령 벽이 있다 하더라도 그 벽을 허무는 게 질문이다. 질문으로 우리는 대화를 열고 토론을 열고 문제 해결의 길을 연다.

여섯째, 오랜 세월의 연구와 집중이었다.

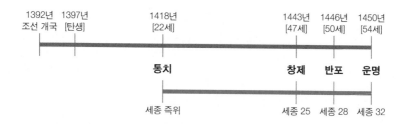

_____ 훈민정음 창제·반포 시기 위치도

일곱째, 인재들과 더불어 이룬 힘이었다. 세종 시대 32년간에 이룩한 찬란한 업적과 문명은 분야를 가릴 필요도 없이 거의 모든 분야에 걸쳐 꽃피웠다. 당연히 세종 혼자 이룬 것이 아니라 수많은 인재들이 있었기에 가능했고 세종의 핵심 리더십은 바로 인재들을 키우고 그들의 재능을 더불어 맘껏 발휘하게 한 데 있었다.

정인지, 박연, 최항, 신숙주, 성삼문, 김종서, 최윤덕, 이순지, 김담, 이천, 장영실, 황희, 맹사성 …

세종 시대를 빛낸 인재들, 끝이 없다. 분야를 가릴 것도 없다. 특히 정인지처럼 음악, 언어, 과학 등 여러 분야에서 빛을 낸 융합형 인재도 한둘이 아니다. 심지어 노비 출신 장영실도 있다. 이들이 있었기에 세종은 나라를 다스린 32년간 의료, 음악, 국방, 과학 등 온갖 분야의 눈부신 업적을 이루었고 당대 최고 수준으로 끌어올렸다.

세종 시대에 태어나 젊은 시절을 보낸 매월당 김시습(金時習)은 『매월당집』에서 "인재는 국가의 주춧돌이다. 그러므로 나라를 다스리는 데는 인재를 얻는 것으로 근본을 삼으며, 교화를 일으키는 데는 인재를 기르는 일을 먼저 한다"라고 갈파한 바 있다. 세종이 인재를 얼마나 중요하게 여겼는가는 1418년 8월 10일 즉위 후, 11일에 즉위 교서를 발표한 지 채 두 달도 되지 않은 10월 7일의 모습에서 잘 드러난다. 경연에서 세종은 과거를 설치하여 선비를 뽑는 것은 참다운 인재를 얻으려 함이라고 하면서 어떻게 하면 인재를 인재답게 키울 것인가 신하들과 의논하였고 이를 위해 끊임없이 노력하였다.

세종의 인재 양성은 크게 교육, 기관과 제도를 통한 인재 양성, 인재들의 연구를 장려하고 선진 학문을 배워 오게 하는 오늘날의 유학과 같은 해외 파견, 공동 연구나 협동 작업으로 인한 재능 발휘의 극대화였다. 세종은 인재 양성이야말로 국가 발전의 바탕임을 실제 정책을 통해 실천하고 이룬 셈이다. 인재 양성의 가장 기본이 되는 길은 교육이며, 이러한 교육의 바탕은 책이고, 책의 바탕은 문자다.

4. 세종의 창의성, 훈민정음 독창성, 어떻게 이어 갈까?

세종대왕은 즉위 25년인 마흔일곱 살 때 훈민정음을 창제했고, 즉위 28년인 쉰 살에 반포하고 32년의 통치를 끝으로 쉰네 살에 운명했다. 인류의 최고 발명품이라는 문자, 그중에서도 최고라는 문자가 생애와 통치 막바지에 완성된 것이다.

학문 차원으로는 오랜 세월 천문학, 음악학 등 다양한 학문에 대한 연구와 섭렵을 바탕으로 정음학을 완성하고 이를 바탕으로 훈민정음 창제가 이루어졌다. 세종은 과학자이자 음악가였으며 언어학자였다.

세종의 이러한 업적을 통해 세종형 인재 유형을 설정할 수 있다. 세종형 인재는 분파적인 지식이 아닌 융합형 지식을 바탕으로 현실 문제를 해결하는 데 기여함으로써 우리의 꿈과 이상을 이뤄 가는 사람이다. 융합형 지식은 여러 가지를 서로 연계시키거나 어느 하나를 중심으로 합치는 통섭형 지식이다.

훈민정음은 통섭형 지식과 통섭형 인물이 아니면 창제가 불가능한 문자였다. 우리는 15세기에 위대한 통섭형 지식인이 있었기에 호사스러운 문자생활을 누리고 있다. 21세기 우리가 가야 할 방향이 훈민정음과 세종의 창의 정신에 담겨 있는 것이다.

참고자료

김세환(2018), 『인류문자』, 백암.

김슬옹(2005), 『조선시대 언문의 제도적 사용 연구』, 한국문화사.

김슬옹(2007), 『28자로 이룬 문자혁명 훈민정음』, 아이세움.

김슬옹(2011), 『세종대왕과 훈민정음학』(개정판), 지식산업사.

김슬옹(2012), 『조선시대의 훈민정음 발달사』, 역락.

김슬옹(2013), 『세종 한글로 세상을 바꾸다』, 창비.

김슬옹(2013), 『한글 우수성과 한글 세계화』, 한글파크.

김슬옹(2013), 『한글을 지킨 사람들』, 아이세움.

김슬옹(2015), 『퀴즈 세종대왕』, 한글파크.

김슬옹(2015), 『훈민정음 해례본: 한글의 탄생과 역사』(간송본 복간본 해제), 교보문고.

김슬옹(2017), 『한글혁명』, 살림터.

김슬옹(2018), 『훈민정음 해례본 입체강독본』(개정증보판), 박이정.

김슬옹(2019), 『세종학과 융합인문학』, 보고사.

김슬옹(2019), 『한글교양』, 아카넷.

김슬옹 글·강수현 그림(2015), 『누구나 알아야 할 훈민정음, 한글이야기 28』, 글누림.

허재영·김경남·정대현·김슬옹·김정애(2019), 『계몽의 수단: 민족어와 국어』, 경진출판.

근대가 호출한 영웅 서사,

이순신

전영주
상명대학교 인문과학연구소

1. 이순신은 누구인가: 위인 혹은 성웅의 등장

이순신(李舜臣, 1545-1598)은 조선 중기의 무신이다. 시호는 충무(忠武)이며 전라좌도 수군절도사를 거쳐 임진왜란 당시에는 삼도수군통제사를 지내며 많은 해전에서 승리했다. 임진왜란 당시 거북선을 건조하고 학익진 등 뛰어난 지략과 전술로 위험에 처한 나라를 구한 위인으로 현재까지도 추앙받고 있다. 이순신은 선조 20년(1587년)에 백의종군(白衣從軍)하는 어려움에 처하기도 했으나 유성룡(柳成龍)의 추천으로 첨사, 진도군수, 전라좌도 수군절도사를 지내다가 임진왜란을 겪었는데 이때에 삼도수군통제사로 임명되어 전란의 일선에 서게 되었다. 이순신은 선조 31년(1598년) 마지막 전투였던 노량해전에서 전사했으며 그 후 선무공신 1등관으로 추록되었고, 광해군, 정조로 이어지는 기간에 의정부 좌의정, 영의정으로도 추대되는 등 상급(上級)되었으며, 민족적 영웅으로 이름을 널리 떨치고 있다. 충청남도 아산에 조성된 묘에 안장되어 있으며, 여수, 통영, 진해 등지에 충무공 이순신을 기리는 공원과 광장, 시비, 동상이 건립되어 있는 등 이순신의 행적은 역사적, 정치적, 사회적, 문화적 위의

_____ 광화문 이순신 동상

_____ 이순신, 『난중일기』 및 『서간첩』, 『임진장초』(현충사)

(威儀)를 떨치며 다양하게 표출된 바 있다.

　여기서는 무엇보다도 이순신이 남긴 역사적 기록물 『난중일기(亂中日記)』를 통해 임진왜란의 실상과 이순신의 충직한 성품을 문학적으로 형상화한 이순신 서사에 주목하고자 한다. 국보로도 지정된 『난중일기』는, 시대마다 다른 특징을 선보이는 역사소설과 애국계몽기의 시, 그리고 한국전쟁 이후 국난의 영웅으로 묘사된 서사시를 통해 재조명된 이순신 불러오기의 토대로 사용되고 있다는 점에 주목하고, 아울러 유성룡의 『징비록(懲毖錄)』에서 드러나는 임진왜란 당시 이순신의 활약상이 이순신 서사의 다양한 문학적 형상화에 소중한 자료였던 점을 상기하면서 시대가 호출한 이순신 서사를 풀어 보고자 한다.

　소급해 보면 단재 신채호(申采浩)는 1908년 『제일수군위인 이순신전』을 『대한매일신보(大韓每日申報)』에 연재하면서 이순신에게 '위인'이란 칭호를 썼고 이순신이 가진 전란극복의 영웅적인 면모를 부각했다. 또한 신채호의 이순신 역사소설은 본격적 이순신 서사의 출발로서 그 의의가 인정된다.

춘원(春園) 이광수(李光秀)는 1931년 6월부터 1932년 4월까지 2년간 『이순신』을 『동아일보』에 연재하면서 '대인(大人)'이라는 호칭을 사용한 바 있다. 소설 『이순신』은 이광수의 민족개조론(1922)을 배경에 두고 본다면, 전란 극복의 민족 영웅보다는 타자 지향의 인격적 위인으로 이순신을 묘사하고 있음을 알 수 있다. 한편 1970년에 최인욱(崔仁旭)은 『성웅 이순신』[1]을 신문에 연재한 후 단행본을 발간하였는데, 그는 1931년 이윤재(李倫載)가 사용한 '성웅 이순신'을 제목으로 그대로 사용하였다. '성웅(聖雄)'의 본뜻은 '지덕이 뛰어나 많은 사람들이 존경하는 영웅'을 이르는 말이지만 최인욱의 『성웅 이순신』은 1970년대 박정희 정권의 이순신 '성웅화' 사업의 일환으로 연재된, 저평가를 벗어나지는 못하는 작품이다. 물론 『성웅 이순신』은 소설이라기보다는 이순신 전기에 가까운 글이지만, 정치적 이데올로기에 편입된 배경이 전제되어 이순신 문학 연구에서 줄곧 배제된 처지였기도 하다.

영웅은 죽고 나서 비로소 찬란하게 그 행적과 일화가 후세대에 남아 면면이 빛나는 법인데, 이순신은 '영웅'의 호칭에 한 겹을 더하여 '성웅'으

---

1 최인욱은 신문에 연재한 글을 묶어 『성웅 이순신』을 펴냈다[최인욱(1970), 『성웅 이순신』, 을유문화사 참조]. 김훈, 김탁환에 비해 상대적으로 조명받지 못했지만, 이광수의 『이순신전』과 비교한 논문이 있으며[유은정(2007), 「이순신의 문학적 형상화 연구 — 이광수 이순신전과 최인욱의 성웅 이순신을 중심으로」, 『이순신 연구 논총』 9, 순천향대학교 이순신연구소 참조], 신문연재된 점, 정치적 이데올로기와 연관된 점 등 최인욱의 작품은 이순신 서사를 통시적으로 살펴볼 때 빠질 수 없는 작품으로 판단된다.

로 명명되면서 '성웅 이순신'은 지금까지도 이순신만을 지칭하는 독자적 수식어가 되었다. 하지만, 1970년대 이후의 맥락 속에서 '성웅' 이순신에 대한 성역화 사업이 정치적 이데올로기의 성격을 분명히 내정하고 있었 기에 무릇 '성웅'은 빛과 어둠의 양면성을 보여 주어 씁쓸한 소회를 불러 일으킨다. 이처럼 '성웅'이라는 명칭에 1960-70년대 박정희 독재정권의 정치적 배경이 교차한다는 점은 현재까지도 앙금이 남은 것이다. 예컨대 서울 광화문의 이순신 동상은 박정희 정권 당시 세워진 것으로, 이순신 의 민족자존과 불굴의 의지를 독재정권의 정당화에 활용한 것이라 비판 하는 세력에 의해 최근에 또다시 철거의 위협을 받고 있다. 최인욱의 『성웅 이순신』이 지금까지 조명되지 못한 점도 이와 연관된 혐의가 존재한 다. 이와 같이 문학작품에 반영된 이순신 서사는 시대를 이어 가며 지속 되었지만 시대 상황에 따라 양상을 달리하며 표출되거나 다른 방식으로 주목되기도 한 것이다.

그러나 이순신만큼 빛나는 서사와 명언을 남긴 위인도 드물 것이다. 이순신은 임진왜란의 전란에서 거북선을 만들어 명량, 노량 등에서 벌 어진 해전을 승리로 이끌며 국가의 위기를 벗어나게 했으며, 『난중일기』 를 직접 써서 임진왜란의 급박한 전시와 행적을 기록, 문학적으로도 『일 리아드』와 『오디세이』에 버금가는 장대한 인물의 스토리를 거듭 생산하 게 하는 자료를 제공한 점 등 『난중일기』는 이순신 서사를 밝히는 데에 도 뛰어난 유산임에 분명하다. 이순신이 전하는 명언은 또 어떤가. "신 에게는 아직 12척의 배가 남아 있습니다"와 같은 긍정적인 불굴의 의지 와 "내 죽음을 적에게 알리지 말라"처럼 불세출 영웅의 면모가 진하게 배인 영화 같은 명대사는 뭉클한 감동에서 한걸음 더 나아가 아름답기까지 하다. 시대에 따라 실존인물의 문학적 형상화가 어떤 방식으로 달라지는 지는, 특히 이순신처럼 위기 극복의 영웅적인 인물을 문학이 반복적으로 형상화한 '이순신 불러오기'의 의의는 결코 산화되어서는 안 될 것이다.

2. 이순신 서사의 실체 : 신채호, 이광수, 최인욱, 김훈의 이순신

충무공 이순신은 『임진록(壬辰錄)』 이후 많은 문학작품에 주인공으로 '출현'했다. 가장 앞선 역사소설은 1908년 신채호의 『수군제일위인 이순 신전』(『대한매일신보』, 1908.5.2-1908.8.18)이며 이광수의 『이순신』(『동아일 보』, 1931.6.26-1932.4.3)이 연재 후에 거듭 단행본으로 발행되었고, 1931 년 이윤재의 『성웅 이순신』이 있으며, 1946년에는 이은상(李殷相)의 『충무 공일대기』, 1966년에는 박종화(朴鍾和)의 『임진왜란』이 출간된 바 있다. 1970년에는 최인욱의 『성웅 이순신』이, 1972년에는 김의환(金義煥)의 『인 간 이순신전』이 또한 출간되었다. 이 가운데에 최인욱의 『성웅 이순신』 은 신채호와 이광수의 것처럼, 신문에 연재된 후 출간된 것이다.

이후 2000년대에는 김훈의 『칼의 노래』[2]와 김탁환의 『불멸의 이순신』[3]이

2　김훈(2001), 『칼의 노래』, 생각의 나무 참조.
3　김탁환(2004), 『불멸의 이순신』, 황금가지 참조.

_____ 신채호(1908), 『수군제일위인 이순신전』, 『대한매일신보』 연재 글

인기몰이를 하다가 드라마와 영화로 제작되는 등 이순신 불러오기는 시대를 막론하고 꾸준히 지속되고 반복되어 왔다.[4] 특히 2014년 영화 〈명량〉이 천만 관객을 이끈 인기를 차지하면서 이순신 서사는 식을 줄 모르는 기세를 떨쳤다.

이 가운데에 신채호의 『수군제일위인 이순신전』은 최초의 '이순신전'이라는 역사적 의미를 더한다. 이 작품은 "이순신은 단군이 내려 보낸 인재"라는 표현에서도 드러나듯 민족적 영웅으로서의 면모를 부각하고 있다. 신채호는 전체 19장 중 10장을 이순신의 전투 장면으로 묘사하면서 이순신은 나라와 백성을 구한 영웅이자 "민족을 치욕과 고통에서 건져낸

---

4 이순신 서사에 대한 연구서는 문학작품만큼이나 꾸준한 관심으로 이어져 왔는데 통시적 연구를 전제한 최근의 글로는 김경남(2012), 「근대 이후 이순신 인물 서사 변화 과정의 의미 연구」, 『한민족어문학』 61, 한민족어문학회; 이주호(2016), 「이순신 서사의 역사적 변화 연구」, 대구가톨릭대학교 석사학위논문; 허진(2012), 「이순신의 문학적 형상화 연구」, 고려대학교 석사학위논문의 글을 참조 할 수 있다.

최고의 명장"이라 평가하며, 이순신의 용맹스러운 면모를 드러낸다.

『수군제일위인 이순신전』은 왜군에 맞서 싸우는 이순신의 투쟁적 면모를 중심으로 전개되는데 신채호의 역사 인식과 민족에 대한 자긍심을 잘 보여 준다. 신채호에게 이순신은 여전히 살아 있는 역사적 사실로 작동하고 있다. 신채호의 민족자존에 대한 인식은 『수군제일위인 이순신전』의 서문에서도 엿보인다.

> 일본에 대항함에 있어 우리 민족의 명예를 대표할 만한 위인을 꼽는다
> 면 고대에는 고구려 광개토왕과 신라 태종왕이 있고, 근세에는 김방
> 경, 정지, 이순신이 있다. 그러면서도 그 시대가 가깝고 그 유적이 손상
> 되지 않아 후에 사람의 모범되기가 가장 좋은 이는 오직 이순신이다.

신채호는 『수군제일위인 이순신전』을 통해 이순신처럼 불굴의 의지로 일제에 대항하고 투쟁하는 것이 민족자존을 지키는 일임을 역설하고 있다.

이광수의 『이순신』(1931)은 일제강점기의 정치적 조건과 이광수의 민족개조론을 근간으로 하며 일본을 의식한 표현들이 드러나 있다. 이광수의 『이순신』은 "패보(敗報)를 들을 때마다 서쪽을 향하여 통곡하였다. 이렇게도 조선에는 사람이 없는가"라는 표현을

_____ 이광수(1931), 『이순신』, 『동아일보』 연재 글

통해서도 민족에 대한 부정성과 타자 의식을 드러내며, 일본의 침략에 대항한 민족 영웅보다는 이순신의 자기희생을 주목하는 등 인격적 면모에 중점을 두는 특색을 내보인다. 이광수의『이순신』은 자기희생을 통해 충심을 드러내라는 초훼예적(超毀譽的) 태도를 띤다.

> 나는 이순신을 철갑선의 발명자로 숭앙하는 것도 아니오. 임진의 전공자(戰功者)로 숭앙하는 것도 아닙니다. 그것도 위대한 공적이 아닌 것은 아니겠지마는 내가 진실로 일행에 이순신을 숭앙하는 것은 그의 자기희생적, 초훼예적, 그리고 끝없는 충의(애국심)입니다. 군소배들이 자기를 모해하거나 말거나, 군주가 자기를 침해하거나 말거나, 일에 성산(成算)이 있거나 말거나, 자기의 의무라고 믿는 바를 위하여 마침내 죽는 순간까지 쉬지 아니하고 변치 아니한 그 충의, 그 인격을 숭앙하는 것입니다.
> — 이광수,『이순신』,『동아일보』(1931.5.30).

이광수는『동아일보』에『이순신』연재를 시작하면서 소설『이순신』의 집필 의도를 위와 같이 밝히고 있다. 이광수의 이순신은 타인의 인정이나 평가보다는 자신을 희생하는 인간적이고 인격적인 영웅을 중점적으로 형상화한다. "남들이야 무

이광수,『이순신』신문연재 후의 단행본 표지

엇이라고 비웃든지" 싸움의 길을 홀로 나서는 인물로 이순신을 묘사하고
있다.

　최인욱의 『성웅 이순신』은 박정희 시대의 이순신 '성웅화' 사업과 관련
한 1960년대 말과 1970년대 초의 사회적, 정치적 분위기에 영합해 있다.
『성웅 이순신』은 "민족수난의 역경 속에서 홀로 국난을 극복한" '경세가'
이자 '전략가'이며 민족의 영웅이자 성웅의 반열로 이순신을 특별히 추대
한다. 최인욱의 소설은 반공적 이데올로기에 매몰된 점과 1960-70년대
의 박정희 성역화에 깊숙이 각인된 채 이순신을 호명한 것으로 평가받고
있다. 이후 1980년대와 1990년대를 지나 2000년대 김훈의 『칼의 노래』에
이르면서 이순신 서사는 문학적 기능이 더욱 강조된다. 김탁환의 『불멸
의 이순신』은 장군 이순신의 용맹스러운 모습과 굳건한 의지를 흥미로
운 문학적 재구성으로 표출하고 있다.

　이처럼 이순신에 대한 서사는 시대별, 작가별로 대별되고 차별화되면
서 꾸준히 진척되어 왔음을 알 수 있다. 대체로 이순신은 전란 속에서도
뜻을 굽히지 않은 무인, 휴전 시에는 군비를 강화하고 민심을 추스르는
의인, 거북선을 발명한 전략 전술의 지략가로 묘사되었지만, 시대에 따
라서는 인간적인 면이 부각되거나 강조되었고, 국난극복의 애국적 측면
이 부각되기도 한다. 다만 이광수와 최인욱의 경우처럼 시대적 이데올
로기에 영합하여 이순신이 조명된 경우도 있거니와, 1970년대를 벗어나
면서 민주화의 과정을 겪은 작가에 의해 이순신의 외적 요소보다는 내적
리더십, 위기 극복 능력, 근대적 마인드에 주목하는 서사 방식으로 바뀌
어 가는 양상을 띠기도 한다. 민족적 위인이자 국가적 영웅 혹은 성웅으

로 추앙되면서 시대별로 이순신의 모습이 재조명되었으며, 현대로 넘어오면서 이순신을 영웅이지만 번민하는 인간으로도 인식하고 있음을 이순신 서사의 변화를 통해 알 수 있다.

3. 서사시와 이순신: 시에 반영된 이순신의 형상화[5]

그런데 『임진록』 이후 신채호의 적극적인 역사소설에 관한 관심이 『이순신전』으로 표출되기 이전인 19세기 말의 애국계몽기에 매천 황현, 한장석, 유인석, 심재 조응섭 등 한학자, 시인들은 이순신을 시적 대상으로 이미 호출했다. 황현(黃玹)은 「벽파진」에서, 한장석(韓章錫)은 「충무공 이순신의 치제문」으로 불멸의 전쟁 영웅 이순신을 칭송했다. 이외에 김복한(金福漢)은 「이충무공의 묘소에서 짓다」, 김창숙(金昌淑)은 「충렬사에 아뢰다」로 충무공의 환생을 염원하는 시를 지었다. 또한 한학자 김윤식(金允植)의 「좌수영을 지나가며」, 황현의 「통영 충렬사」는 이순신에 대한 회고의 서정을 드러내는 시이다. 이처럼 19세기 말 서구 개화의 문호 앞에서 이순신은 충심을 드러내는 하나의 상징적 대상으로 시의 자리에도 반복

---

5 시의 경우는 19세기 애국계몽기에 이순신을 대상으로 한 작품들이 많이 창작된 특징을 보이는데, 이러한 점은 (서사)시의 이순신이 시기적으로는 소설의 이순신보다 앞섰으나 이후 근대에 와서는 오히려 소설에 뒤처지는 양상을 보이고 있음을 알 수 있다. 역사적 실존인물인 이순신 불러오기는 작품성의 측면에서 아무래도 서정보다는 서사가 용이할 수밖에 없다. 하지만 앞으로의 연구는 시적 대상으로서의 이순신의 서술 방식과 그 의의를 추가로 다루어야 할 것이다. 3장은 그러한 의도로 내민 한 발자국이다.

적으로 호명되었다.

만 번 죽은들 어찌 전공을 바란 적 있었던가	萬死何曾戰功計
이 마음을 모름지기 무신들이 알아야 하리	此心要使武臣知
지금 여기가 왜놈 배들이 지나갔던 곳이라	至今夷舶經行地
손가락 깨물며 명량대첩비를 가리켜 보네	咋指鳴梁指古碑

— 황현, 「벽파진(碧波津)」에서

  그중 1910년에 나라를 잃자 절명시를 쓰고 스스로 목숨을 끊은 매천 황현의 이순신에 대한 시는 특별하게 여겨진다. 황현은 「벽파진」에서 이순신의 전투를 상기하며 불멸의 애국심을 다짐하기도 했다. 위의 시에서 "손가락 깨물며 명량대첩비를 가리"킨다는 표현은 황현의 충심이 이순신의 애국심과 용맹을 뒤따르고 있음을 보여 준다.

  이후의 근대시는 이순신에 대해 보다 적극적인 태도를 띤다. 김용호(金容浩)의 장시(長詩) 「남해찬가」[6]와 설의식(薛義植)의 시 「백의종군의 길」[7]은 이순신에 대한 역사적 사실을 바탕으로 하여 지은 서사시이다.

【 제1장 】　　　조선이 황폐되는 상황에서 이순신이 남.

【 제2-4장 】　　왜의 침략으로 선조 임금이 피난함, 이순신이 옥포, 당

6　김용호(1962), 『남해찬가』, 남광문화사 참조.
7　설의식(1962), 「백의종군의 길 上」, 『思想』 3, 사상사; 설의식(1962), 「백의종군의 길 下」, 『思想』 4, 사상사 참조.

포, 한산, 부산 등지에서 대승을 거둠.

【 제5-6장 】　원균의 모해로 이순신이 옥에 갇힘.

【 제7-11장 】　이순신이 재등용되어 명량에서 대승을 거둠.

【 제12-15장 】 아들 면이 죽고 명나라 진린이 배신함.

【 제16장 】　노량해전에서 장렬하게 전사함으로써 나라를 구함.

— 김용호, 「남해찬가」의 서사적인 구조[8]

　　이순신과 같은 역사적 인물을 시적 대상으로 채택하여 역사의 굴곡과 그러한 역사를 살아간 위인의 생애를 더듬어 담아낸 이들의 시는 문학성에 있어서 냉정한 평가를 받기도 하지만 전란을 겪은 영웅 서사를 시를 통해 형상화하면서 장시의 새로운 가능성을 열었다는 긍정적인 평가를 내릴 수 있다. 이순신은 영웅 서사의 중표로 1960년대 초에 김용호와 설의식의 시를 통해 형상화되었으며, 특히 연속성을 지니는 역사 인식에서 이순신을 재소환하여 전후문학, 전쟁문학, 반전문학을 위한 영웅 담론을 끌어낸 의의 또한 보탤 수 있을 것이다. 요컨대 문학이 호출한 이순신 서사는 당대(當代)의 사회적 혼란을 야기하는 일들을 극복하고 새로운 시대를 여는 희망의 아이콘으로 작동한 의의가 있다.

8　문선영(2004), 「한국전쟁기 영웅 담론 ─ 이순신의 시적 형상화를 중심으로」, 『한국시문학』 15, 한국시문학회, 151-152쪽 참조.

시대를 앞서간 조선 근대인,

허균

고 훈
연세대학교 인문예술대학 국어국문학과

1. 들어가며

『홍길동전(洪吉童傳)』의 저자로 알려진 허균(許筠, 1569-1618)은 명문가에서 출생한 당대의 유명한 정치가이면서 소설과 시를 쓴 작가였다. 현재 허균은 최초의 한글 소설이라 알려진 『홍길동전』의 작자로 국문학사에서 높은 평가를 받고 있다.[1] 그는 다른 학문이나 종교의 가치를 인정하고 수용할 것을 주장했기에 다른 사대부들로부터 경망스럽다는 평가도 받았으며, 사우(師友)관계에서도 사회에서 천대받고 소외당한 사람들과 가깝게 지냈다는 점에서 일반적이지 않은 모습을 보인다. 또 그는 사상적으로 조선의 근간 중 하나인 신분제에 대한 깊은 반감을 품고 있었으며, 백성을 근본으로 하는 정치관을 지닌 인물이었다. 이러한 그의 사상은 『남궁선생전』, 『장생전』, 『손곡산인전』, 『엄처사전』, 『장산인전』과 『홍길동전』에 잘 드러나고 있다. 결국 제 뜻을 펴지 못하고 형장의 이슬로

---

1 『홍길동전』의 작자 문제는 아직 명확한 결론이 나오지 않았다. 여기에서는 『홍길동전』의 저자에 관한 논의를 하려는 것이 아니기에 이쯤에서 넘어가도록 하겠다.

사라졌으나 작품 속에 남은 그의 사상을 살펴볼 수 있다.

허균의 생애는 오늘날의 관점에서 살펴보면 마니아적인 면모를 찾아볼 수 있다. 즉 '오타쿠'[2]로서의 특징이 그의 생애에 드러난다. 여기서 우리는 허균의 삶과 사상을 살펴보고 그것이 『홍길동전』에 어떻게 드러나고 있는지 살펴보고자 한다. 물론 이러한 연구성과물은 많다. 그래서 여기서는 허균의 마니아적인 특성을 '오타쿠'라는 측면에서 다룰 것이며, 그러한 성향이 『홍길동전』에 어떤 영향을 주었는가를 살펴보는 데 중점을 두려 한다.

---

2 오타쿠라는 호칭이 공식적으로 언급된 것은 1983년 『만화 부릿코』에서였다. 당시 어른들로부터 신인류라 불렸던 나카모리 아키오[中森明夫]가 연재하던 칼럼에서 '오타쿠'라는 단어가 등장했다("머리 모양은 7:3 장발 혹은 도련님 스타일의 깍두기 머리, 우유병 바닥 안경알과 돼지 같은"이라는 표현으로 그들을 묘사했다). 당시 『만화 부릿코』 편집장에 의하면 나카모리는 오타쿠라 불렸던 사람들과 같은 세대였으며, 애초에 『만화 부릿코』는 일본에서 두 번째 가는 로리콘 만화 잡지였기 때문에 그것은 자신들을 지칭한 것이 아닌가 하는 의견도 있다. 당시 소설가 나카모리 아키오가 최초로 정의했던 오타쿠의 개념은 만화, 애니메이션, SF영화, 프라모델 등 특정 서브컬처를 탐닉하는 사람들이 서로를 존중하는 의미에서 사용한 오타쿠[御宅, 상대방의 집안을 높여 부르는 경어]라는 단어를 긍정적 의미로 풀이한 것이다. 그러나 이미 나카모리의 묘사 속에서도 오타쿠에 대한 인식이 긍정적이지만은 않다는 것을 짐작할 수 있다. 이후 오타쿠에 대한 부정적 선입견이 사회적으로 팽배해지자 현재는 광적이고 폐쇄적인 마니아들을 부르는 통칭으로 일반화되었으며 때문에 표기도 오타쿠(オタク)로 바뀌었다. 오타쿠에 대한 부정적인 인식이 높아진 계기가 된 사건은 1988년과 1989년 사이에 발생한 미야자키 쓰토무[宮崎勤]의 사건이다. 유아를 유괴해 살해 후 시체를 유기(배달)한 사건으로 이때 기자들의 과잉 취재로 인해 마치 미야자키 쓰토무가 '로리타물'의 영향으로 오타쿠가 된 듯한 인상을 심어 주어, '오타쿠는 잠재적 범죄자'라는 인식이 자리 잡게 되었다. 일본에서는 매스컴의 공격적이고 조작적인 보도를 자제하게 한 사건이기도 했다. 한국에도 일본 애니메이션이 유행하고 일본문화가 도입되면서 오타쿠가 등장하기 시작했다. 한국에 도입될 당시에는 이미 부정적인 의미의 오타쿠로 사용되었으며 이를 변형한 오덕, 오덕후, 십덕(후), 밀덕, 휴덕, 탈덕, 덕 중의 덕은 양덕 등 신조어가 만들어졌다. 오오쓰카 에이지 외(2004), 『아톰에서 미야자키 하야오까지… 망가·아니메』, 최윤희 역, 열음사, 95쪽; 손상익(2000), 『망가 VS 만화』, 초록배매직스, 17-22쪽; 최샛별·최흡(2009), 『만화! 문화사회학적 읽기』, 이화여자대학교출판부, 267-277쪽 참조.

2. 허균의 생애

허균의 자는 단보(端甫), 호는 교산(蛟山)[3]이다. 아버지 허엽(許曄)은 동인의 당수였고, 첫째 형 허성(許筬)은 이조, 병조판서를 역임했다. 둘째 형 허봉(許篈) 역시 뛰어난 학자였으며, 누이 허초희(許楚姬)는 훗날 시인으로 유명해진다.[4]

허균은 고문(古文)은 둘째 형 허봉에게, 문장은 유성룡에게, 시는 이달(李達)에게 배웠다. 허봉은 유성룡과 가까운 사이였고, 이달과는 친구였다. 둘째 형 허봉은 단순히 형이 아닌 스승으로서 허균의 생애에 있어 상당한 영향력을 끼친 인물이다. 그는 승려 사명당(四溟堂)과도 각별한 사이였고 이로 인해 허균이 불교에 대한 깊은 관심을 갖게 되었다. 그리고 허균과 손곡(蓀谷) 이달의 인연을 맺어 주기도 했다.

허봉 또한 천재성을 지녔다. 과거에 급제하여 33세에 성절사로 명나라를 다녀올 정도였다. 그러나 강직한 성격으로 인해 율곡(栗谷) 이이(李

---

3 교(蛟)는 이무기라는 뜻도 가지고 있다. 공교롭게도 그가 자기 뜻을 펼치지 못하고 죽은 것과 용이 되는 것에 실패한 '이무기'는 이미지가 흡사하다.

4 허초희(허난설헌)가 알려지게 된 것도 허균의 공이다. 그는 누이가 세상을 뜬 후 자신이 기억하고 있던 누이의 작품을 기록했으며, 누이의 시를 중국에 소개하고 시를 모아 시집을 만들어 허초희를 알린다. 명나라 사신 주지번(朱之蕃)은 교산에게 허초희의 시를 소개받고 중국에서 『난설헌집』을 냈는데, 당시 낙양의 종잇값이 올랐다고 할 정도로 호평을 받았다고 한다. 또 정유재란 때 조선에 왔던 오명제(吳明濟)에게 시 200편을 주어 명나라에서 조선의 시를 소개하는 책에 수록되기도 했다. 이후 200년 뒤 허초희의 작품은 일본으로 소개되어 인기를 얻기도 했다고 한다.

珌)를 탄핵하다 귀양을 가게 되고 결국 38세에 객사한다. 허봉의 갑작스
러운 죽음은 허균에게 큰 충격을 주었을 것이다. 학문적 스승이며 동시
에 살가운 형님이었던 그의 죽음, 그리고 1년 뒤 누님 허초희[5]의 죽음은
허균에게 감당하기 어려운 슬픔이자 상처였을 것이다.[6] 허균의 형제자
매는 천재적 재능을 타고 났으나 개인적 삶은 그리 평탄하지 못했고, 허
균 또한 범인(凡人)의 삶을 살지는 못했다.

3. 시대를 앞서간 허균

1) #얼리어답터 #수집가 #오타쿠

허균은 선배 윤근수(尹根壽) 등과 친형들 덕분에 어려서부터 중국 문물
에 익숙했다. 중국어가 가능했던 그는 사행(使行)이나 접반(接伴)을 통해서
도 중국과의 교류가 가능했다.[7] 1614년과 1615년 중국에 사신으로 가서
4천여 권에 이르는 책을 사기도 했다. 당시 조선은 중국에서 책을 수입

---

5 호는 난설헌(蘭雪軒). 7세에 시를 짓고 15세에 김성립(金誠立)과 혼인하였다. 시어머니의 구박,
   밖으로만 나도는 남편의 외면, 아버지의 죽음과 아이들의 죽음, 오빠의 죽음이 겹치면서 힘
   든 삶을 살았던 것으로 보인다. 그러한 한과 외로움, 슬픔을 시로 승화한 것으로 보인다.
6 "결정된 운명을 거절하여 세계와 대치하는 호민(豪民)에 대한 강조, 무륜당(無倫堂)을 건설한 강
   변칠우(江邊七友)와의 우정, 혁명을 꿈꾸며 그가 끌어들인 승려들과 잡색들 그리고 서얼들이
   웅변해 주는 신분철폐론, 기녀와의 동침을 솔직히 인정해 노출하려는 반예교주의, 여성을 벗
   으로 인정한 절제 등등 일반적으로 기행으로 알려진 허균의 행보"[윤채근(2012), 「허균 문학 의식
   의 기원」, 『어문연구』 73, 어문연구학회, 228쪽].
7 윤채근(2012), 「허균 문학 의식의 기원」, 『어문연구』 73, 어문연구학회, 218쪽.

하는 것이 일종의 유행이었는데 허균은 직접 중국에 가서 책을 직구(직접 구매)했으며, 이렇게 수집한 책은 당시 많은 이들에게 영향을 주었던 것으로 보인다. 명나라 문인 진계유(陳繼儒)의 기록에 따르면 조선 사람들은 책값을 아끼지 않고 책을 수집했으며, 심지어 자신이 살 목록까지 작성해서 들고 다녔다고 한다. 이 중에서도 허균은 책의 종류를 가리지 않았으며 이를 통해 광범위한 지식을 습득한 것으로 보인다. '만 권 서책 중의 좀벌레나 되어 남은 생애를 마치고자 한다'는 기록도 있을 정도로 책을 광적으로 좋아했던 것 같다.

이러한 독서광의 면모는 당대 지식인들 사이에서도 유명했고, 찾기 어려운 전거(典據)를 묻거나 희귀한 도서를 허균에게 부탁하는 일도 있었다. 이미 허균은 많은 이들로부터 책에 관해서는 '오타쿠', 즉 책에 관한 전문가로 통하고 있었던 것이다. 이러한 허균의 모습은 요즘 유행하는 말로 얼리어답터이면서 컬렉터(수집가)고 더 나아가 '오타쿠'에 어울리는 모습을 보였다. 자신의 취미를 극대화하여 다른 사람들에게 영향을 미치는 모습에서는 '인플루언서(influencer)'와도 같은 느낌을 주며, 당대의 지식 문화를 주도하는 한 축을 담당했던 오피니언 리더의 면모를 엿볼 수 있다.

2) 조선의 맛집 블로거

'음식, 요리'는 우리 생활에서 상당한 비중을 차지하고 있다. 요리하는 남자에 대한 긍정적 유행어부터 유명 연예인 못지않은 스타 요리사, 줄서서 먹는 맛집 등에 관한 콘텐츠가 넘쳐나고 있다. 맛집과 음식에 관한 소개는 진부한 소재가 되었을 정도이다. 허균은 이러한 먹거리 관련 콘텐츠를 이미 만든 적이 있었다. 『도문대작(屠門大嚼)』은 요리를 하는 사람들에게는 물론 약간의 관심이 있는 사람이라면 들어 봤을 정도로 유명한 책이기도 하다. 그는 책 전체를 떡, 과실, 짐승의 고기, 수산물, 채소 등으로 분류하고 각 재료를 사용하는 맛있는 음식을 기록했다. 또 음식의 특징, 생산지, 생산 시기 등을 기록했다. 떡이나 과실에는 일반 백성들이 접하기 어려운 것들이 많았으며, 짐승도 사슴의 혀나 꼬리, 범의 태, 웅장 등 아주 고급스러운 재료가 기록되어 있다. 해산물은 총 42종을 기록하고 있다. 수박이나 청어에 대한 설명에서는 수입된 유래나 관련 기록을 제시하기도 하고, 도루묵 같은 경우 그 이름에 얽힌 설화를 곁들이기도 했다. 접하기 쉽지 않은 고급 재료로부터 일반 백성들이 즐기는 음식에 이르기까지 음식에 대한 자세한 기록을 남기기도 한 허균은 다양한 분야에 관심을 두고 기록하는 꼼꼼함을 보인다. 허균의 아버지 허엽 또한 음식(초당두부)에 얽힌 일화가 있다는 점에서 부자(父子) 모두 음식과 관련이 있다는 공통점이 있다.

4. 교유관계에서 볼 수 있는 오타쿠적 모습: 예술적 · 문학적 취향 공유

허균은 스승 이달의 영향으로 서얼에게 관심을 갖게 된다. 그가 교류했던 서얼들 대부분이 문장에 뛰어나거나 예술적 자질이 높았던 사람들이었다. 그는 스승을 모델로 『손곡산인전』을 저술해 당시 서얼에 대한 자기 생각을 표현하기도 했다.

허균은 현실에서 신분의 한계를 뛰어넘어 우정을 나눴는데 그는 서얼 외에도 기녀[8]와 같은 사회적 약자와도 스스럼없이 교류를 맺었다. 나이, 신분, 경제적 차이 등을 넘어 우정을 나눌 수 있다는 것은 허균의 폭넓은 교유(交遊)관계에 한계가 없다는 것을 의미한다. 여기서 주목할 점은 이러한 교유관계에서는 '문예 취향의 공유'가 기본적인 조건이었다는 점이다. 이러한 허균의 교유관계를 볼 때 같은 문예 취향을 공유하는 사람들이라면 어떤 조건이어도 개의치 않았다는 것을 알 수 있다. '취향의 공유'라는 측면에서 신분을 가리지 않는 오타쿠들의 모습과도 닮았음을 볼 수 있다. 그들의 관심사는 오직 같은 취향을 공유한다는 것이기 때문이다. 봉건적 신분제도 사회에서 사회적 신분이나 처지와 상관없이 교유관계를 맺는다는 것은 상당히 어려운 일이다. 더구나 양반의 신분으로 신분이 낮은 혹은 천한 이들과 교류를 갖는다는 것은 당시 사대부에게 있을 수 없는 일이었을 것이다. 그러나 허균이 보여 준, 예술적·문학적 취향의 공유라는 측면에서 누구와도 언제든 교류할 수 있는 자세는 당대를 지배한 신분제도에 정면으로 반하는 앞선 선각자의 모습이었다.

허균은 자신의 서재를 '사우제(四友齊)'라 했는데 이는 자신의 벗 3명과

---

8 전북 부안의 기생 '매창(梅窓)'과의 교유관계가 유명하다. 그는 매창을 만나 그녀의 시를 높게 평가하고 주변의 문인들에게 소개해 매창의 이름을 널리 알렸다. 그녀와 '소울메이트'임을 평생 자랑으로 여겼다고 한다. 그녀가 죽었다는 소식을 듣고 슬퍼하며 2편의 시를 남겼다는 일화도 있다.

자신을 합쳐 4명이 함께하는 공간이라는 의미이다. 3명은 도연명(陶淵明), 이태백(李太白), 소동파(蘇東坡)다. 이들을 택한 이유는 속세를 벗어나 자연 속에서 유유자적하는 삶을 살았고 인품이 뛰어난 까닭이었다. 세상 사람들이 자신을 비리하다며 교제하지 않으니 과거의 사람 중에서 골라 벗으로 삼은 것이다. 그는 이렇게 정한 뒤 세 사람의 초상을 만들고 뒤에 찬을 지어 서재에 둔다. 자신이 좋아하는 인물의 사진이나 그와 관련된 상품(굿즈)을 소장하는 것은 오타쿠의 자세라 할 수 있다. 허균 또한 이러한 오타쿠적 모습을 보여 준다. 이때 그림을 그린 사람은 당대 최고의 화가로 알려진 친구 이정(李霆)이었다. 또 글을 쓴 사람은 한석봉(韓錫琫)이었다. 이들보다 연하였던 허균이었지만 그들이 예술적 유대관계를 유지한 것으로 보이는 흔적이 기록에 드러난다. 정치나 사상적으로는 세상 사람들의 비판을 받았으나 예술적 차원에서는 그렇지 않았던 것 같다.[9] 이러한 주류가 아닌 비주류 분야에서 사람들과 교감하며 새로운 세상을 펼쳐 갔던 그의 모습에서 서브컬처(Sub-Culture)를 공유하며 교류하는 오타쿠적인 모습을 엿볼 수 있다.

5. 『홍길동전』과 허균

허균은 『홍길동전』을 통해 평소 자신이 가지고 있던 사상을 표출한 것

9　김풍기(2010), 「허균의 우정론과 그 의미」, 『비평문학』 37, 한국비평문학회, 121쪽.

으로 알려져 있다. 이른바 '호민론(豪民論)'과 '유재론(遺才論)'이다.

　'호민론'에서는 이 세상에서 가장 두려운 존재는 민중이며, 이는 물이나 불 또는 호랑이나 표범보다도 두려운 것인데, 윗사람들이 이를 두려워하지 않고 함부로 포악하게 한다고 개탄하였다[天下之所可畏者 唯民而已 人之過誤宜恕 而在己則不可恕]. 그는 백성을 '항민(恒民)', '원민(怨民)', '호민(豪民)'으로 나누고 이 중 '호민'이 가장 두려운 존재라고 하였다. 『홍길동전』에서는 백성의 고혈을 짜는 탐관오리나 해인사 승려를 징치하는 모습을 통해 '호민론'을 역설하고 있다.

　'유재론'에서는 아무리 뛰어난 재주를 지녔다고 해도 신분에 의해 능력을 펼칠 수 없음을 개탄하였다. 그의 스승 손곡 이달도 재주가 있음에도 신분의 한계에 막혀 초야에서 인재를 양성하는 일에만 머물렀다. 처음에 허균이 이달을 만났을 때 허균은 이달을 업신여기고 거만하게 행동했다가 이달의 시를 보고는 바로 이달을 인정했다고 한다. 그렇게 인정하고 스승으로 모신 이달이 신분의 한계로 인해 초야에 묻혀 사는 모습을 보는 제자의 마음은 정말로 안타까웠을 것이다. 허균의 생애를 통해 살펴본바, 그는 많은 서얼과의 관계를 통해 신분제도의 불합리함을 알았고, 이와 관련한 그의 사상 '유재론'이 나오게 되었으며, 이 역시 『홍길동전』에 잘 드러난다. 많은 연구자가 밝힌 바와 같이 조선 시대 신분제의 폐단은 결국 '칠서지옥(계축옥사)'이라는 비극적 사건으로 발현된다. 주동자들과 친분을 맺고 있던 허균은 그 사건의 영향을 상당히 받았을 것이다. 그러한 사건은 『홍길동전』 속에도 잘 드러나고 있다.

　택당(澤堂) 이식(李植)은 자신의 문집에서 허균이 『홍길동전』을 남겼다

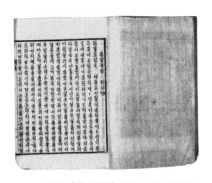
_____ 허균, 『홍길동전』(경판본. 국립한글박물관)

고 기록했고, 이로 인해 아직은 허균을 『홍길동전』의 저자로 인정하고 있다.[10] 기록을 살펴보면 허균은 『수호전(水滸傳)』을 상당히 좋아했던 것으로 보인다. 다른 기록에서도 『수호전』을 만 번 읽었다고 한다. 물론 과장법이겠지만 이를 통해서도 허균이 『수호전』을 얼마나 많이 좋아했을지 예상할 수 있다. 또한 『수호전』에 등장하는 인물들의 별명을 서로 붙여서 불렀다고 하니 그 심취도를 짐작할 수 있다. 당시 허균과 그 친구들은 서로를 작품 속에 등장하는 인물로 치환해 역할극을 했던 것으로 보인다. 역할 놀이, 즉 코스프레(코스튬 플레이, costume play)를 했던 것이다. 이러한 『수호전』에 대한 깊은 관심은 결국 『홍길동전』이라는 작품 집필로 이어진다. 많은 연구자의 성과물을 기초해 살펴보면 분명 허균이 『홍길동전』을 집필하면서 『수호전』의 영향을 받은 것은 틀림없는 사실일 것이다. 그러나 단순히 모방한 결과물이 아니라 인물, 구성, 사상 등에 있어 차별성을 지닌 독창적인 작품임을 알 수 있다.

10 이식의 『택당별집(澤堂別集)』 「잡저(雜著)」에 보면 허균은 『수호전』을 좋아하여 등장인물의 별명을 하나씩 차지하고 서로 그 이름을 부르며 놀았다고 한다.

6. 나오며: 성덕 허균

자신이 좋아하는 분야를 집요하게 파고들어 일정한 성과를 이루거나, 좋아하는 인물을 통해 소기의 성과를 거둔 사람을 일컬어 '성덕'(성공한 덕후)이라고 한다. 관심사에 대한 끊임없는 갈망과 도전을 직접 행동으로 옮길 때 성공으로 이어지는 것이다. 허균은 중국의 서적을 수집하는 얼리어답터 겸 컬렉터로 중국의 자료를 조선으로 가져왔으며, 이렇게 수집한 정보를 통해 당대 지식인들에게 영향을 끼치는 인플루언서로의 역할도 담당했다. 엄격한 신분제 사회인 조선에서 자신과 공통된 예술적·문학적 취향을 공유하는 이들과는 신분, 성별, 연령에 개의치 않고 교유관계를 맺는 오타쿠적 모습도 보였다. 몇백 년을 앞서 음식과 요리에 관한 책『도문대작』을 집필한 맛집 블로거이기도 했다. 친구들과『수호전』에 심취해 등장인물 역할을 하는 코스튬 플레이를 하기도 했는데, 거기서 그치지 않고 자신에게 영향을 준 작품에 비견되는 작품을 창작하는 모습까지 보인다. 이러한 허균의 면모는 허균이 단순한 오타쿠에 머물지 않고, 자신의 기질을 발전시켜 당대의 인물로 역사 속에 기록되는 '성덕'임을 보여 준다. 성덕 허균은 약 400년 전 조선의 사회문화적 관습의 틀을 깨고 당당히 자신의 진면목을 드러냈던, 시대를 앞선 '리더'였고, 그런 그의 모습은『홍길동전』에 담겨 지금까지 대중에게 전해 오고 있다.

조선 근대화의 문을 열다,

박지원

최용신
연세대학교 인문예술대학 국어국문학과

박지원(朴趾源, 1737-1805)은 조선 후기의 대표적 실학자로 알려져 있다. 하지만 우리에게는 실학자로서의 면모보다는 『허생전(許生傳)』, 『양반전(兩班傳)』 등의 작품을 쓴 작가로 더 친숙하다. 박지원은 기행문인 『열하일기(熱河日記)』, 농서인 『과농소초(課農小抄)』 등의 저서를 남겼는데 특히 그의 한문단편들은 실학사상을 바탕으로 하여 당대의 시대적 부조리를 꿰뚫는 통찰력을 보여 주고 있다. 당시 조선은 양란을 겪은 이후 혼란을 수습하는 과정에서 사회적인 변화를 감지하며 봉건사회를 탈피하려는 조짐을 보이고 있었다. 박지원은 이러한 사회 상황과 그에 대한 자신의 철학을 작품 속에 담아내었다. 그리고 그것은 당대를 뛰어넘어 근대의 문을 여는 데까지 영향을 끼쳤다. 여기서는 조선의 근대화에 바탕을 이룬 박지원의 실학사상을 그의 삶과 문학을 통해 살펴보고자 한다.

1. 박지원의 생애

연암(燕巖) 박지원은 영조 13년(1737년) 서울의 서쪽, 지금의 서대문 근

___ 박지원의 손자 박주수(朴周壽)가
그린 초상화(경기문화재단)

처인 반송방(盤松坊) 야동(冶洞)에서 출생하였다. 아버지가 벼슬 없는 선비로 지냈기 때문에 할아버지 박필균(朴弼均)이 양육하였다. 그는 명문가에서 태어났지만, 유년 시절을 그리 넉넉하게 보내지는 못했다. 16세인 1752년에 이보천(李輔天)의 딸과 혼인하면서 비로소 체계적인 문장 공부를 할 수 있었다. 이때 장인 이보천에게 『맹자(孟子)』를 배웠고, 처숙 이양천(李亮天)에게 『사기(史記)』를 배웠다.

1760년 할아버지가 죽자 생활은 더욱 곤궁하였다. 그는 모친을 23세(1759)에, 부친을 31세(1767)에 잃었는데 비교적 이른 시기에 양친을 모두 잃게 되어 순탄치 않은 삶을 살았다. 박지원은 20세를 전후하여 과거 공부를 시작하였으나 1765년 처음 응시한 과거에서 뜻을 이루지 못하고 이후 과거나 벼슬에 뜻을 두지 않은 채 오직 학문 연구와 저술에만 전념하였다. 1768년 백탑(白塔) 근처로 이사를 하게 되어 박제가(朴齊家) · 이서구(李書九) · 서상수(徐常修) · 유득공(柳得恭) 등과 이웃하면서 학문적으로 깊은 교류를 가졌고, 홍대용(洪大容) · 이덕무(李德懋) · 정철조(鄭喆祚) 등과 이용후생(利用厚生)에 대해 자주 토론하였다.

1778년 그를 평소 좋지 않게 생각하던 홍국영(洪國榮)이 세도를 잡자 자신에게 미칠지도 모르는 화를 피해 황해도 금천(金川) 연암협(燕巖峽)으로 은거하게 되는데 박지원의 호 연암은 여기서 연유한 것이다. 2년 뒤인 1780년 홍국영이 실각하자 다시 서울로 돌아와 처남 이재성의 집에 머물게 된다. 그해 여름 삼종형 박명원(朴明源)이 진하사겸사은사(進賀使兼謝恩使)로 청나라에 갈 때 동행했다. 북경(北京)과 열하(熱河) 등지를 여행하는 동안 청나라의 실제 생활과 기술을 눈여겨보고 돌아온 뒤 견문을 정리해 쓴 책이 『열하일기』이다.

그 후 1786년에 선공감감역(繕工監監役)에 제수되어 관직을 시작했고, 평시서주부(平市署主簿) · 사복시주부(司僕寺主簿) · 한성부판관(漢城府判官)을 거쳐 1792년 경상도 안의현감(安義縣監)을 제수받았다. 이 시기 정조(正祖)는 문체반정(文體反正, 당대의 저술 중 문체가 잘못된 것들을 단속해 기강을 바로잡겠다고 한 것)을 추진했는데, 박지원은 『열하일기』의 문체가 표적이 되어 자신의 문체가 잘못되었다는 속죄의 편지를 보내 용서를 구했다. 이때 정조는 속죄하라는 뜻으로 바른 글을 지어 올리라 명하였고, 1797년 면천군수(沔川郡守)에 부임한 후에 농서인 『과농소초』를 지어 올렸다. 1800년 양양부사(襄陽府使)를 끝으로 관직에서 물러났고, 서울로 돌아와 1805년, 69세의 일기로 세상을 떠났다.

2. 북학파와 박지원

북학(北學)이라는 말은 『맹자(孟子)』 「등문공장구상(騰文公章句上)」에 나오는 말이다. 남쪽에 위치한 초(楚)나라의 진량(陳良)이라는 사람이 주공(周公)과 공자(孔子)의 도(道)를 좋아하여 북쪽으로 중국에 가서 공부했는데[北學於中國] 매우 뛰어나 그 학문으로 오랑캐를 변화시켰다는 내용이다. 여기서 남쪽의 낮은 문명에 살던 사람이 북쪽의 선진 문명을 배운다는 의미로 '북학'이란 말이 나왔다. 곧 '북학'은 청나라를 야만시하는 태도에서 벗어나 청나라의 앞선 문물을 배워 조선사회를 발전적으로 바꾸어야 한다는 의지가 담긴 말이다. 이러한 북학을 주장한 사람들을 북학파(北學派)라고 하는데 박지원을 비롯하여 홍대용, 박제가 등이 대표적인 인물이다. 이들은 대부분 노론(老論) 계열이며 주자학을 공부한 사람들이었지만 청나라에 대한 개방성과 유연성을 주장하는 열린 의식을 가지고 있었다.

박지원은 백성들이 물질적으로 풍요로워야 도덕적 교화도 가능하다는 '선이용후생 후정덕론(先利用厚生 後正德論)'을 주장했다. 도덕제일주의에서 벗어나 먹고사는 문제를 먼저 해결해야 한다는 것이다. 농업 생산량의 증대가 중요하다는 것을 인식한 그는 『과농소초』를 지어 높은 수준의 농업기술을 강구하였다. 박지원의 이용후생에 대한 생각은 청나라의 열하를 다녀온 뒤에 더욱 확고해졌다. 그간 청나라를 만주족이 세웠다는 이유로 배척해 왔지만 청나라의 앞선 기술과 문물을 받아들이는 것이 조선 사회를 변화시킬 수 있는 방도라 생각하게 된 것이다. 이렇게 외부의 선진화된 기술을 받아들이자는 북학파의 주장은 19세기 후반 개화파(開化派)의 사상적 바탕이 되었다. 그리고 북학파의 실학사상과 개화파 사이에 박지원의 손자 박규수(朴珪壽)가 있어 다리 역할을 해 주었다.

3. 박지원의 사상과 문학관

조선 후기 호락논쟁으로 알려진 '인물성동이론(人物性同異論)'은 학문의 대상에 대한 철학적 논쟁이라고 할 수 있다. 쉽게 말해, 사람과 사물(동물)은 그 성질이 같은가 아닌가 하는 문제이다. 박지원은 낙론의 주장이었던 '인물성동론(人物性同論)'의 입장을 견지하였다. 인성과 물성이 동일하기 때문에 어느 한쪽의 절대적 우위를 논할 수 없고, 따라서 어떠한 것도 확정된 가치를 지니지 않는다는 것이다. 이는 곧 개별적 차이와 대등한 가치를 인정하는 상대주의적 관점과 맞닿아 있다. 이러한 관점은 당시에 확정적 사고였던 '지구가 중심이고 천체가 지구 주위를 돈다'는 인식에 의심의 여지를 주었고 탐구의 영역을 넓히는 효과를 가져왔다. 전통적으로 성리학은 학문적 탐구의 대상을 인간으로 한정하고 그 이외의 것들은 가치 없는 것으로 간주하는 '인물성이론(人物性異論)'이 지배적이었다. 이것을 깨고 어떠한 사물과 현상도 학문의 대상이 될 수 있다는 생각이 실학의 기본 바탕이 된 것이다.

박지원은 어린아이와 같은 마음으로 글을 써야 한다는 '동심문학론'의 입장에 있었다. 아이들과 같이 순진하고 진실된 마음은 사물의 본질

박지원, 『연암집』(한국학중앙
연구원)

에 더 가깝게 다가갈 수 있게 하고 그로 인해 모방하는 문학이 아닌 개성적이고 창조적인 문학이 나올 수 있다는 것이다. 그는 동심이 발현되는 순간을 예로 들어 이에 대한 구체적인 이해를 돕고 있다. 아이들이 나비 잡을 때를 보면 손끝에 온 신경을 집중하며 조심스럽게 다가가다가, 나비가 날아가 버리면 아쉽고 성난 그 순간의 기분이 얼굴에 그대로 드러난다. 아이에게 나비는 상념의 대상이 아니라 단순히 지금 눈앞에 잡아야 하는 대상이다. 그래서 아이는 본질인 나비에게만 집중하고, 놓쳤을 때에 솔직한 감정이 드러난다. 아이들이 관우상을 봤을 때도 어른들의 반응과 대조를 이룬다. 어른들은 관우의 상을 보며 존경하고 두려운 마음이 들기에 함부로 다가서지 못하지만, 아이들은 단지 흙덩어리에 불과한 실상만을 바라보기 때문에 관우상의 콧구멍을 쑤셔 보기도 하고 눈알을 만져보기도 하는 것이다. 아이들의 눈은 선입견이 없어 대상의 실체를 온전히 꿰뚫을 수 있다는 것이다.

정조의 문체반정 때에 『열하일기』의 문체를 지적받은 박지원은 「답남직각공철서(答南直閣公轍書)」에서 『열하일기』를 쓸 때의 심경을 드러내면서 "나 같은 자는 중년 이래로 불우하게 지내다 보니 자신을 소중히 여기지 않고 글로써 희롱거리를 삼았소[以文爲戱]"라고 했다. '이문위희(以文爲戱)'

70

란 쉽게 말하자면 재미를 위해 글을 썼다는 말이다. 글로써 가르침을 삼는 것이 전통적 관념이고 지배적인 문풍이었지만 박지원은 그것을 깨고 실질적으로 삶에 즐거움을 주는 문학의 이면을 발견했던 것이다. 그런데 이 글은 정조의 지적을 받고 속죄하는 의미를 담아 쓴 편지이기 때문에 얼핏 보면 그런 '이문위회'의 자세를 반성하는 듯 보인다. 하지만 그 이후에, 이를 통해 자신뿐 아니라 다른 사람들도 그르치게 했다거나 자신은 바라지 않았으나 사람들에게 흠모를 받게 되었다는 등의 말을 한 것을 보면 자신의 글이 가지고 있는 영향력에 대한 자긍심을 볼 수 있으며 사실은 속죄가 아닌 반어적인 항변이었음을 읽을 수 있다.

새로움을 문학적 가치로 추구했던 박지원의 생각은 「초정집서(楚亭集序)」에 나와 있는 "법고이지변 창신이능전(法古而知變 刱新而能典)"으로 요약될 수 있다. '법고'란 옛것을 본받는 것이고, '창신'은 새롭게 창조하는 것이다. 곧 옛것을 본받으면서도 변화를 알아야 하고, 새로운 것을 창조하면서도 전거에 맞아야 한다는 말이다. 옛글을 배우고 따르는 것은 중요하지만 단순히 모방하고 답습하는 것은 진실된 글이라 할 수 없다. 옛글에 대해 치밀하게 학습하면서 동시에 변화를 파악하고 그 변화의 원리를 글 속에 담아내야 한다. 또한 창신한 글도 새롭기만 해서는 가치를 인정받기 힘들기 때문에 '법고'의 테두리를 벗어나서는 안 된다. 옛글의 전통을 따르면서 거기에 새로운 시대변화의 정신을 담아내는 것이 박지원의 '법고창신'이다.

4. 박지원의 한문단편

　박지원은 풍자와 해학이 담긴 한문단편을 통해 당대의 사회적 부조리를 고발함으로써 역설적으로 자신이 생각하는 이상향을 드러내었다. 그의 한문단편은『방경각외전(放璚閣外傳)』에 수록된 9편「마장전(馬駔傳)」, 「예덕선생전(穢德先生傳)」, 「민옹전(閔翁傳)」, 「광문자전(廣文者傳)」, 「양반전(兩班傳)」, 「김신선전(金神仙傳)」, 「우상전(虞裳傳)」, 「역학대도전(易學大盜傳)」, 「봉산학자전(鳳山學者傳)」이 있고,『열하일기』에 수록된「호질(虎叱)」과「허생(許生)」등이 있다. 『방경각외전』에 실린 단편들은 박지원이 과거를 준비하던 20대 젊은 시기에 지어진 것이 대부분이다. '외전'이라고 칭한 것은 소설들에 등장하는 주인공들이 모두 정사(正史)와는 상관없는 인물들이었기 때문이다. 「호질」과「허생」은 과거에 실패한 후 홍대용 등과 어울리며 실학에 몰두했던 40대에 지어진 작품이다.

　「양반전」은 양반을 사고파는 과정을 통해 양반계급의 부조리와 허례허식을 지적한 작품이다. 지체 낮은 부자가 큰 고민 없이 양반 신분을 사겠다고 한 것은 당시 이러한 매매 행위가 실제로 이루어지고 있었음을 보여 준다. 견고했던 양반제는 돈으로 신분을 살 수 있을 만큼 무너지고 있었던 것이다. 양반이지만 가난해서, 꾸어 먹은 환곡을 갚지 못하는 무능한 양반과 장사로 큰돈을 벌었지만 신분이 낮아 멸시를 당했던 서민 부자가 서로 자신이 가진 것을 맞바꾸어 필요를 채웠으니 모두가 만족할 만한 결과라고 할 수도 있겠다. 하지만 양반의 실체를 알게 된 부자가 손해를 감수하고서도 양반 신분을 내던진 것을 보면 합리적인 거래는 아니었던 것으로 볼 수 있다. 양반 신분을 사고파는 과정에서 군수는 문서를 써서 남겨 두어야 한다며 부자 앞에서 문권(文券)을 기록하는데, 여기서 양반에 대한 두 가지 비판이 나온다. 양반으로서 지켜야 할 수칙들은 하나같이 실생활과는 동떨어진 형식적인 것들뿐이었고, 양반의 이권이라고 알려 주는 것들은 모두 도둑놈의 행태와 다를 바가 없는 것들뿐이었다. 「양반전」은 이러한 양반의 합리적이지 않고 불의한 모습을 지적하고 있다.

「민옹전」은 이야기꾼 민유신에 대한 이야기이다. 이 소설의 화자는 바로 18세의 박지원 자신이다. 박지원은 이 나이 때에 병 때문에 몸이 지쳐 집에서 쉬고 있었는데 여러 사람들을 불러들여 다양한 이야기들을 들으며 지냈다. 이때 만난 사람들 중 하나가 민옹 민유신이다. 「민옹전」에는 사람들이 던지는 질문에 대해 민옹이 익살스러우면서도 정곡을 찌르는 답변으로 사람들을 탄복시키는 장면이 나온다. 신선은 가난한 자이다. 부자들은 속세를 그리워하지만 가난한 사람들은 속세를 싫어하기 때문이다. 불사약은 밥이다. 아무리 귀한 약을 먹어도 밥을 안 먹으면 죽기 때문이다. 황해도의 황충(蝗蟲, 메뚜기)은 걱정할 것이 못 된다. 종로 네거리에는 길이가 7척이며 머리가 까맣고 입은 주먹이 들어갈 만큼 커서 온갖 곡식을 다 먹어치우는 커다란 황충이 한가득이다. 이렇게 그의 답변에는 당시의 기득권 세력에 대한 반감이 들어 있다. 박지원은 민옹과 그의 두 아들이 벼슬을 받지 못했다는 사실에 안타까워하면서 능력 있는 사람들이 능력을 발휘하지 못하는 현실의 구조적 모순을 비판하고 있다.

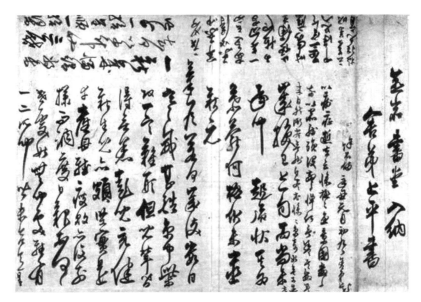

_____ 박지원의 글씨(1781). 서울에 있던 박지원이 새해를 맞아 친형인 박희원(朴喜源)에게 보낸 편지(성균관대학교박물관)

「허생」은 박지원의 여러 작품 중 이용후생의 실학사상이 가장 잘 드러난 작품이라고 할 수 있다. 허생이라는 재야의 선비가 경제를 주무르고 도적 문제를 해결하여 해외에 나라를 세우고, 해외 무역을 실현해 내며, 가난한 자들을 구제하기까지 하는 모습을 통해 상대적으로 무능한 당대의 관리들을 비판한다. 여기에 더해서 허생과 같은 인물이 중용되지 못하는 현실의 부조리를 꼬집고 있다. 작품의 후반부, 허생을 찾아온 어영대장 이완에게 허생이 제시한 시국책(인재등용, 훈척들의 추방, 청나라를 인정하고 배우는 것)은 작가가 현실세계에 전달하고 싶은 목소리라고 할 수 있겠다. 허생의 이야기는 원래 설화의 형태로 민간에서 전승되어 왔는

데, 박지원이 이를 문학적으로 형상화한 것이다. 이렇게 민간설화를 소재로 작품을 창작한 것은 문학이 현실의 문제를 담아야 한다는 그의 문학관이 투영되었기 때문이다.

「호질」은 호랑이를 의인화하여 여러 인간 군상들에 대해 비판하는 내용을 담고 있다. 특히 북곽선생으로 대표되는 유학자들의 위선적인 모습과 열녀로 추앙받던 동리자의 이중적인 모습이 주된 비판의 대상이 된다. 북곽선생은 이름난 선비였지만, 남몰래 색을 즐기며 사람들 앞에서 근엄한 척하는 뻔뻔한 사람이었는데, 그 더러움이 분뇨통에 빠져 악취를 풍기는 모습으로 표현되고 있다. 동리자는 열녀로 표창까지 받았지만 성이 각각 다른 다섯 아들을 두었다는 모순적인 상황으로 그 실체를 짐작게 한다. 호랑이는 인간사회의 온갖 문제들을 거론하면서 인간과 달리 호랑이는 그렇지 않다며 비교한다. 유학자들이 그 가치를 인정하지 않고 멸시했던 짐승의 입을 통해, 짐승만도 못한 존재가 사람이라는 사실을 지적받고 있는 것이다. 「호질」은 『열하일기』에 수록되어 있는데 박지원은 자신의 작품이라 소개하지 않고 청나라 여행 중 어떤 가게의 벽 위에 걸려 있던 글을 적어 온 것이라고 설명했다. 하지만 이것은 박지원의 전략일 가능성이 높다. 길을 가다 볼 수 있을 정도의 글이라면 당시에 매우 널리 알려진 이야기여야 할 텐데 중국의 지역뿐 아니라 인근 어느 지역에서도 비슷한 이야기가 전해지지 않고 있다. 아마도 비판의 수위가 높기 때문에 자신을 향할 비난을 피하기 위해서 중국을 배경으로 하는 중국의 이야기로 포장했을 것이다. 또한 비판의 대상인 양반들이 소설을 경시하는 경향이 있었기 때문에 기행문이라는 양식 속에 '여행 중에 본

글'로 설정함으로써 그들에게 더 많이 읽힐 수 있는 효과를 가져오기도 했던 것이다.

5. 근대화의 시기에…

박지원은 적극적으로 사회 개혁 운동을 하거나 근대화를 추진하지는 않았다. 하지만 그의 실학 정신과 사회 부조리에 대한 비판 의식은 조선 사회의 변화에 단초를 제공했다. 박지원이 죽고 2년 뒤에 출생한 그의 손자 박규수는 할아버지의 저작들을 통해 실학사상의 기초를 다졌고 자신의 사랑방에 양반가 자제들을 모아 개화사상을 공부하게 했다. 이때 박규수의 밑에서 공부한 김옥균(金玉均), 박영효(朴泳孝) 등은 급진개화파의 주축이 되어 갑신정변을 일으키기도 했다.

근대의 지식인들도 박지원을 위대한 사상가로 평가했다. 최남선(崔南善)은 조선광문회 활동을 통해 조선의 고서들을 발행했는데 그중 하나가 『열하일기』이다. 최남선은 조선문명화에 백과사전류가 담고 있는 지식이 매우 중요한 역할을 한다고 생각했기 때문에 『열하일기』의 가치를 높이 평가했다. 또한 그가 발행한 잡지 『청춘』에 『방경각외전』에 실린 한문단편 7편을 한문에 국문 조사로 토를 단 '한문현토체'로 연재하기도 했다. 벽초 홍명희(洪命熹)의 아들인 월북 국어학자 홍기문(洪起文)은 박지원의 작품이 조선 사회 내부의 모순을 고발하여 궁극적으로 조선후기 사회가 계급투쟁을 통해 중세 봉건사회에서 시민계급사회로 진전하는 모습을 보여 준 것이라 평가했다. 한국 최초의 소설사인 『조선소설사』를 집필한 김태준(金台俊)은 박지원의 소설을 「근대−소설」이라는 한 장으로 다룰 만큼 중요하게 생각했다. 그는 박지원의 작품이 한문으로 쓰였다고 해도 세계문학의 보편성 차원에서 표기 수단에 불과한 것이고, 작가 감정의 발로이면서 민중의 사회상을 묘사한 것이기 때문에 민족문학의 가치를 지닌 것이라고 보았다.

박지원의 작품에는 오늘날을 살아가는 우리에게도 적용될 수 있는 교훈들이 들어 있다. 인간의 탐욕과 같은 본질적인 문제에서부터 여전히 타파되지 않은 사회구조적 부조리까지 현대사회도 역시 박지원의 눈에는 이상향이 아닐 것이다. 박지원의 문학과 가르침을 통해 우리 사회가 더 합리적이고 진보한 세상이 되도록 지혜를 얻어야 하겠다.

참고자료

박지원, 『연암집』.

국문학신강편찬위원회 엮음(1985), 『국문학신강』, 새문사.
김남이(2011), 「20세기 초~중반 "燕巖"에 대한 탐구와 조선학의 지평」, 『한국실학연구』
    21, 한국실학학회.
김윤식·김현(1973), 『한국문학사』, 민음사.
이상택·박종성(2011), 『고소설론과 작가』, 한국방송통신대학교출판부.
한국고전소설편찬위원회 엮음(1990), 『한국고전소설론』, 새문사.

한국민족문화대백과(https://encykorea.aks.ac.kr/)

근대과학과 전통 철학을 융합하다,

최한기

이지

이화여자대학교 철학과

1. 들어가며

　1871년에 미국은 5년 전 일어났던 제너럴셔먼호 사건을 빌미로 조선을 개항시키려 무력 침략하였다. 신미양요(辛未洋擾)이다. 미군은 강화도를 공격하였고, 이들과 대치하고 있던 강화진무사 정기원(鄭岐源)이 최한기에게 편지를 보냈다. 적을 신속히 격퇴시키지 못해 송구스럽다며 습한 여름 날씨 속에서 질병에 걸리는 병사들이 많아지고 있다고 고된 상황을 알리고는 이 전쟁에 자문을 구하는 내용이었다. 흥선대원군의 허락도 받은 상태였다. 당시 69세로 고령이던 최한기는 군영에 직접 나가지는 못하였지만, 사신을 통해 편지를 주고받으며 수시로 자문에 응하였다. 그러던 어느 날 정기원은 미군이 갑자기 모래를 배에 싣기 시작했다면서 무슨 의도인지 헤아리기 어렵다며 최한기의 의견을 물었다. 이 말을 듣고 최한기가 말하였다. "틀림없이 식수가 떨어졌을 것입니다. 그래서 옹기에 모래를 담고 바닷물을 붓고 짠물을 걸러서 맑은 물을 얻으려 하는 것입니다. 하지만 저들은 이미 너무 깊이 들어갔으니 맑은 물을 구할 방도가 없어서 곧 스스로 물러갈 것입니다." 이런 얘기가 오간 지 며칠 후

_____ 신미양요 당시 초지진을 방어하는 모습(기록화)

미군은 정말로 퇴각하였다. 이미 일본의 개항을 성공시킨 전력이 있는 미국은 조선의 개항도 쉽게 이룰 것이라고 만만하게 여겼을 것이다. 그래서 장기전을 준비하지 않았다. 게다가 조선군의 결사항전은 그들의 예상을 넘어선 것이었다. 이에 미군은 강화해협에 고립되었다가 조선을 상대로 어떤 외교적 성과도 얻지 못한 채 물러갔다.

2. 재야의 지식인

최한기(崔漢綺, 1803-1877)는 1801년 정조가 급서한 후 순조가 11세 어린 나이에 즉위하면서 정국이 세도정치의 파행으로 치달을 무렵에 태어났다. 그리고 조선이 외세의 강압에 의해 불평등한 조약(조일수호조규, 일명 강화도조약)을 맺은 1876년, 이 타율적이고 강제적인 개항에 대해 개탄해 마지않았고, 그 이듬해에 타계하였다. 그는 유학 전통을 계승하는 한편, 서구 자연과학지식을 수용하고 기존 학문에 융합하여 자신만의 독창적 학문체계인 기학(氣學)을 수립한 철학자이다.

조선시대 지식인이라면 누구나 그렇듯이 최한기 역시 어려서부터 유교 경전을 공부하였다. 유학(儒學)은 정치철학이자 도덕철학의 성격이 강한 학문이다. 개개인의 도덕적 인격을 완성하는 실천뿐만 아니라 전체적인 인간의 실현을 추구하는 학문이다. 그렇기 때문에 과거를 통하여 관직에 진출하는 것은 개인과 가문의 입신양명만을 위한 것이 아니라 유학의 학문적 이상을 현실사회에서 실현하는 길이기도 하다. 최한기는 1825년 그의 나이 23세에 생원시에 합격하였다. 그러나 이후 출사하기를 단념하고 재야의 학자로 남는다. 누구보다 학문에 자부심이 강했던 최한기가 자신의 학문적 성취를 실제세계에서 발휘하고 싶은 열망이 없었던 것이 아님에도 불구하고 관직에 진출하지 않은 채 평생 재야에 남게 된 것에 대해 그는 스스로 "시세(時勢)의 운화(運化)"라고 받아들인다.

최한기가 직면했던 한계와 문제의식은 무엇이었을까? 우선 출신 성분에서 찾아볼 수 있다. 그는 개성 사람이다. 개성은 고려의 옛 수도이다. 조선 건국 당시 다수의 개성 지식인들이 집단적으로 이성계(李成桂)의 역성혁명에 반대하여 고려에 대한 충절을 보인 적이 있다. 그 후 태조(太祖)는 개성인의 과거 응시 자격을 박탈하였고, 이에 따라 개성 사람이 조선에서 정계에 진출하는 것은 불가능한 일이 되었다. 이후 성종 대에 이 규제가 공식적으로 풀리기는 했지만 개성 사람은 '고려유민(高麗遺民)'이라는 통념 때문에 실질적으로는 정계 진출이 어려웠다. 한 개인의 입장에서 부당한 제약을 받는 일이었다. 최한기는 권위에 영합하지 않고 그 제약에서 비껴 났다. 오히려 일찍부터 사회 부조리에 대한 비판의식을 가지게 되었고, 사농공상의 신분적 차별이 가진 허약한 근거에 대해 본격적으로 비판을 가하기도 한다. 그가 교류하였던 벗들이 모두 서얼과 중인이었던 것도 그러한 의식의 한 단면을 보여 준다 하겠다.

또 다른 이유는 당대 조정에 만연해 있던 붕당에 휘말리고 싶지 않다는 자의식에서 찾아볼 수 있다. 조선시대 사대부들은 관료로서 어느 한 당파에 속하거나 학자로서 교우사승관계에 따라 어느 한 계통에 속해 있기 마련인데, 관료이면서 지식인인 그들의 당파와 학파의 인맥은 거의 일치한다. 당시 지배계층 내부에서 벌어진 격렬한 논쟁이 있었다. 호락논쟁(湖洛論爭)이라고 하는 인물성동이론(人物性同異論)이다. 이 논쟁 자체의 학문적 의의는 널리 평가받기도 한다. 그러나 논쟁이 1세기가 넘게 이어지면서 정쟁(政爭)의 성격으로 변질되었다. 최한기에게서 이러한 변질된 논쟁의 장에 들어가는 것은 정치적 소외감을 극복하고서라도 도전해 볼 만한 가치 있는 일이 아니었다. 그는 처음에 소수에 의해 시작된 논쟁이 집단적인 논쟁으로 확대되어 붕당을 이루게 되고, 잔혹하게 다투어 이기려고만 하니, "세상을 다스리는 일에 있어 붕당을 이루는 것보다 더 애통하게 여길 만한 것이 없으며 이런 뜻을 아는 사람은 붕당에 들어가지 않는다"라거나 "문벌의 학문에 빠져 같은 무리를 편들고 다른 사람을 공격한다면, 천하에 통용되는 도리와 모든 백성들이 하나로 되는 학문을 논의하는 데 참여할 수 없다"와 같은 지적을 자신의 저서 곳곳에서 하고 있다. 또한 1830년대에 정승 홍석주(洪奭周)가 최한기에게 노론계의 태두인 송시열(宋時烈)의 우암서원과 김창집(金昌集) 등 네 명의 노론 대신들의 위패가 있는 사충서원의 유사(有司)직을 맡기려 한 적이 있다. 그렇지만 그는 단호하게 거절하였는데, 고사한 이유가 바로 당색(黨色)이었다.

최한기가 "시세의 운화"로 파악하였던 당시 객관적인 사회 조건 가운데 60여 년간 지속된 세도정치를 언급하지 않을 수가 없다. 19세기 초반부터 조선은 안동 김씨, 풍양 조씨 등 소수 가문에 권력이 집중되어 이들에 의해 주요 관직이 독점되었다. 그에 따라 관료 선발 제도인 과거시험은 정상적인 기능을 하지 못하고 온갖 폐단을 낳았다. 돈을 주고 글을 사거나 이름을 바꾸어 답안을 대리 작성하는 일, 또는 과거시험장에 책을 가지고 들어가거나 시종을 데리고 들어가는 일, 시험 중 밖에서 과거시험장으로 책을 유입하는 일 등 외에도 접수된 답안지가 2천여 매에 달하는데도 겨우 하룻밤 지나고서 급제자가 급조되어 발표되는 사례도 있었다고 한다. 자기 가문의 이익과 정권 유지를 우선으로 하는 세도가들에 의해 정국이 파행적으로 운영된 것이다. 파행 운영에 대표적인 것이 삼정(三政: 전정, 군정, 환정)의 문란이다. 조선시대에 양반 신분은 세금을 면제받고 일반 백성들이 전담하였는데, 지배계층들은 백성들에게서 법으로 정한 세금보다 수배에서 수십 배에 달하는 양을 징수해 갔다. 농민을 비롯한 백성들은 양반 관료들에게 여러 형태로 수취를 당하였고, 소수 문벌의 권력독점으로 인한 부패는 백성들의 생활을 곤핍한 데로 몰아갔다. 견디다 못한 백성들은 전국적으로 민란을 일으키게 된다. 1811년 '홍경래의 난'이라 불리는 '평안도 농민 전쟁'을 비롯하여 해마다 크고 작은 민란들이 이어지다가 1862년 진주에서 일어난 '임술농민봉기'를 기폭제로 하여 당해에만 전국 약 30여 개 지역에서 민란이 일어났다. 최한기는 권문세가의 부패를 비롯한 당대 사회문제들을 통렬히 비판한다. 그는 유학을 공부하면서 자란 사대부 독서인으로서 사회적 삶의 태도에 관한 일정한 성격의 사고방식이 형성되어 있었다. 대동(大同)사회를 지향하는 유가적 사회의식은 백성들의 삶의 양식에 대한 책임의식을 갖는 일이기도 하기 때문이다. 게다가 최한기 본인이 차별받는 지방 출신으로서 사회적 모순의 폐단이 개인의 운명을 간섭하고 압박하는 것에 대한 부당함을 감각하고 있었다. 이로 인하여 백성들의 고단함을 깊이 동정(同情)할 수 있지 않았을까?

최한기는 일찍이 양부(養父) 최광현(崔光鉉)을 따라 서울로 이주하여 자리를 잡았다. 그리고 고증학적 취미를 갖고 고서첩 수집을 즐겨 하던 양부의 소개로, 청대 고증학 및 한역서학서(漢譯西學書)를 접할 기회를 얻는다. 당시 서울은 도시적 발전을 거듭해 지방과의 분기 현상이 심화되었다. 서울과 지방의 극심한 격차에 따라, 지방의 학자들은 외부세계와 단절되어 고립된 정신세계에 머물러 있었다면, 서울 지역에서는 청(淸)과 적극적으로 교류하면서 청조의 학술과 문물 및 서학과 서교를 받아들이고 있었다. 관직에 나가지 않고 당파도 학파도 없이 자유로운 입장에 놓일 수 있었던 최한기는 대신에 선대가 누대에 걸쳐 거주하였던 개성을 떠나 새롭게 터를 잡은 서울을 떠나지 않고 독서와 저술에 몰두한다. 평생토록 1천여 권의 방대한 저술을 남긴 그에게 있어 서울은 16세기부터 이미 중국에서 유입된 서구 문물과 당대의 세계 정세까지 널리 열람할 수 있는 지식과 정보 수용의 거점이었다.

3. 비판적 유학자

백성들의 피폐한 삶과 그것을 야기한 사회적 모순을 총체적으로 인식하였던 최한기는 이 문제에 대한 구체적인 구상에 필생의 노력을 들인다. 우선 그 핵심 원인을 인재 등용의 문제에서 찾고 인간에 의한 정치[人政]를 피력한다. 문벌이나 직업이 아니라 타고난 그릇과 재능에 따라 인재를 발탁해야 한다는 것이다. 1838년에 저술한 『감평(鑑評)』에서는 적절한 인재 등용을 위하여 재능과 인품을 판단할 만한 객관적 기준을 제시하였고, 1860년에는 『인정(人政)』에서 인재를 헤아리고[測試] 가르치고[教試], 선발하고[選試], 등용하는[用試] 일에 관한 견해를 밝혔다. 이 문제에 대한 이념적 모색은 『기측체의(氣測體義)』(1836)[1]에서 시작하여 『기학(氣學)』(1857)으로 귀결된다.

최한기가 밝히는 학문관에서는 백성들의 쓰임[民用]이 우선시된다. 이러한 태도는 고대 유가의 본질적인 태도이기도 하다. "학문을 밝히는 것은 내게 있으나 그것을 취하고 버리는 것은 세상 사람들에게 달린 것"이

---

1 최한기의 『신기통(神氣通)』(1836)과 『추측록(推測錄)』(1836) 두 저서는 『기측체의(氣測體義)』라는 제목으로 합본되어 1836년에 북경(北京) 인화당(人和堂)에서 발간되었다. 이 시기에 그의 새로운 기(氣) 개념과 '추측론'이라는 인식론이 이미 정립되었다.

고, 학문 중에는 "민생(民生)에 도움이 되는 것이 있고, 민사(民事)에 해가 되는 것이 있고, 민도(民道)에 손해도 이익도 없는 것이 있는데" 민생에 도움이 되지 못하는 학문은 학문으로서 의의를 갖지 못한다. 민생을 피폐하게 만든 문벌들의 학문은 더 이상 학문이라 할 수 없었다. 그가 지적하는 문벌의 학문은 수백 년 전 선조들의 학문을 답습한 것으로서 성리학적 전통의 이기심성론(理氣心性論)에 조준되어 있다. 그것은 오히려 고대 유가의 정신에서 벗어나 있었다. 민생의 혼란에 관심을 기울이는 것은 인격의 자기완성과 천하의 화평(平天下)에 참여하는 것을 상호 간에 전제와 조건으로 삼는 유학의 세계에서 필수적으로 요청되는 태도이다. 그러나 당시 집권층의 학문은 비록 이론적으로 치밀하고 독창적인 내용이 풍부할지라도 실제적으로 쓰이지 못하고 있었다. 그저 오랫동안 일단락을 짓지도 못하고 파당을 이루어 자당의 정권유지에 기여하는 데에만 진력을 다할 뿐, 현실 정치는 파행으로 치닫고 민생은 피폐해져만 갔다. 이를 혁신하지 못하는 까닭을, 최한기는 구체적으로 입증하기 어려운 추상적 관념에만 의존하는 이기심성론에서 찾은 것이다.

성리학에서는 우주만물의 근원을 태극이라 하고 그것을 곧 리(理)라고 부른다. 그리고 궁극의 원리인 리는 인간의 마음에 내재해 있다. 그렇기 때문에 마음을 인식의 대상으로 삼아 그 속의 리를 찾고자 한다. '호락논쟁'도 성리학적 심성론의 발전 선상에 있다. 비록 '호락논쟁' 이전에는 논쟁의 영역이 인간의 심성 문제에만 국한되었던 것에 비하면 이 논쟁은 인간을 넘어서 인간을 둘러싸고 있는 자연세계로 관심의 영역을 넓히긴 하였지만, 자연의 본성과 인간의 심성 사이의 근원적 동질성을 따져 묻는 것으로서 마음에 내재한 선험적 원리를 전제한다는 점에 있어서는 본질적으로 차이가 없다. 마음속의 선험적 이치를 궁구하는 학문은 관념상의 전개를 논리적으로 추적할 수는 있으나, 논리의 길은 여러 갈래로 나누어질 수 있으며, 그 실상을 드러낼 수가 없다. 그렇기 때문에 실제로 가늠할 단서를 찾기가 어렵다. 그에 따라 논쟁이 오가는 동안 상대방 이론의 논리적 허점을 지적하고 그 논리적 귀결이 초래할 불합리성을 비판하면서도 결국 시비를 가리지 못하였다는 것이다. 그 이론의 대상이 형질을 갖지 않은 무형(無形)의 것이어서 경험적으로 증명할 수 없기 때문이다. 성리학적 리가 우주만물의 근원이라는 주장을 뒷받침할 만한 실증적 근거를 찾을 수가 없고, 그렇기 때문에 비록 논의는 무성해도 실제 상황에서의 쓰임을 둘 곳이 없다고 여긴 것이다. 다시 말해서 성리학적 세계의 근원인 천리는 경험적 차원을 넘어서 존재하기 때문에 단서를 찾을 수가 없고, 설혹 누군가가 그에 대한 인식을 획득했다고 주장하더라도 증험할 방법이 없어서 공유(共有)할 수가 없다. 증험할 수 없고 그래서 공유하지 못하는 학문은 학문으로서의 의미와 기능을 갖지 못한다.

성리학의 이기심성론에 대한 비판적 태도는 실제세계에서 의미를 갖지 못하는 이론의 허약성을 극복하고자 하는 의식에 기인한다. 그리고 그는 "유형(有形)의 운화(運化)하는 신기(神氣)"라는 새로운 개념을 정립하였다. 세계의 근원은 영원불변하는 보편자로서의 고정된 실재가 아니라 형질을 갖고 있으며 쉼 없이 움직이고 변화하는 유동적인 실재라는 것이다. 그러므로 감각기관을 통해 경험할 수 있으며, 다른 사람에게 분명하게 전달할 수 있고 공유할 수 있게 된다. 이와 같이 최한기가 학문에 대해 가졌던 문제의식은 경전을 새롭게 해석한다거나 기존 이론의 논리적 결함을 지적하는 데에서가 아니라 그가 처한 시대의 현실사회모순에 대한 비판에서 출발하였다. 백성들의 안정된 생활을 보장해 주지 못하는 정치에 대한 비판은 토대를 이루는 학문인 성리학에 대한 비판으로 연결되고, 기존 학문의 인식 방법이 배태한 문제를 드러내면서 인식의 전환을 이루어 낸 것이다.

4. 새로운 학문, 기학

동시대 실학자인 이규경(李圭景)은 최한기가 "일찍이 경학(經學), 사학(史學), 예학(禮學), 율여(律呂), 수학(數學), 역상(歷象)에 두루 통하여 이에 관한 저술을 남겼"으며, "널리 모으고 분류별로 고증하며 기억력이 뛰어나고 넓게 공부"하였다고 진술하고 있다. 또한 이건창(李建昌)에 따르면 최한기는 "좋은 책이 있다는 소식을 들으면 비싼 값을 아끼지 않고 구입하여 읽었"기 때문에 "나라 안의 책 중개상들이 다투어 그에게 와서 팔고자 했으며, 북경에 있는 서점의 신간서적들이 서울에 들어오기만 하면 혜강이 열람하지 않은 경우가 없을" 정도로 중국에 번역 출간되어 있는 서양 서적들을 두루 입수하여 탐독하였다. 그뿐만 아니라 말레이 반도 말라카와 싱가포르에 설립된 서원들에서 여러 서적들이 출간되고 있음을 알고 있었을 정도로 정보에도 밝았으며, 아편전쟁 후 중국 지식인들이 이 두 서원에서 번역 출간된 서적들을 참고하여 한문으로 저술한 서양관계 학술

서적인 태서신서(泰西新書) 역시 그가 서구 문물에 대한 지식을 얻을 수 있는 자료로서 활용되었다.

세계지리를 비롯하여 지구구형설(地球球形說), 자전설(自轉說), 태양중심설 등의 천문학뿐만 아니라 뉴턴의 만유인력을 해설하기도 하였던 그가 언제부터 서학을 접하기 시작했는지는 정확히 알려지진 않았다. 그러나 광범위하게 독서하는 가운데 그의 기학체계가 형성되는 데에는 서양의 자연과학과 과학기술의 영향이 있었던 것이 사실이다. 그의 초기 저작인 『기측체의』에서 중국을 통해 입수할 수 있었던 서학서들에 관한 언급을 종종 하고 있을 뿐만 아니라 이 시기에 이미 유형의 관념이 기의 중심 개념으로 정립이 되어 있다는 점을 미루어 볼 때, 청년기에 이미 중국에서 번역되어 들어온 서구 자연과학 서적을 탐독하였음을 알 수 있다. 이후로 서학에 대한 연구는 평생을 이어 간다. 서양의 과학 지식이 그에게 갖는 의미는 인식 확장의 계기이며, 공간적으로 확대된 의식의 지평 위에서 독자적으로 세계를 재구성하는 데에 재료로 쓰이는 단서들이었다. 새로운 지식과 개념들이 스스로의 견고한 틀을 유지하며 기존의 세계를 장악한다거나 혹은 이질적으로 결합 내지는 각각의 개념들이 기계적인 조합에 머무는 것이 아니라 변형된 의식의 지형에 조응하면서 함께 변화하고 융합해 가는 것이다. 이러한 변형은 한 번의 강렬한 충돌에 의한 것이 아니고 오랜 시간 동안 수차례의 변화 과정을 거쳐서 이루어지게 된다.

최한기는 전통 개념인 기(氣: 물질, 에너지)와 리(理: 원리, 법칙)로 세계의 존재 방식을 설명하면서도 서구의 자연과학적 방법을 융합한 인식론을 정립하였다. 그에 따르면 세계를 구성하는 물질들은 물질에 따른 원리나

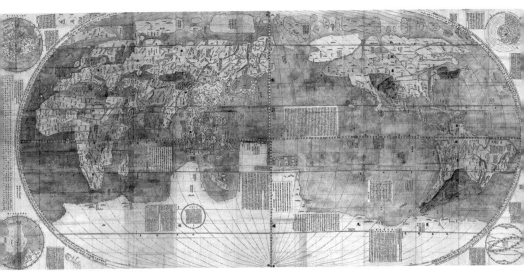

법칙에 의해 움직이고 변화한다. 이를 유행리(流行理, 세계에 널리 퍼져 운행하고 있는 원리)라고 부른다. 그러니까 유행리는 실재하는 세계를 가리킨다. 그런데 우리는 실재를 온전히 알 수가 없다. 다만 사고하는 능력이 있기 때문에 경험을 통해서 알게 된 자료들을 근거로 추측해 볼 뿐이다. 여기서 말하는 추측은 일반적인 의미와 다소 차이가 있다. 주먹구구식으로 어림짐작하는 것이 아니라, 세계에 대한 경험 자료들을 미루어서[推] 그에 내재한 원리들을 헤아려 보는[測] 합리적인 사고 활동을 의미한다. 유행리에 대한 사고의 결과로 얻게 된 지식을 추측리(推測理, 추측을 통해서 알게 된 원리)라고 구분하여 부른다. 이른바 가설에 해당하는 것이다. 실

재를 파악하고자 하지만 인간의 사고능력은 여러 제약과 한계가 있기 때문에 추측리와 유행리는 사뭇 다르다. 그래서 추측리가 아무리 그럴듯해 보여도 검증하지 않으면 의미를 갖지 못한다. 인간 사고의 결과가 확실성을 갖기 위해서는 실재에 견주어 보아야만 한다는 것이다. 그래서 유행리와 어긋나는 점이 있다면 기존의 추측리를 폐기하거나 보완해 가면서 실재에 부합하도록 다시 추측해야 한다. 그뿐만 아니라 실재 세계는 무한하기 때문에 추측리는 유행리를 향해 끊임없이 확장해 가야만 한다. 그렇다면 세계에 대한 인간의 탐구는 언제나 불완전할 수밖에 없고, 지식은 불완전함을 극복해 가는 영원한 생성의 과정 속에 있다고 말할 수 있겠다.

5. 나오며

19세기 후반부터 20세기 초에 걸쳐 우리 민족은 타율적인 근대 경험을 하게 된다. 일제의 식민지배 체제하에서 우리의 전통 학문과 철학은 의도적으로 왜곡되고 파기당하였다. 게다가 서구의 지식도 일본의 사회 체제에 맞게 변형되어 일방적으로 유입되었다. 식민지 지식인들은 자주적인 개방과 근대화를 이루지 못하였다는 좌절감을 안고 조급하게 민족적 자존심을 회복하려 들거나 지나치게 서구 문화에 경도되어 전통 사상을 부정하려고 하였다. 전통 철학은 역사적 단절을 겪게 되었고, 물밀 듯이 들어오는 서구 문물 앞에서 주체적인 의식의 자기변형을 이뤄 내지 못한 채, 식민지 지식인들은 서구에서 수백 년 역사 경험으로 형성된 그들의 문화를 단기간에 무비판적으로 모방흡수하기에 급급했다 하겠다. 이런 상황에서 전통과 외래문화가 서로 충돌하면서 일어나는 창조적 긴장, 갈등, 변용의 과정을 찾아보기란 어려운 일일 것이다. 이와 같은 전통의 단절이 전제된 서구 문물의 몰주체적인 수용 양상은 오래도록 지속되었다. 해방 후에는 급속한 근대화 과정이 서구중심적으로 전개되었고, 전통 학문은 진지하게 검토되지 않은 채 주변으로 밀려나 버렸다. 식민지 학풍에 대한 반성과 극복을 위한 노력, 전통 철학에 대한 비판적 성찰은 오랜 기간 공론화되지 못하고 개별 연구자들의 의견 수준에 머물러 있었다. 전통 사상에 대한 현재의 입장과 계승 방향에 대한 본격적인 논의는 최근에야 비로소 시작되었다고 할 수 있다.

최한기는 개항 이전 중국을 통해 들어온 서구 학문을 주체적으로 수용하여 전통 학문과 접목시킨 마지막 철학자라 할 수 있다. 서구 자연과학의 지식을 기존의 삶의 형태와 상호 융합시키며 자신의 철학 체계를 형성하는 데에 적극 수용하였다. 그는 서구 학문을 수용하는 태도에 있어서나 전통 철학을 계승하는 태도에 있어서 외세의 억압에 의해 균형을 잃은, 이후의 학자들이 처한 것과 유사한 학적 조건에 사로잡혀 있지 않았다. 그렇기 때문에 외적 강제에 굴절되지 않고 기존 삶의 세계를 기반으로 전통과 서구, 철학과 과학의 상호 충돌과 변용, 융합을 이뤄 내는 실험을 감행할 수 있었다. 그러나 그의 학문을 당대 사회가 받아들이지 못하였고 일제의 식민통치와 해방 후 열강의 이데올로기에 휩쓸린 분열이 이어지면서, 단절된 전통은 극복되지 못하였다. 지금 최한기를 읽는 것은 단순히 전통을 계승하기 위함이 아니다. 그의 학적 태도와 방법론이 오늘날 전통 철학의 발전 방향에 대한 모색에 있어 하나의 지침이 될 수 있기 때문이며, 이질적 문화에서 파생된 학문들이 융합해 가는 사상적 접합 가능성을 보여 주기 때문이다.

동학으로 평등한 세상을 꿈꾸다,

최제우

배기호
충북대학교 철학과

1. 동학 태동의 배경

1392년 개국한 조선은 200여 년 동안 비교적 평화로운 시기를 보냈다. 이렇다 할 외세의 침략을 받지 않았기 때문이다. 그러나 때로는 오랜 평화가 독이 되기도 한다. 변변한 군대도 없었던 조선은 1592년 임진왜란이 발발하자 일본의 계획적이고 조직적인 침략에 속절없이 당할 수밖에 없었다. 그 아픔을 추스르기도 전에 1636년 병자호란이 일어났다. 연이은 커다란 전란은 수많은 생명을 앗아 갔을 뿐만 아니라, 황폐한 국토를 남겼다. 그로 인한 노동력 부족과 농토의 황폐화는 당시 근간 산업이었던 농업을 뒤흔들었다. 그런 와중에 지배계층은 자신들의 이익을 위한 토지겸병(土地兼幷)을 일삼아 많은 사람이 생활 터전을 잃었고, 백성들의 삶은 날이 갈수록 피폐해졌다.

더 이상 농사를 지을 수 없게 된 사람들 가운데는 자포자기하는 심정으로 도적이나 부랑배가 된 이들도 있었지만, 새로운 활로를 찾아 상업에 뛰어든 사람도 있었다. 때마침 상품작물의 재배와 생산이 늘고 상설시장이 개설되며 화폐유통이 자리를 잡는 바람에 상업이 발달했다. 그러나 상업의 발달은 기존 백성들의 삶의 질 개선으로 이어지지 않았다. 조선 정부에서 재정을 확보하기 위해 공명첩(空名帖)을 발행했기 때문이다. 장사로 많은 돈을 번 사람들은 돈으로 양반 신분을 사면서 이른바 신분 세탁을 했다. 또한, 관직을 사고파는 매관매직(賣官賣職)이 성행하면서 양반 신분을 가진 사람이 날이 갈수록 늘어났다. 당시 양반은 웬만한 사회적 의무로부터 자유로웠기 때문에 양반 수의 증가는 일반 백성들의 고혈을 더욱 쥐어짜는 결과를 불러왔다. 그러나 지배세력의 눈에는 궁지에 내몰린 백성들이 보이지 않았다. 명나라의 명맥을 잇는다는 소중화(小中華)의식에 빠져 청나라를 공격하자는 북벌(北伐)에 관한 논의에 열중했고, 사람과 동물의 본성이 같은지 다른지[인물성동이론(人物性同異論)], 큰아들이 아닌 왕이 죽었을 때 그 어머니는 얼마 동안 상복을 입어야 하는지[예송논쟁(禮訟論爭)]와 같은 성리학적 논쟁을 일삼았다. 물론 사상적이고 학문적인 논쟁이 전혀 의미가 없는 것은 아니지만, 무엇보다 우선으로 돌보아야 할 민생을 등한시했다는 사실은 부인하기 힘들다. 더욱이 그런 논쟁의 밑바탕에 지배세력 사이의 권력 다툼이 있었다는 점은 비판받아 마땅하다.

삶의 터전과 수단은 물론 희망마저 잃은 민중들은 분개하여 크고 작은 봉기를 일으켰다. 대표적으로 1811년에 홍경래(洪景來)가 중심이 된 '홍경래의 난(평안도 농민 전쟁)'이 있는데, 그들은 정부와 지배세력을 비판함과 동시에 조선이라는 나라의 멸망을 주장하기에 이른다. 이처럼 여태껏 각종 억압과 차별, 그리고 피해를 오롯이 받은 민중들은 자신의 생존을 위함은 물론 사람으로서의 가치를 인정받고자 투쟁하기 시작했다.

2. 최제우와 동학

동학(東學)은 최제우(崔濟愚, 1824-1864)
가 세상과 사람들을 어지러움으로부
터 구제할 염원을 가지고 스스로 터득
한 바를 바탕으로 창시한 사상이자 종
교이다. 동학이란 말은 그의 저작인
『논학문(論學文)』에서 "동에서 태어나 동
에서 받았으니 도(道)는 천도(天道)이나
학(學)은 동학이다. 하물며 땅이 동서로
나뉘어 있는데 서를 어찌 동이라 하며,
동을 어찌 서라고 하겠는가"라고 하는
말에서 알 수 있듯이 서양의 학문과 종

제세주법상(최제우, 국립중앙박물관)

교, 곧 서학(西學)의 상대적인 말이다. 기존의 민간신앙에다가 유교·불
교·도교, 그리고 천주교까지 섭렵한 것으로 전통적인 사상에 바탕을 두
면서도 개혁적인, 그러면서도 대중들이 편하게 이해할 수 있는 특징을
지니고 있다.

최제우는 1824년 지금의 경상북도 경주시 현곡면 가정리에서 과거시
험에 낙방한 가난한 선비 최옥(崔鋈)과 재가녀(再嫁女)인 곡산 한씨 사이에
서 태어났다. 어려서부터 유학 공부를 하였으나, 당시 재가한 여자의 아
들은 주요 관직에 나갈 수 없었기에 과거 시험에 뜻을 둘 수가 없었다.

_____ 최제우의 생가

13살의 나이에 울산 출신의 박씨와 결혼했지만, 17세 때 아버지가 돌아가시고, 20세 때에는 집안에 불이 나 그나마 있던 재산과 삶의 터전을 모두 잃었다. 그러자 그는 부인과 자식을 처가에 맡기고 새로운 길을 모색하게 된다.

10여 년 동안 곳곳을 떠돌며 온갖 장사를 하는가 하면, 절에 들어가 수련을 하기도 했으며 서당에서 글을 가르치기도 했다. 그는 그렇게 떠도는 동안 당시의 어지러운 세상을 똑바로 바라보며 이해하게 되었다. 피폐해질 대로 피폐해진 백성들의 삶과 외세에 의해 기울어져 가는 나라의 운명을 직면했던 것이다. 그는 어떻게 하면 총체적 난국에 빠진 세상과 사람들을 구할 수 있을까를 고민하기에 이른다.

여정을 끝내고 돌아온 그는 있을 곳이 마땅치 않아 처가가 있는 울산에 머물면서 세상을 구할 진정한 도(道)를 찾고자 노력했다. 그러다 1855년 봄에 누군지 알 수 없는 이로부터 천서(天書)를 받는 신비한 체험을 하게 되었다. 하늘에 기도하라는 내용이 담겼다고 하지만, 안타깝게도 그 구체적인 내용이 무엇인지는 알려지지 않는다. '을묘천서(乙卯天書)'라고 불리는 이 사건을 계기로 최제우는 하늘에 기도하며 수행에 더욱 정진했다.

1859년, 최제우는 고향인 경주로 돌아와 구미산(龜尾山)에 있는 용담정(龍潭亭)에서 수행을 이어 나갔다. 그러다가 1860년 음력 4월 5일에 결정적인 종교체험을 하게 된다. 마음이 선뜻해지고 주체할 수 없을 정도로 몸이 떨리는 와중에 어디선가 "두려워하지 말고 두려워하지 마라, 세상 사람들이 나를 상제(上帝)라고 하는데, 너는 상제를 모르느냐?"라고 하는 신비한 목소리가 들렸다고 한다. 그래서 그가 자신에게 찾아온 까닭을 물으니, "나 역시 이룬 공이 하나도 없다. 그런 까닭으로 너를 세상에 내어, 이 법으로 사람들을 가르치게 하려 하니, 조금도 의심하지 말고 의심하지 말라"라는 말을 들었다고 한다. 그리고는 신령스러운 부적[영부(靈符)]과 주문(呪文)을 건네받았다. 신령스러운 부적으로 사람들을 질병의 고통으로부터 구하고, 주문을 정성껏 외워 무궁한 우주의 이치를 깨달아 사람들에게도 일깨워 주라는 것이다. 이에 '끝이 없는 커다란 도[무극대도(無極大道)]'에 거의 도달했다고 생각한 최제우는, 1년 정도 깊은 수행을 더한 후, '내 몸에 한울님을 모시고 있다[시천주(侍天主)]'라는 깨달음과 이를 많은 사람에게 알려야겠다는 사명감을 갖게 됐다.

1861년 6월, 최제우는 시천주를 내세워 본격적인 포덕(布德)을 시작했다. 그 내용은 신분차별이 없는 평등한 세상을 지향한 것이었기에 평소 불합리한 차별과 핍박을 받아 왔던 사람들에게 많은 호응을 얻었다. 그러나 그의 포덕 활동은 그리 오래가지 못했다. 당시는 천주교를 배척하

_____ 용담정(龍潭亭)

고 박해하던 때였는데, 지배세력의 눈에는 동학이 천주교에 가깝게 보인 것이다. 곳곳에서 유생들에 의해 동학배척운동이 일어났고, 조선 정부도 최제우를 쫓기 시작했다. 위협을 느낀 최제우는 1861년 11월에 전라북도 남원으로 몸을 숨겼다. 적극적인 포덕 활동을 하기 힘들다고 판단한 그는, 그곳에서 동학의 중심이 되는 「논학문(論學文)」·「교훈가(教訓歌)」·「안심가(安心歌)」 등 여러 편의 글을 남겼다.

1862년 3월, 경주로 돌아온 최제우는 계속해서 집필과 포덕 활동을 하다가 그해 9월 관아에 체포되었지만, 다행히 제자들의 탄원으로 인해 무죄 석방되었다. 그 뒤 최제우는 교세를 더욱 확장했을 뿐만 아니라, 교단의 체계를 세우는 데에 힘을 쏟았다. 1863년 8월에는 최시형(崔時亨)에게 도통(道統)을 전수하기까지 했다. 아마도 점점 심해지는 정부의 압박을 의식한 행보였던 것 같다. 아니나 다를까 1863년 11월에 최제우는 몇몇

_____ 최제우의 묘

제자들과 함께 체포되는 신세가 되었다. 죄목은 옳지 않은 도로 바른 도, 곧 유학 사상을 어지럽힌다[좌도난정(左道亂正)]는 것이었다. 그리고 얼마 지나지 않은 1864년 3월, 대구 감영에서 참형(斬刑)을 당했다.

3. 동학의 사상과 개념

최제우가 한울님으로부터 그 시초를 얻어 스스로 깨달은 끝이 없는 커다란 도는 다름 아닌 시천주였다. 시천주는 내 몸에 한울님을 모시고 있다는 말이다. 곧 왕이든 양반이든 농민이든 노비이든 천민이든, 사람이라면 누구나 똑같이 한울님을 모시고 있다는 것이다. 이는 신분과는 관계없이 모두가 동등하고 평등하다는 의미를 지닌다. 그렇기에 철저한 신분제 사회였던 당시 지배세력의 처지에서는 최제우와 동학의 사상은 눈엣가시와 같은 존재일 수밖에 없었다. 안 그래도 신분 체계가 흔들리고 있던 상황에서 시천주와 같은 동학의 평등사상은 조선이라는 나라의 존립 근거를 뒤흔드는 혼란의 불씨라고 생각했기 때문에 탄압했던 것이다.

게다가 최제우가 천주(天主)라는 말을 사용한 것도 지배세력이 탄압에 나서는 데 한몫했다. 서학(西學)이라고 불리는 천주교에도 천주라는 말을 썼기에, 서학이라고 오해하거나 서학의 영향을 받은 사상 혹은 종교라고 느끼기에 충분했다. 그러나 최제우는 순우리말인 한울님의 한자식 표현으로 천주라는 말을 빌려 썼을 뿐, 천주교에서 의미하는 천주를 그대로 사용하지는 않았다. 최제우의 저작을 모아서 엮은 대표적인 책으로『동경대전(東經大全)』과 『용담유사(龍潭遺詞)』가 있는데, 한자로 쓰인『동경대전』에만 천주라는 표현이 나올 뿐, 한글로 쓰인『용담유사』에는 천주라는 표현이 나오지 않는다. 곧 사람들의 이해를 돕기 위해 하늘을 뜻하는 '천(天)'과 '-님'과 같이 존경을 의미하는 '주(主)'를 합친 기존의 천주라는 말을 사용했던 것이다.

오히려 최제우는 천주교를 부정적으로 바라보았다. 이미 노골적으로 침략의 야욕을 보이는 서구 열강들의 행태를 알아차렸기 때문에 그들의 종교를 마냥 긍정적으로 바라볼 수는 없었다. 또한, 최제우는 어릴 적에 유학을 공부했기 때문에 그의 사상 밑바탕에는 유학적 맥락이 자리하고 있었다. 그렇기에 개인의 수행보다는 어떤 절대적인 신에게 복을 바라는 기복적인 성향에 반감이 들었고, 조상들의 제사를 금지하는 점에도 거부감이 들었던 것이다.

동학의 수행법은 기존 유학과는 달랐다. 유학이 사서오경(四書五經) 등의 경전(經傳)을 암송하고 그 뜻을 밝게 깨우치는 것을 수행의 시작으로 여기는 것과는 달리, 동학은 굳이 어려운 한문을 익히고 수많은 책을 읽을 필요가 없었다. 동학은 일상생활에서의 수양을 강조했고 주문 외우기를 중요하게 여겼다. 최제우가 한울님으로부터 받은 신령한 부적과 주문 가운데, 부적은 일반 동학도들이 이해하고 사용하기는 힘들었다. 그러나 주문의 경우는 그 뜻을 정확하게 알지는 못하더라도, 그 속에 이미 우주의 원리와 한울님의 뜻이 담겼기 때문에 정성을 다해 공경의 마음으로 외우기만 하면 자연스레 수행이 된다는 것이다.

주문은 '지기금지 원위대강 시천주조화정 영세불망만사지(至氣今至 願爲大降 侍天主造化定 永世不忘萬事知)'라는 21자로 이루어져 있다. 앞의 '지기금지 원위대강'은 신령을 부르는 주문인 강령주(降靈呪)에 해당하는 것으로, 대략 '지극하고 혼원한 한울님의 기가 지금 주문을 외는 나에게 내려 그 기운과 하나가 되기를 원한다'라는 의미이다. 뒤의 '시천주조화정 영세불망만사지'는 본격 주문으로, 대략 '내 안에 한울님을 모시고 있으므로 억지로 하지 않아도 한울님의 덕과 마음을 자연스레 갖추고 있으니 평생토록 그 뜻을 잊지 않으면서 수많은 도에 대한 가르침을 깨닫고자 한다'라는 의미이다. 최제우는 복잡하고 어려운 과정은 필요하지 않고, 평소 뒤의 본격 주문만 정성스레 외워도 수행이 된다고 말했다. 대부분 글을 알지 못하고 하루하루 먹고살기 바쁜 사람들에게 이처럼 쉬운 수행법이 또 있을까? 동학이 짧은 시일 안에 많은 사람에게 퍼진 까닭에는, 유학·서학을 비롯한 기존 사상에 대한 반감과 지배세력에 대한 불신, 기존 체제에 대한 불만, 그리고 동학 안에 녹아 있는 평등사상이 있겠지만, 이처럼 간단하고 쉬운 수행법도 동학의 대중화에 한몫 톡톡히 했다고 볼 수 있다.

동학의 수행법에는 수심정기(守心正氣)라는 것도 있다. 최제우는 유학의 "인의예지(仁義禮智)는 옛 성인이 가르친 것이고, 수심정기는 내가 다시 정한 것이다"라고 했다. 수심정기를 글자 그대로 풀이하면, 마음을 지키고 기운을 바로잡는다는 의미이다. 그러나 동학의 맥락에서 이해하면, 수심은 한울님으로부터 받은 내 마음을 잘 보존한다는 말이 되고, 정기는 지기, 곧 한울님을 바르게 모신다는 말이 된다. 이렇듯 동학은 한울님을 모신 몸과 그 가르침을 깨우친 마음을 아울러 닦는 심신수양(心身修養)을 강조하고 있다.

최제우가 세상을 뜬 이후 두 번째 교조인 최시형(崔時亨)은 시천주를 사인여천(事人如天)으로 재해석했다. 사인여천은 다른 사람을 한울님 섬기듯이 하라는 의미이다. 내가 한울님을 모신 존재이면, 다른 사람도 한울님을 모신 존재이기 때문에 모든 사람을 소중한 존재로 인정해야 한다는 것이다. 그렇기에 최시형은 여자와 어린아이 등과 같은 이른바 사회적 약자에까지 관심을 기울이게 되었다. 이는 철저히 가부장적 사회였던 당시에는 분명 파격이었는데, 시천주의 평등사상을 더욱 확장하고 견고히 보완한 것이라고 이해할 수 있다. 더욱이 최시형은 모든 사물이 한울님을 모셨다고 하면서 만물이 평등하다는 주장을 하는 데까지 나아갔다.

시천주는 세 번째 교조인 손병희(孫秉熙)에 이르러서 인내천(人乃天)으로 발전했다. 인내천은 사람이 바로 하늘이라는 의미이다. 시천주가 내 몸에 한울님을 모신 것이고, 그것을 깨달아 한울님의 기운과 가르침을 드러내는 것이라면, 인내천은 사람 그 자체가 바로 한울님이기에 굳이 한울님을 모셨다는 것을 깨닫거나 그 깨달음을 밖으로 드러낼 필요가 전혀 없다는 것이다. 이처럼 사람이 곧 한울님이라는 인내천은 사람과 한울님의 일체화를 말한 것으로, 시천주보다 즉각적이라는 특징을 가지고 있기에 모든 사람은 날 때부터 똑같은 가치를 지닌 존재라는 의미로 해석할 수 있다. 따라서 사람은 평등할 수밖에 없는 존재가 되는 것이다.

4. 동학이 꿈꾼 세상

최제우는 10여 년 동안 각지를 돌며 조선 사회의 부조리함을 보았고, 그 속에서 신음하는 민초들의 아픔을 온몸으로 느꼈다. 민초를 향한 마음이 하루아침에 생긴 것이 아님을 우리는 앞서 보았다. 최제우는 세상 사람들이 자기 자신만을 위하고 제멋대로 행하고자 하는 각자위심(各自爲心)을 근본적인 문제점으로 지적하며 근심스레 해결할 방도를 찾으려 노력했다. 그 노력의 과정 중에 을묘천서 사건을 겪고 무극대도를 깨달았으며, 최종적으로 동학을 창시하여 포덕한 것이다.

최제우는 인류의 역사가 선천(先天)과 후천(後天)으로 나누어진다고 보았다. 선천은 그가 살았던 시대까지의 역사로, 당시 조선 내부의 부조리한 사회상뿐만 아니라 일부 서구 열강과 일본의 제국주의를 포함한 것으로, 모두 각자위심으로 인해 기울어져 가는 시대로 본 것이다. 이와 같이

_____ 최제우 동상

누군가는 군림하고 누군가는 착취당하는 불평등한 선천의 시대가 지나고, 후천이라는 새로운 세상이 펼쳐진다는 것이다. 그는 개벽(開闢)이라는 말을 했는데, 태초에 세상이 열린 것이 선천의 개벽이라면, 그가 말하는 개벽은 한울님의 마음으로 이전과는 완전히 다른 새로운 세상이 열리는 후천의 개벽을 의미한다. 곧 다시 일어난 개벽인 것이다. 그런데 이 새로운 개벽은 그냥 주어지는 것은 아니다. 앞서 보았듯이 내 몸에 한울님을 모신 것을 깨닫고 수심정기와 주문을 성실히 외우는 등의 수행과 노력을 통해 이루어지는 것이다.

다시 개벽된 세상은 모두가 군자(君子)가 되는 세상이다. 곧 모두가 자기 의지에 따라 스스로 판단하고 행동하는 주체가 되는 세상인 것이다. 이를 지금의 상식으로 봤을 때는 지극히 당연한 말로 들리겠지만, 당시에는 대단히 파격적이다 못해 반체제적인 주장이었다. 최제우가 공권력에 의해 잡혀서 죽임까지 당했던 것만 봐도 충분히 이해가 가는 부분이다.

결국, 동학은 신분이나 지위의 높고 낮음, 나이, 지식이나 재산의 많고 적음, 장애가 있고 없음, 성별, 성격이나 성향의 다름 등에 의해 누군가로부터 어떤 차별도 받지 않는 모두가 평등한 세상을 꿈꾸었음을 알 수 있다. 그런데, 안타깝게도 150여 년 전에 최제우가 바라고 만들고자 했던 세상이 아직도 오지 않았다. 여전히 부조리함과 불공정, 불평등이 곳곳에 도사리고 있음을 우리는 너무나 잘 알고 있다. 그렇다고 최제우의 생각과 행동이 잘못되었다고 보아야 할까? 그렇지 않다. 우리가 각자위심, 곧 사리사욕과 이기심에서 완전히 벗어나지 못했다고 보아야 한다. 그렇기에 비뚤어진 사회구조를 바로잡기 위해 공동체적인 노력을 하는 동시에, 개인의 차원에서도 자신의 비뚤어진 마음을 바로잡기 위해 끊임없는 반성과 성찰을 해야 한다. 바로 이 부분에서 동학을 종교에 국한하지 않고 사상적으로 들여다볼 의미가 있는 것이다.

문명개화와 사회진화론의 선봉장,

유길준

이연도

중앙대학교 다빈치교양대학

한 인간의 생애가 마치 소설 속 주인공처럼 파란만장한 일의 연속이라면, 우린 그가 드라마틱한 삶을 살았다고 얘기한다. 근대 한국엔 그런 인물이 여럿 등장하는데, 이는 그 시대가 평범한 삶을 살기엔 너무나 큰 변화의 거대한 소용돌이에 처해 있었기 때문일 것이다. 한국은 중국이나 일본에 비해 유독 근대지식인들에 대한 평가가 박한데, 이는 한국이 그들과 달리 망국의 경험을 갖고 있고, 지식인들이 그 책임의 당사자라는 이유에서이다. 유길준(兪吉濬, 1856-1914)은 한국 최초의 국비 유학생,『서유견문(西遊見聞)』의 필자라는 선각자와 친일파의 오명(汚名) 사이를 오가는 인물이다. 그의 삶에선 제국주의의 침탈 앞에 먹잇감으로 전락한 약소국 지식인이 경험해야 했던 고뇌와 아픔이 진하게 느껴진다.

1. 박규수의 사랑방

유길준은 철종 7년(1856년) 서울 북촌 계동에서 태어났다. 그의 집안은 기계(杞溪) 유씨(兪氏)로 노론 계열의 명문이다. 그가 서울의 노론 계열인

낙론(洛論)에 속한 박규수의 문인이 된 데엔 집안의 이런 관계가 작용을 했을 것이다.

박규수는 연암 박지원의 손자로, 조선의 마지막 실학자로 기억되는 인물이다. 그는 북학파의 입장을 계승하여 '통상개국(通商開國)'을 주장했는데, 당시 집권자인 대원군의 기본 정책인 쇄국과는 정반대 입장이었다. 결국 정계를 은퇴한 그가 전력한 일은 후일 개화의 역량이 될 인재를 키우는 일이었다. 당시 그의 사랑방에서 공부했던 이들은 김옥균, 홍영식, 박영효, 서광범, 김윤식 등으로, 훗날 모두 개화파의 핵심 인물들이었다. 당시 박규수가 김옥균에게 지구의(地球儀)를 돌리며 했던 말이 전해진다.

"오늘날 중국이 어디에 있는가. 저쪽으로 돌리면 미국이 중국(中國)이 되고, 이쪽으로 돌리면 우리 조선이 중국(中國)이 된다. 어느 나라건 가운데로 오게 돌리면, 그곳이 바로 중국(中國)이다. 오늘날 중국이 어디에 있는가."

그의 말에선 우리도 중국이 될 수 있다는 강한 자부심과 함께 반드시 그런 나라를 만들어야 한다는 강한 책임감이 느껴진다.

박규수의 문하에서 유길준 등이 공부한 내용은 당시 조선의 상황에 비춰 보면 매우 흥미롭다. 그 대표적인 내용이 '춘추공양학(春秋公羊學)'과 『해국도지(海國圖志)』이다. 춘추공양학은 『춘추공양전(春秋公羊傳)』을 중심으로 한 학파로, 이들은 공자가 『춘추(春秋)』를 지은 목적이 단순히 역사를 기록하기 위해서가 아니라, 자신의 정치개혁을 펼치기 위해서였다고 본다. 공자를 역사가나 교육자로 보지 않고, 정치개혁가로 본다는 점에서 공양학파는 강한 정치적 색채를 띠고 있다. 성리학을 제외한 양명학마저 '사문난적(斯文亂賊)'으로 배척했던 조선 성리학의 풍토에서 보면, 공양학은 대단히 특이하고 위험한 공부가 아닐 수 없었다. 아울러 박규수는 문하생들에게 해외 사정을 잘 알아야 한다고 강조하고 이를 위해 위원(魏源)의 『해국도지』를 읽도록 권고했다. 위원 역시 공양학파에

—— 구당(矩堂) 유길준. 1910년의 모습

속하는 인물이다. 청나라 말기 춘추공양학은 주로 변법자강(變法自彊)을 주장하는 학자들에 의해 부활했는데, 그 대표적인 인물들이 위원을 비롯하여 공자진(龔自珍), 강유위(康有爲), 양계초(梁啓超) 등이다. 이들은 고전을 읽을 때 원문 그대로 읽기보다 그 문장 뒤에 숨어 있는 공자의 본뜻을 헤아릴 것을 강조했다. 즉 '미언대의(微言大義, 은밀한 말 뒤에 숨어 있는 큰 뜻)'를 중시한 것이다. 당시 공양학파가 부활한 데엔 아편전쟁(1840) 이후 서구 열강의 위협 앞에 속수무책으로 당한 청나라 사정이 큰 작용을 하였다. 공양학자들은 중국이 쇠약해진 원인이 송명(宋明) 이래 주도권을 쥔 성리학이 오직 개인의 심신 수양에만 힘쓸 뿐 정치나 경제에 관심을 갖지 않은 데 있다고 보았기 때문이다. 위원이 『해국도지』를 지은 이유는 서양의 사정을 알아 열강의 침략에 흔들리지 않는 강한 나라를 건설하기

_____ 해국도지(국립중앙박물관)

위한 목표에 있었다. "오랑캐의 기술을 익혀 오랑캐를 제압한다[師夷制夷]"
는 유명한 말이 바로 이 책의 서문에 나온다.

　『해국도지』는 1844년 중국에서 처음 출판되었는데, 이듬해인 1845년
중국사행(中國使行)을 통해 조선에 유입되었다. 그 내용은 당시 서양의 지
리, 정치, 문화 등을 소개한 것으로 아편전쟁의 패배 이후 중국에서 진행
된 양무운동(洋務運動)의 이론적 지침서 역할을 한 책이다. 이 책과 함께
개화파들이 읽었던 책들을 보면 임칙서(林則徐)의 『사주지(四洲志)』, 서계여
(徐繼畬)의 『영환지략(瀛環志略)』, 정관잉(鄭觀應)의 『이언(易言)』 등을 꼽을 수
있다.

✎
2. 사회진화론과 개화사상

　19세기 후반 동아시아에서 가장 영향력 있는 사회사조는 사회진화론

이었다. 유길준을 비롯한 개화파 청년들
이 서양의 사정을 궁금해하고, 중국에서
『해국도지』가 출간된 배경엔 '적자생존'
을 사회공리로 삼은 사회진화론이 그 위
세를 떨치고 있었기 때문이다.

_____ 허버트 스펜서

　사회진화론은 스펜서(H. Spencer)에 의해
주창된 이론으로, '진화(evolution)'는 실제
다윈보다 스펜서가 먼저 사용한 말이다.
다윈은 단지 '변이(transmulate)'란 말로 생
물이 자연세계에 어떻게 적응하는가의 문제를 제시했을 뿐이다. 물론 인
간도 자연계의 한 생물체로 다윈의 이론 범주에 속하지만, 실제 '자연도
태'와 '적자생존'이 사회의 발전과 변동을 설명하는 주된 이론으로 부상
하게 된 이유는 스펜서의 사회진화론에서 비롯된 것이라 볼 수 있다. '진
화'라는 말이 '변이'와 달리 그 의미의 중요성을 갖는 이유는 이 단어 속
에 '진보'라는 의미가 포함되어 있기 때문이다. 사회진화론은 인류 역사
의 흐름이 발전적 방향으로 나아간다고 보는 진보 사관을 내포하고 있
다. 이는 서양 제국주의의 식민지 진출을 정당화하는 이론적 토대가 되
었으며, 역설적으로 동시에 서구 침략에 대항하는 동아시아 지식인들에
게 있어서도 자강을 모색해야 할 이유를 제공하기도 했다.

　19세기 후반 중국에선 강유위, 양계초에 의해 변법자강 운동이 진행
되었으며, 일본에선 메이지유신[明治維新]이 실행되었다. 사회진화론은 메
이지유신을 주도한 후쿠자와 유기치[福澤諭吉]와 가토 히로유키[加藤弘之] 등

_____ 후쿠자와 유키치   _____ 가토 히로유키

의 이론에 짙은 그림자를 드리우고 있다. 한국에서도 유길준, 박영효, 서재필, 박은식, 신채호 등의 글에서 사회진화론의 요소를 쉽게 발견할 수 있다.

사회진화론이 처음 중국에 소개된 것은 20세기 초 엄복(嚴復)에 의해서이다. 엄복은 토마스 헉슬리(T. Huxley)의 저서 『진화와 윤리(Evolution & Ethics)』를 『천연론(天演論)』이란 제목으로 번역하였다. 헉슬리는 이 책에서 인간사회의 원리마저 진화론에 근거하여 설명한 스펜서를 비판하고, 자연과 인간의 진화 원리는 다르다고 말한다. 인간사회의 진보는 자연의 진화법칙과는 다른 궤도에 의해 이루어진다는 것이 이 책의 요지이다. 특이하게도 엄복은 헉슬리의 책을 번역하면서 오히려 스펜서의 사회진화론을 옹호한다. 엄복은 원전에 자신의 주석을 붙이는 학안(學案) 형태의 방식을 통해 자신의 의견을 첨부하였는데, 여기에서 그는 헉슬리의 입장에 비판적인 견해를 펼친다. 이는 그가 『천연론(天演論)』을 번역한 이유가 당시 중국인들에게 민족적 위기의식을 고취하고, 진화의 원리가 인간사회나 국제관계에도 엄혹하게 적용된다는 사실을 환기시키는 데 목적이 있었기 때문이다. 엄복의 입장에서 보면 윤리적 태도를 강조하는 혁슬리의 입장보다 사회진화론을 주장한 스펜서의 입장이 훨씬 유용한 부분이었다. 여기서 주의할 점은 스펜서는 사회진화론을 주장하며 개인의 자유를 그 무엇보다 중요한 가치로 생각했는데, 엄복은 사회나 국가의 역할을 개인의 자유보다 훨씬 중요하게 보았다는 것이다. 그는 개인과 집단의 관계를 보는 데 있어, 개인은 집단의 한 요소로 전체 사회의 목적을 달성하는 한 수단에 불과하다는 입장을 견지한다. 개인보다 집단을 중시한 이러한 특징은 동아시아의 한국과 일본의 지식인들에게도 공통적으로 발견된다. 가토 히로유키가 『인권신설(人權新說)』에서 인권이란 "천부적으로 주어진 권리라기보다 국가가 특별히 부여한 권리"라고 주장하고, 유길준이 이상적인 정치 형태로 '입헌군주제'를 제기한 데엔 모두 개인보다 국가나 공동체를 중시한 입장이 반영된 것이라 할 수 있다.

사회진화론이 동아시아의 지식사회를 뒤흔든 가장 큰 이유는, 인간을 다른 동물과 똑같은 존재로 보고, 경쟁에서 도태된 존재는 사라질 수밖에 없다는 그 이론이 갖는 파격성에 있었다. 진화론은 인간의 모든 행위가 다른 동물과 마찬가지로 생존을 위한 몸짓에 불과하다고 본다. 이러한 입장에는 인간의 가장 중요한 특성으로 도덕성을 꼽고, 심신의 수양을 통해 이상적인 사회를 건설하려 한 유학적 세계관은 설 곳이 없다. 경쟁 논리가 다른 모든 이론을 압도한 상황에서 인간의 도덕성은 설 곳을 잃고 오직 생존의 과제만이 가장 중요한 가치로 남게 된다.

문제는 사회진화론이 지배와 억압의 구조를 이론적으로 정당화하는 내용을 품고 있다는 데 있을 것이다. 강한 자가 약한 자를 먹이로 삼고, 오직 환경의 변화에 적응하는 존재만이 생존할 수 있다는 사회진화론의 사유는 상대적으로 앞선 문명이 열등한 문명을 지배하는 일이 당연하다는 결론을 낳는다. 사회신화론을 바탕에 깔고 있는 이론들이 필연적으로 그 내부에 제국주의의 침략과 지배를 정당화하는 위험성을 갖는 이유이다. 한국의 개화파들이 상당수 친일로 귀결되는 비극적 결과를 초래한 데에는 사회진화론을 향한 그들의 믿음과 추종이 적지 않은 영향을 미쳤을 것이다.

3. 후쿠자와 유키치와 게이오 의숙

1881년 유길준의 생애에서 가장 결정적인 장면 중 하나인 일본 유학의 기회가 찾아왔다. 1876년 강화도 조약이 체결되면서 일본의 힘을 새롭게 인식한 조선 정부는 1881년 일본에 조사시찰단(朝士視察團)을 파견하기로 결정한다. 이 시찰단의 다른 이름이 곧 '신사유람단(紳士遊覽團)'이다. 이 시찰단의 대표는 어윤중(魚允中)으로, 유길준은 윤치호(尹致昊) 등과 함께 그의 수행원으로 일본에 가게 된다. 유길준은 동경에 도착한 직후 후쿠자와 유키치가 설립한 게이오 의숙[慶應義塾]에 들어간다. 이 의숙이 오늘날 게이오대학의 전신인데, 여기서 유길준은 후쿠자와의 개인지도를 받는다. 이때 그가 읽은 책들을 보면, 유키치의 저서인 『서양사정(西洋事

情)』과 『문명론의 개략[文明論之槪略]』, 『학문의 권장』과 함께 이후 도쿄제국 대학 총장을 지낸 가토 히로유키의 『입헌정체략(立憲政體略)』, 『국체신론(國體新論)』, 나카에 초민[中江兆民]의 『민약역해(民約譯解)』 등이다.

후쿠자와 유키치는 메이지유신의 주역으로 정한론(征韓論, 한국 정벌)과 탈아론(脫亞論)를 주창한 인물이다. 우리와 화해할 수 없는 적대적 인물이 지만, 갑신정변 이전만 하더라도 그는 한국의 개혁을 지원하고 젊은 개화파 지식인들의 후견인 역할을 하고 있었다. 이때 맺어진 두 사람의 사제관계는 이후에도 줄곧 이어져 1895년 『서유견문(西遊見聞)』의 출판 또한 유키치가 설립한 교순사(交詢社)에서 이뤄진다. 유길준이 『서유견문』을 구상하게 된 계기 또한 그가 읽은 『서양사정』이 일본의 계몽에 미친 영향을 보고 자극받은 데서 비롯되었다 하니, 양자의 관계가 얼마나 긴밀한지 짐작할 수 있다.

유키치의 또 다른 주저 『문명론의 개략』은, 서구 열강의 식민지화를 피할 수 있는 가장 좋은 방법은 진정한 국민, 즉 문명화된 국민의 창출이라고 얘기한다. 유키치는 서구의 문명 발달이 국민국가 형성과 밀접한 관계가 있다는 사실을 간파하고, 일본이 강대국으로 나아가기 위해선 근대국민의 형성이 무엇보다 우선되어야 한다고 강조한다. 문명은 결국 그국민의 근대성 완성 여부에 달렸다는 것이다. 유키치의 이러한 생각은 일본이 국가주의로 나아가는 중요한 계기가 되었으며, 유길준의 문명관 형성에도 큰 영향을 미쳤다.

유길준의 일본 유학은 1882년 6월 임오군란(壬午軍亂)이 발생하면서 아쉽게 중도에 끝나게 된다. 당시 그의 유력한 지원자였던 민영익(閔泳翊)

의 귀국 요청과 함께 한성판윤으로 임명된 박영효가 『한성순보』를 창간하면서 그 책임자로 유길준을 필요로 했기 때문이다. 『한성순보』는 한국 최초의 근대 신문으로 그 목적이 주로 대중 계몽에 있었다. 야심찬 계획을 갖고 시작된 이 신문 사업은 박영효의 갑작스런 좌천으로 결실을 맺지 못하고 결국 간행이 중단되게 된다. 유길준의 귀국은 아무런 성과 없이 끝나는 듯했는데, 그런 그에게 또 다른 기회가 찾아왔다.

4. 보빙사 수행과 미국 유학

1883년 7월 조미수교(朝美修交)의 답례 차 미국에 파견될 보빙사(報聘使)로 민영익이 발탁되었고, 유길준은 그의 수행원으로 미국에 가게 된 것이다. 9월 초 미국 샌프란시스코에 도착한 보빙사 일행은 기차로 워싱턴까지 이동, 미국의 아서(A. Arthur) 대통령을 만나게 된다. 국서 전달 등 임무가 끝난 후 보빙사 일행은 보스턴과 뉴욕 등을 시찰하고 그해 11월 귀국길에 오른다. 이때 유길준은 국비유학생 자격으로 홀로 남아 대학 예비학교인 덤머 아카데미(Dummer Academy)에서 라틴어, 프랑스어, 영문학과 지질학, 대수(對數, logarithm) 등의 공부를 하게 된다. 원래 하버드대학에 진학할 예정이었던 유길준의 계획에 큰 차질이 빚어진 것은 조선에서 예기치 않게 발발한 정변 때문이었다.

1884년 12월 우정총국의 개국연회에서 시작된 갑신정변은 유길준에게 큰 혼란을 안겨 준 사건이었다. 정변을 주도한 개화파의 핵심 인물인

_____ 우정총국

김옥균, 박영효, 홍영식, 서광범 등은 그와 친밀한 인물들이었고, 이들에게 기습을 받아 중상을 입은 민영익은 그의 가장 강력한 후원자였다.

결국 1885년 9월, 조정의 명령으로 유길준은 귀국길에 오른다. 이때 그가 택한 귀로는 태평양을 가로지르지 않고, 대서양을 건너 영국과 포르투갈, 수에즈 운하, 싱가포르, 홍콩, 일본 요코하마를 거치는 경로였다. 『서유견문』에는 8개국 37개 지역이 소개되어 있는데, 이때의 경험이 일부 반영되었을 가능성이 크다.

비록 미 대학에 정식 입학하지는 못했지만 유길준의 미국 유학생활은 그의 개화사상에 큰 영향을 미쳤다. 특히 덤머 아카데미에서 유길준이 개인지도를 받았던 에드워드 모스(E. Morse)는 진화론의 대표적인 학자로, 조선 개화에 관한 그의 견해가 이후 유길준이 점진적 개화를 주장

_____ 에드워드 모스

하는 계기로 작용하였다고 평가된다.

5. 『서유견문』과 문명개화

유길준의 대표작 『서유견문』은 귀국 후 그가 연금되었던 시기에 완성한 저작이다. 1885년 12월 한국에 돌아온 유길준은 곧바로 체포되었다가 우포장(右捕將) 한규설(韓圭卨)의 집에 옮겨져 연금된다. 이후 유길준은 7년 동안 바깥출입이 제한되는데, 이 시기는 그에게 있어 그동안 머릿속을 떠돌던 생각을 저술로 정리할 수 있었던 시간이 되었다.

『서유견문』은 국한문혼용체로, 총 20편으로 구성되어 있다. 1편부터 18편까지는 세계지리와 서양문물에 대한 소개가 주요 내용이며, 19편과 20편은 미국과 영국, 프랑스, 독일, 네덜란드 등 서구 여러 나라를 답사한 내용들로 이뤄져 있다. 흔히 이 책의 제목을 보고 단순히 서구를 여행한 경험을 담은 기행문으로 여기는 경우가 많은데, 실제 이 책에는 한국의 근대문명과 개화를 어떻게 이룰 것인가를 구상한 유길준의 청사진이 담겨 있다.

유길준은 이 책에서 개화란 인간의 온갖 일과 만물이 지선극미(至善極美)한 경역(境域)에 다다르는 것을 말하며, 그 영역은 한정 지을 수 없다고 말한다. 개화의 영역은 행실, 학술, 정치, 법률, 교육, 물품에 이르기까지 전 영역에 걸쳐 있으며, 이 모든 영역의 개화가 완비되어야 비로소 개화가 구비되었다고 할 수 있다.

오륜의 행실을 돈독(純篤)히 하여 사람이 도리를 아는 것은 행실의 개화이다. 사람이 만물의 이치를 지극히 궁구하는 것은 학술의 개화이다. 국가의 정치를 바르게 하여 백성이 태평한 즐거움을 누리는 것은 정치의 개화이다. 법률을 공평히 하여 백성이 원통한 일이 없는 것은 법률의 개화이다. 기계의 제도를 편리하게 하여 사람의 사용을 이롭게 하는 것은 기계의 개화이다. 물품의 제조를 정밀하게 하여 사람의 삶을 윤택하게 하고 궁색하지 않도록 하는 것이 물품의 개화이다. 이 여섯 분야의 개화를 합한 연후에야 개화를 구비했다고 할 수 있다.

유길준에게 있어 개화는 기계와 물품 제조를 통한 편리한 삶을 영위하는 것뿐만 아니라, 행실을 바로 하고 사람의 도리를 아는 행실을 갖추는 것도 포함되어 있었다. 다른 개화파와 달리 유길준은 윤리에 대해 늘 강조하는데, 이는 그가 개화의 본질이 선진 기술 문명을 배우는 것과 함께 본래 전통이 지닌 훌륭한 부분은 보전하는 데에도 있다고 보았기 때문이다.

『서유견문』에서 유길준은 전통의 장점은 살리고, 우리의 단점은 서구 문명의 도입을 통해 보완하자고 강조한다. 그 어느 외세에 대해서도 독립적 태도를 강조한 유길준의 모습은 이 책에서 그가 중국의 연호가 아닌 조선의 개국연호를 쓰고 있는 데서도 확인할 수 있다. 그가 국한문혼용체를 사용한 이유 역시 그 뜻의 전달을 명확히 하고자 한 목적과 함께, 한문 위주의 문자생활이 중국 중심의 종속관계를 유지시키는 한 원인이라고 보았기 때문이다. 제대로 된 언어를 가르치는 것이 문명화된 국민을 기르는 요건이라는 그의 소신은 이후 한국 최초의 국어문법책『조선문전(朝鮮文典)』과『대한문전(大韓文典)』의 편찬으로 나타났다.

　유길준은 일진회(一進會)의 한일합방론에 끝까지 반대했으며, 국권상실 후 일제가 수여한 남작의 작위 또한 거부하였다. 그의 개화파 동료였던 박영효, 김윤식 등이 노골적인 친일의 행로를 걸은 것과는 분명히 대비되는 모습이다. 1914년 유길준은 54세의 나이로 세상을 떠난다. 마지막으로 남긴 그의 유언은 '평생 이룬 공이 아무것도 없으니 묘비를 세우지 말아 달라'는 것이었다. 저서로『서유견문』,『구당시초(矩堂詩抄)』,『대한문전』,『노동야학독본(勞動夜學讀本)』 등이 남아 있다. 1971년 유길준 전서 편찬위원회가 구성되어『유길준 전서』전 5권이 일조각에서 간행되었다.

양명학으로 세계평화를 모색하다,

박은식

박승현
조선대학교 재난인문학연구사업단

1. 국체(國體)가 이미 망했어도
국혼(國魂)이 불멸하면 부활이 가능하다

1910년 경술국치, 망국(亡國)이라는 민족적 위기 앞에서 희망의 끈을 놓지 않기 위해 박은식(朴殷植, 1859-1925)이 사회와 민족에 대한 지식인으로서의 책임의식을 느끼고 외친 말이다. 그는 1859년 9월 30일, 황해도 황주군 남면에서 태어났으며, 밖으로는 서세동점(西勢東漸)의 물결이 급격하게 한반도에 밀려와서 민족적 위기가 조성되고, 안으로는 기득권을 유지하려는 조선의 수구세력과 현실의 갈등을 해결해 보려는 개혁세력 간의 충돌이 격화되어 정치적, 사회적 혼란이 극심했던 시기를 살았다. 그는 어려서부터 마을 서당의 선생인 부친으로부터 전통파 주자학의 교육을 받고 자랐으며, 주자의 초상화를 방에 걸어 놓고 매일 아침 절을 올릴 정도로 주자학을 매우 존숭했을 뿐 아니라, 주자학이 유일한 진리라고 믿었던 것으로 보인다. 그는 이미 30대에 주자학에 일가를 이루어 대유학자로서 자신을 정립하기 시작하였다. 그래서 30대 중반까지는 전형적인 위정척사파 유학자로서 '동학란'과 '갑오경장'을 부정적 관점에서 비판적으로 대하였다. 그러나 시대의 문제에 제대로 대응할 수 없었던 낡은 학문으로서의 주자학과 위정척사사상에 점차 회의를 품게 되고, "세계 학설이 수입되고 언론자유의 시기"를 만나게 되자 신학문과 신지식에 관심을 갖게 되면서, 개화의 필요성을 절감하게 되었다.[1]

박은식은 40세가 되는 1898년에 민족적 위기를 자신의 문제의식으로 받아들이면서부터 사상적 전환을 가져오게 된다. 새로운 학문과 지식을 접하면서 전통과 근대라는 서로 다른 문화와 철학 속에서 어떻게 자기정체성을 찾을 것인가를 고민하지 않지 않을 수 없었던 것이다. 만 40세가 되던 해 봄에 독립협회에 가입하여 활발한 활동을 벌이고, 이어서 『황성신문(皇城新聞)』 창간에 참여해 주필을 맡으면서 사회 개혁의 중심적 위치에서 새로운 방향으로 삶을 전개해 나가게 된다.

사상적으로는 기존의 유학에서 벗어나 양명학적 사상을 발전시켜 나간다. 왜냐하면 국가의 위기를 초래한 성리학을 혁신하고 시대에 부합하는 새로운 유학으로 실천성을 확보해 줄 수 있는 것이 양명학이라고 보았기 때문이다. 또한 그는 새롭게 받아들인 서구의 근대과학기술과 사회진화론이 우리 사회를 발전시키기 위한 전략이고 도구임을 분명 인정하지만, 그것이 약육강식(弱肉强食), 우승열패(優勝劣敗)를 보편 원리로 받아들여 제국주의 침략을 정당화하는 논리를 제공하고, 타자의 존재를 부정하

---

1 "나도 어려서부터 오직 주자학을 강습하고 존중하여 주자의 영정을 서실에 걸어 놓고 매일 아침 절을 올린 적이 있었다. 41세 이후에 세계 학설이 유입되고 언론자유의 시기를 만나매 나도 하나의 학설에 묶여 있던 사상이 변동되어서 선조들이 엄금하였던 老莊楊墨申韓노자, 장자, 양주, 묵자, 신자, 한비자의 학설이며 불교와 기독의 교리를 모두 살펴보게 되었다"[박은식 (1975), 『박은식 전서』 하권, 단국대학교 동양학연구소, 197쪽 참조].

는 야만성과 비도덕성을 비판한다. 그러면서 그 극복의 방안으로 양지(良知)가 주체가 되어 함께 더불어 잘 사는 '대동'의 이념을 양명학을 통하여 실천적으로 실현하고자 한 것이다.

국내에서 활발하게 언론 활동과 『동국통감』, 『유교구신론』, 『왕양명실기』 등의 저술 활동을 벌이던 박은식은 1910년 경술국치를 맞이하면서 절망하게 된다. 언론사들이 일제에 의하여 모조리 폐간되고, 자신의 저작을 포함한 국학서들이 압수되어 소각되는 것을 목격하면서, 국내의 활동을 접고 조국을 떠나 만주로 가게 된다. 그곳에서 『대동고대사론』, 『동명성황실기』, 『천개소문전』, 『발해태조건국지』 등의 조선 민족의 역사에 관한 책을 집필하게 된다. 그가 조선 고대사에 관한 역사서를 많이 집필하게 된 것은 민족적 기상을 되살리려는 노력으로 보인다. 그는 "옛날 사람이 말하기를 나라를 멸망시킬 수 있으나 역사는 없앨 수 없다고 하였다. 그것은 나라는 형체이고 역사는 정신이기 때문이다. 이제 우리 대한의 형체는 허물어졌으나 정신만이 홀로 존속할 수 없는 것인가? 이것이 『한국통사』를 저작하는 소이(所以)이다. 정신이 보존되어 없어지지 아니하면 형(形, 국가)은 부활할 시기가 있을 것이다"[2]라고 강조하고 있다. 이것은 사람이 죽으면 혼백(魂魄)으로 나누어 혼은 하늘로 올라가고, 백은 땅으로 돌아가는 것처럼, 정치, 경제, 군사 등을 말하는 국체(國體)인 국백(國魄)은 비록 망하여 없어졌지만, 나라의 고유 언어, 역사, 사상, 문화 등을 가리키는 국혼(國魂)이 살아 있다면, 언젠가 나라를 되찾게 되는 그때,

---

2   박은식(2002), 「한국통사」 서언, 『백암 박은식 전집』, 동방미디어, 724쪽.

_____『한국통사』(국립한글박물관)

국백과 국혼이 결합하여 유구한 역사를 새롭게 다시금 이어 갈 수 있다고 믿었기 때문이다.

임시정부를 포함한 대한민국 역사상 대통령이 탄핵된 경우는 두 번 있었다. 최근의 일은 우리가 직접 경험한 박근혜 대통령이고, 그 이전은 임시정부 초대 대통령 이승만이다. 이승만은 임시정부 초대 대통령에 선출되고도 중국 상하이에 오지 않은 채, 미국에서 임시정부 의정원의 비준 없이 대통령 권한을 남용, 독자적으로 활동하며 물의를 일으킴에 따라 의정원의 탄핵을 받게 되었고, 임시정부 내분의 불씨가 되었다. 당시 임시정부는 이승만이 우리나라에 대한 미국의 위임통치를 청원한 사실과 실정(失政) 및 사상, 운동노선, 지방색 등의 차이로 극심한 내부분열을 일으키고 있었다.

박은식은 독립운동에 있어서 전 민족의 통일노선을 매우 중시하였으며, 임시정부의 분열을 대단히 우려하고 있었다. 당시 후배 독립운동가들이 사상과 지방색 등으로 사분오열되어 사태를 도저히 수습할 능력이 없었고, 임시정부의 분열을 수습하는 데 원로의 도움이 절실히 필요하게 되었다. 박은식은 임시정부의 전면에 나서 활동하기를 꺼리고 뒤에서 후원하려는 태도를 취하였으나, 이승만이 1925년 3월에 탄핵되어 물러나게 되자, 분열된 각 당파로부터 공동으로 추앙받는 독립운동의 원로이자 사태 수습의 책임자로 임시정부 제2대 대통령으로 선출되었다. 그는

4월에 임시정부의 체제를 대통령제에서 집단지도체제인 국무령 체제로 바꾸는 개혁을 실시하고, 취임 한 달 만에 물러난다. 그리고 그해 11월 기관지염의 악화로, 상하이 자택에서 조선의 진정한 선비의 기품을 지킨 지식인으로서 66년간의 파란만장한 생을 마감하게 된다. 그에게 주자학자, 양명학자, 애국계몽사상가, 대학자, 언론인, 교육자, 독립투사, 대통령 등 붙여진 호칭이 많은 만큼 망국의 아픔 속에서 민족의 자강과 조국의 독립을 위하여 그가 얼마나 많은 수난과 투쟁을 겪으면서 치열한 삶을 살았는지를 짐작해 볼 수 있을 것이다. 그의 장례는 임시정부 최초의 국장으로 엄수되었으며, 그의 유해는 상하이 정안사로(靜安寺路) 공동묘지에 묻혔다가, 68년이 지난 1993년에야 비로소 한국으로 옮겨와 서울 동작동 국립묘지에 안장되었다.

2. 유학을 새롭게 혁신하다: 유교구신론(儒敎求新論)

근대에 접어들면서 동양은 언제나 전통과 근대화의 갈등을 겪어 왔다. 여기서 근대화는 대체로 '서양화'를 뜻한다. 동양의 입장에서 볼 때, 서양화는 곧 동양적 전통의 잠식 및 포기를 의미했다. 그래서 동양에서 전통과 근대성의 갈등은 '진보'나 '발전'을 뜻하는 서양화·근대화와 자기정체성을 부정해야 하는 자기상실 간의 갈등이었다. 서구 근대의 개인 발견은 '주체'가 철학적 논의의 중심을 이루게 된다. 주체의 발견은 바로 그와 마주하고 있는 타자를 상정하지 않을 수 없다. 주체인 자아는 보통 합리적 이성을 바탕으로 선진적으로 진보하고 있다고 생각했지만, 이와 마주하는 타자에 대해서는 전통의 틀에서 벗어나지 못한 후진성을 지적하면서 상대적 우월성을 주장한다. 따라서 서구 근대화는 근대적·이성적 사회로서의 서양과 전통적·비이성적 사회로서의 동양으로 세상을 구별했고, 나아가 이러한 사고의 연장신상에서 서양 문화의 우월성과 동양 문화의 후진성을 구별하였다. 이러한 구별은 서양이 동양을 비롯한 기타 문화를 침략하고 약탈하는 이론적 근거로 작용한 것이 사실이다.

한국의 근대는 강력하고 이질적인 타자와 마주 섬으로써 주체에 관한 물음을 던져야 했던 시기이다. 전근대사회를 탈피하여 세계적 지평에서 근대국가를 구축해야 하는 시대적 요청이 있었고, 한국 근대 주체의 생성은 여기에 부응하는 철학적 과제였다. 박은식은 주자학에서 양명학으로의 사상적 전환을 통해 서구의 보편적 자아와 마주 선 '주체' 인식을 정립하고, 그 토대 위에서 당면한 시대 문제를 해결함으로써 유학이 지향해야 할 방향을 제시하였다.[3]

박은식은 "현금시대(現今時代)는 생존경쟁을 천연(天演, 자연의 진화)이라 논하며 약육강식을 공예(公例, 일반적 규칙)라고 말한다"[4]라며 자신이 처한 시대를 규정하고, 적자생존의 논리로 대변되는 당시의 사회를 현상을 직시하고 있다. 이러한 시대 상황 속에서 한국의 자강 독립을 위해서는 부국강병을 이룩하는 방법을 강구하지 않을 수 없음을 역설한다. 그리고

3 박정심(2016), 『한국 근대사상사』, 천년의 상상, 273-274쪽.
4 박은식(1975), 「自強能否의 문답」, 『박은식 전서』 하권, 단국대학교 동양학연구소, 68쪽.

국권의 회복은 반드시 자신의 힘으로 실현해야 함을 강조한다.

그래서 그는 "우리나라의 독립은 우리나라 자력으로 할 것이요 타국의 힘을 빌리지 않아야 하고, 자강의 성질을 배양하며 자립의 기초를 세워야 한다. 만약 그렇게 하지 않으면 영원히 타인의 노예가 될 뿐이다"[5]라고 역설하고 있다. 박은식은 여기서 한 걸음 더 나아가 국가 존망의 원인을 지식의 밝고 어두움(明眛)과 세력의 강약이라고 보고 있다.[6] 그래서 타국의 노예가 되지 않기 위해서는 자강(自强)과 자립(自立)에 힘써야 한다고 말하고 있는 것이다. 그의 이러한 자강이론은 사회진화론[7]의 영향을 받고 있다.

박은식이 비록 '사회진화론적 바탕' 위에서 우리의 발전 가능성을 보았지만, 당시의 제국주의적 세계질서를 긍정적으로 평가하지 않았고, 이 문제에 대한 명확한 인식을 소유하고 있었다. 우리 사회의 발전과 문명화를 위하여 서구의 기술문명과 사회진화론의 사유가 필요하지만, 그렇다고 사상의 전환과 계몽운동이, 올바르지 못한 제국주의의 대열에 합류하기 위한 것이 아님을 강조하고 있다. 우리 주권을 회복하고 부국강병한 나라로 발전시키는 것은 바로 세계평화에 이바지하는 길이라고 주장

---

5 박은식(1975), 같은 책, 69쪽.
6 박은식(1975),「教育이 不興이면 生存을 不得」, 같은 책, 86쪽.
7 사회진화론은 다윈의 진화론을 스펜서와 헉슬리 등이 인간사회에 적용시켜 사회와 국가 간의 경쟁까지 확대해석한 것이다. 사회진화론은 종족과 사회집단 간의 투쟁을 경쟁 원리로 파악하여 사회진화의 핵심요소로 간주한다. 집단 간의 경쟁이 문명과 문화를 발전시키는 요인이고, 경제·군사적으로 강한 소수가 약한 다수를 지배하게 된다는 것으로, 자본주의와 제국주의의 침략을 정당화하는 이론으로 작용하게 된다.

한다. 이러한 생각은 유학의 대동사상이 그 초석이 된 것이고, 전 인류애적 문화의식을 보여 주는 것이라고 할 것이다.

박은식은 유학의 근본정신과 이상이 현실 문제 해결의 열쇠가 될 것이라고 주장한다. 그와 동시에 조선 주자학의 변화가 불가피함을 깨닫게 되고, 양명학으로의 전환을 통하여 전통 유학의 근본정신을 회복하는 계기를 마련하자 하였다. 유교를 개혁해야 한다고 주장하는 그의 문제의식과 시대적 사명감은 성리학, 즉 주자학에만 매몰되어 있던 유학자들의 학문적 폐쇄성에 대한 비판으로부터 시작된다. 조선의 기술문명과 학문이 미발달하고, 정치적 혼란과 외세의 억압이 이어지는 원인을 바로 조선의 학문 체계를 이끌어온 유학자들의 정체된 사유에서 찾고 있다.

그는 "한국의 선비들 발자취는 마당과 대문을 벗어나지 못하고, 시야가 해외 여러 나라에 미치지 못한다. 지금은 여섯 대륙이 서로 교류하고, 열강들이 서로 패권을 다투는 시대인데도, 좁은 식견을 굳게 지키면서, 자신만이 현명하고 자신만이 옳다고 생각한다. 옛 책이나 탐구하고, 현실에 적합한 것은 연구하지 않고, 의리만 공허하게 따질 뿐, 실제로 나라를 경영하고 세상을 구제하는 일에는 몽매하다. 모든 나라들의 이용후생의 신학문과 새로운 방법을 원수처럼 보고, 배척하여 물리쳐 버린다. 결국 전체 인민을 무지몽매한 가운데에 가두어 놓고, 움직이지도 않고, 변화하지도 않는 것을 스스로 편안하게 여긴다. 작금에 이르러서는 결국 우리 동포 모두를 남의 노예가 되어 버리게 하였다. 이것은 누구의 죄인가?"[8]라고 말하면서 지식인의 책임의식을 강조하고 있다. 시대의 정신이 무엇인지를 고민하지 않고, 안일하고 무기력한 의식 속에서 과거의 고루한 정책과 사회제도에서 벗어나려는 고민이 없는 당시 지식인들에 대하여 비판을 가하고 있는 것이다.

박은식은 국권을 잃어버린 위기의 상황 속에서 당시 지식인 계층을 이루고 있는 유림들이 하는 공부와 교육 내용에 대해서도 다음과 같이 비판한다. "오늘날 우리나라 학계는 아직도 옛날의 허술하기 짝이 없고 고루하고 미개한 학풍 속에서 스스로 머물러 있고, 이른바 글방인 몽학숙사(蒙學塾師)의 학문은 『천자문』과 『동몽선습(童蒙先習)』, 『사략(史略)』, 『통감(痛鑑)』 등의 서적에 불과하고, 좀 높은 단계에 있는 사람도 역시 소학과 맹자 등과 같은 책들뿐이다. 세계 각국의 역사도 강의하지 않고, 일용사물의 긴요한 산술도 풀지 못하고, 다섯 대륙의 명칭도 알지 못하고, 8성의 위치도 분간하지 못하는 자인 것이다."[9] 박은식은 당시의 서당에서 행해지는 교육 내용의 편협성과 신학문에 대한 무지를 지적하고 있다. 그래서 이러한 현실을 타개하고, 새로운 사회질서를 확립하여, 국가와 사회의 발전을 이루기 위해서는 새롭고 확고한 사상의 정립과 교육이 필요함을 절실히 느끼고 있었던 것이다.

그는 『유교구신론(儒敎求新論)』[10]에서 당시의 종교계에서 유학이 현실 사회에서 불교와 기독교만큼 자기 역할을 하지 못하는 이유가 어디에 있는가란 질문을 던지면서, 유교계에 세 가지 큰 문제가 있음을 제시하고, 이 세 가지 문제를 개량해서 새롭게 하지 않으면, 즉 '개량구신(改良求新)'하지

---

8 박은식(1975), 「學規新論 ― 論學要遷志」, 『박은식 전서』 중권, 단국대학교 동양학연구소, 13쪽.
9 박은식(1975), 「師範養成의 急務」, 『박은식 전서』 하권, 단국대학교 동양학연구소, 89쪽.
10 박은식(1975), 「儒敎求新論」, 같은 책, 44-48쪽.

못하면 우리의 장래가 어둡다고 보았다. 첫 번째는 유학의 근본정신에 관한 문제이다. 즉 "유교파의 정신이 오로지 제왕의 편에 서 있고, 인민 사회에 보급할 정신이 부족한 것"이다. 그에 의하면, 유학의 역사에서 공자는 대동사상과 맹자의 위민사상을 통하여 인민을 사랑하고 교화하려는 정신이 있었지만, 공자 이후 맹자의 사상보다 순자(荀子)의 사상이 힘을 얻게 되었고, 이사(李斯)를 거쳐 한 대에 들어가면서 군권을 존중하는 사상이 주류화가 되어서, 결국에 유교는 군권 옹호의 사상이 되었다는 것이다.

두 번째는 유교가 가진 구세 정신에 관한 것이다. "여러 나라를 돌면서 천하를 바꾸고자[思易天下] 하는 주의(主義)를 강구하지 않았다"는 것이다. 공자가 천하를 개선하기 위하여 천하를 돌아다닌 구세 정신이 당시의 유학에서는 찾아보기 힘들다는 것이다. 불교나 기독교의 역사에서 자신을 희생하여 중생을 널리 구제하려는 정신이 이 세상에 퍼지고 있는데, 유학은 그렇지 못하다는 것이다. 당시 유학자들은 인민사회에 대하여 교화를 실시하지 못할 뿐 아니라, 자신의 견해도 고루함에 빠져서 세상의 물정을 제대로 파악하지 못하고 있다고 비판하였다.

세 번째는 유학의 실천 방법에 관한 것이다. "우리나라의 유가에서는 간단하고 단도직입적인[簡易直切] 방법을 사용하지 않고, 지루하고 방만한 [支離汗漫] 공부만을 오로지 숭상한다"는 것이다. 당시의 각종 과학이 복잡하게 발전하고 세상의 물정이 급속하게 변화하고 있는 시대에 지루하고 방만한 주자학적 방법론만을 고수하면서, 정통이란 이름으로 학문의 다양성을 막고 있는 당시 유학자들을 비판한다. 나아가 만약 주자학을 묵

수(墨守)적으로 맹신하고 그 방법론만을 강요하게 되면 후학들이 그 번잡함에 염증을 느끼고 공부를 하지 않을 것이라 염려하고, 그보다 평이하고 간단하며 단도직입적인 양명학적 학문 방법을 제시하고 있다. 이것은 당시 유학의 풍도를 비판하고, 공맹(孔孟) 본래의 민본 정신에 입각하여 인민의 지혜와 권리를 신장시켜야 한다는 주장이었다. 곧 원시 유교로 돌아가자고 주장하는 것이며, 유학의 근본정신을 새롭게 해석하여 현실 개혁의 근거를 확보하기 위한 노력이라고 할 수 있다.

3. 양명학으로의 전환

박은식은 유학의 근본정신과 이상이 현실 문제 해결의 열쇠가 될 것이라고 주장함과 동시에 조선 주자학의 변화가 필요함을 깨닫게 되고, 양명학으로의 전환을 통하여 전통 유학의 근본정신을 회복하는 계기를 마련하자 하였다. '유교구신', 즉 유교를 새롭게 개혁해야 한다는 주장은 "우리 대한의 유학자들이 가진 습관 중에 개혁이나 개량을 말하면 변사(變事, 보통 일이 아닌 이상한 일)로 생각하지만, 천하의 모든 사물은 크고 작은 것을 막론하고 오래되면 반드시 폐단이 생기고, 폐단이 생기면 반드시 고쳐야 하는 것이니, 만일 폐단이 생겼는데도 고치지 않는다면 끝내 멸망하고 마는 것이다"라는 위기감 속에서 표출된 것이라 할 수 있다. 그 새로운 방향도 특별히 다른 것이 아니라 논어에 나오는 옛것을 익히고 그것을 미루어서 새것을 안다고 말하는 "온고이지신(溫故而知新)"을 인용하

여 공맹의 도(道)인 유가의 본래 정신을 회복할 것을 주장한다.[11]

사회 개혁을 위하여 주자학에서 양명학으로의 전환을 주장한 박은식의 사상적 배경에는 청나라 말기의 학자 양계초(梁啓超)의 영향이 있었던 것으로 보인다. 이와 아울러 일본의 메이지유신과 근대사회로의 발전을 도모한 주역들이 양명학을 기초로 하여 사회 개혁을 성공적으로 수행했다는 사실에 주목하고, 긍정적 평가를 내리고 있다.[12] 그래서 당시 조선의 위기상황을 벗어나게 하기 위해서 역시 이러한 양명학의 필요성을 절감하고 있었다.

양명학에서 말하는 치양지(致良知)와 지행합일(知行合一)의 실천 정신은 객관적 규범이나 인습을 거부하고 인간의 도덕적 자율성인 선험적인 양지를 사상의 근저로 삼아 인간과 우주가 조화를 이룬 만물일체의 세계를 구현하려고 하였다. 양명[王陽明]이 말하는 '양지(良知)'는 원래 맹자의 철학 용어인데, "사람이 배우지 않고도 어떤 것을 할 수 있는 것이 양능이며, 생각하지 않고도 알 수 있는 것이 양지이다"라고 정의하고 있다. 양명이 주장하는 '심즉리(心卽理)'란 마음 그 자체가 바로 이치(도덕실천의 원리)라는 것이다. 여기서 말하는 마음은 인간이 선천적으로 타고난 본래의 마

11 박은식(1975), 「儒敎求新論」, 『박은식 전서』 하권, 단국대학교 동양학연구소, 48쪽.
12 박은식은 일본 양명학회 주간에게 보낸 편지에서 다음과 같이 말하고 있다. "양명은 공자와 맹자를 활용하는 학자요, 귀국의 여러분은 또한 양명을 활용한 학자이다. 그러므로 유신의 호걸들은 다수가 양명학파이니, 그 실제 효용을 발전시킨 것은 중국보다 훨씬 뛰어났다. 하물며 오늘날에 이르기까지 계속하여 귀회(일본 양명학회)가 더욱 밝혀 갔으니 정신교육에 보탬이 됨을 어찌 헤아릴 수 있겠는가? 귀국은 이미 서양의 물질로 국력을 크게 떨치게 하고, 또한 동아시아의 철학으로 백성의 도덕을 배양하여, 문명 사업을 완전하게 도모할 수 있었으니, 이것이 과연 무슨 역량이겠는가?"[박은식(1975), 「再與日本哲學士陽明學會主幹東敬治書」, 같은 책, 236쪽.]

음인 본심을 가리킨다. 이것은 마음의 본체, 즉 심체(心體)라고도 말하며, 이것을 양지라고 불렀다. 이러한 본체가 바로 인간의 내재적 본성 자체이며, 어떠한 특수한 상황에 따라 자연적이고 자발적으로 그 상황에 맞는 천리(天理)를 발휘하게 된다는 것이다. 양명의 입장에서 보면 천리란 외재하는 추상적인 법칙이 아니라, 인간의 내면에 내재하고 있는 본심의 작용이고, 이 본심으로부터 자연스럽게 드러나는 것이다. 그러므로 양명은 천리의 드러남이 본심의 양지에서 발현되는 것으로 파악한다.

이러한 양명의 치양지와 지행합일설은, 보편적 존재인 리에 대한 탐구를 통해 윤리적 당위법칙을 먼저 확보하려는 주자의 학문 체계에 대한 비판이었다. 주자의 격물치지(格物致知)는 실천의 원리인 리(理)를 규명을 위한 인식론적 방법이었다. 그는 격물궁리(格物窮理)를 통해 존재를 규명하고, 다시 이를 윤리적 당위법칙을 실천하는 선지후행(先知後行)의 논리 체계를 구축하였다. 그 결과 주자학은 도덕 실천성의 약화를 가져오게 되고, 역사적으로 도덕 실천보다는 학문이나 사변에 치우치는 폐단을 낳게 되었다. 박은식이 주자학에서 양명학으로의 전환을 시도하는 것도 바로 이러한 도덕 실천성을 확보하려는 노력이라고 할 수 있다.

박은식은 "대개 양지의 본체는 천리이니, 천리 위에 또 무엇을 더하겠는가? 배우는 사람은 마땅히 온 마음을 천리에 두되, 가만히 있을 때에는 이것을 잘 보존하여 기르고, 행동할 때에는 이것을 좇아 행하면, 바야흐로 사람의 행동이 하늘의 도리에 부합할 수 있다. 그러니 그 천리를 드러내 엿볼 수 있는 곳은 내 마음의 양지이다. 양지는 자연히 밝히 깨닫는 앎이요, 순수하고 거짓이 없는 앎이요, 유행하여 멈추지 않는 앎이요, 두루 응하여 막히지 않는 앎이요, 성인과 어리석은 사람 모두에게 있는 앎이요, 하늘과 사람이 하나 되는 앎이니, 신비하고 묘하구나! 누가 거기에 더 보탤 수 있겠는가?"라고 정의를 내린다.[13] 그가 말하는 '양지의 본체'는 본체가 따로 있다는 의미가 아니고, 양지 그 자체가 바로 본체라는 의미로 봐야 한다는 것이다. 만약 양지가 있고, 또 양지의 본체가 있다고 하면, 이것은 양명학을 잘못 이해한 것이다. 그러므로 양지가 바로 본체이고, 본체인 양지가 바로 천리인 것이다. 박은식이 여기서 '더 이상 무엇을 더하겠는가'라고 말하는 것도 역시 양지가 천리 그 자체이기 때문이다. 따라서 양지의 실현이 바로 천리의 실현이 되는 것이므로, 주자학에서처럼 천리를 먼저 따로 인식해야 할 필요가 없음을 말하고 있는 것이다. 이것은 그가 양명학이 주자학에 비해 인간 주체의 자율성을 확장시켜 실천성을 보다 더 확장시키고, 아울러 현실의 변화에 보다 신속하게 대체할 수 있는 유연성을 지니고 있다는 것을 강조한 것이다.

박은식은 이어서 양지를 '유행하여 멈추지 않은 앎[流行不息之知]'으로 규정한다. 이것은 양지의 활동성을 드러낸 설명이다. 양지는 도덕심이므로 당연히 쉼 없이 활동하는 본체이다. 양지는 주자학처럼 객관적 규범으로서의 활동하지 않는 리(理)가 아니라, 끊임없이 활동하는 본체인 것이다. 또한 양지를 '두루 응하여 막히지 않은 앎[泛應不滯之知]'로 규정한다. 이처럼 양지는 어떤 상황에서도 막힘이 없이 실현됨을 의미한다.[14] 그는 이러한 양지의 특성을 수용하여 유학을 근대사회에 적용하려고 하였다.

---

13 박은식(2010), 『왕영명실기』, 이종란 역, 한길사, 63쪽.

양지는 어떤 사태나 대상에 대해서 스스로 재량하고 판단하는 주체이다. 그러므로 상황에 따라 가장 적절한 규범을 이끌어낼 수 있는 것이다. 즉 늘 변화하는 현실적 상황에 주체적으로 대응하고 상황에 맞는 도덕적 판단을 할 수 있음을 강조한 것이다. 양지에 대한 이러한 해석은 양명학의 특성을 나름대로 재해석한 것이고, 양지를 바탕으로 해서 우승열패(優勝劣敗)의 시대에 맞게 도덕을 재확립해야 한다고 본 것이다.

박은식은 유학을 민중 중심의 사상으로 변화를 주장하면서, 양명학의 현대적 해석을 통해 국권 회복과 독립 문제 해결을 위한 초석을 마련하고자 하였다. 박은식은 양명학에서 주장하는 양지를 구현하는 진아(眞我, 참다운 나)를 삶의 현장에서 실천적으로 실현하기를 강조했다. 한 걸음 더 나아가 이러한 진아가 근대 한국 사회의 주체가 될 때, 한국은 일본 제국주의 침략으로부터 벗어날 수 있을 뿐 아니라, 세계평화를 이루어 나갈 구심점이 될 것이라고 주장한다. 우리는 박은식을, 양지를 구현하는 참다운 주체를 삶의 현장에서 실천적으로 체현해 보여 준 진정한 근대지식인이라고 평가할 수 있을 것이다.

---

14 이명한·김나윤(2013), 「한국 철학사에서 박은식 선생의 위상 연구 ─ 전통유학의 회복」, 『양명학』 36, 한국양명학회, 280쪽 참조.

참고자료

박은식(1975), 『박은식 전서』 상·중·하권, 단국대학교 동양학연구소.

박은식(2002), 『백암 박은식 전집』, 동방미디어.

박은식(2010), 『왕양명실기』, 이종란 역, 한길사.

박정심(1999), 「박은식의 사상적 전환에 대한 고찰 — 주자학에서 양명학으로」, 『한국사상사학』 12, 한국사상사학회.

박정심(2016), 『한국근대사상사』, 천년의 상상.

이명한·김나윤(2013), 「한국 철학사에서 박은식 선생의 위상 연구 — 전통유학의 회복」, 『양명학』 36, 한국양명학회.

이종란(1994), 「박은식의 계몽활동과 독립투쟁」, 『시대와 철학』 5-2, 시대와 철학.

이종란(1998), 「박은식의 『유교구신론』과 공자관」, 『공자학』 3, 한국공자학회.

한국 근대 대중소설의 개척자,

이인직

강현조
연세대학교 글로벌인재대학

1. 소설, 활자와 신문을 통해 근대의 대중예술이 되다

소소하고 자잘한 내용이 담긴 허탄하고 보잘것없는 글, 주로 여성들이 여가 시간에 읽곤 했던, 이른바 '진서(眞書)'가 아닌 '언문(諺文)'으로 된 이야기책. 이것이 근대 이전인 조선 후기에 통용되었던 소설의 의미이자 위상이라고 할 수 있다. 그렇기 때문에 이 읽을거리는 '대설(大說)'로 명명될 수 없었고, 점잖으면서도 학식 있는 양반 사대부 남성이라면 기피해야 할 저급한 오락물로 인식되었다. 수많은 고전소설 작품들이 저작자가 누구인지 알 수 없는 상태로 유통되고, 목판 인쇄본보다는 필사본의 형태로 현전하고 있는 것은 반드시 저작권 개념의 부재 또는 기술의 낙후 같은 당대 사회의 전근대적 성격에만 기인하는 것은 아니다. 소설은 시문(詩文)과 경전(經典)만이 진정한 글로 간주되던 시대의 이단(異端)이자 천대받는 'B급 장르'였고, 이러한 저작에 자신의 이름을 남기는 것은 수치스러운 일이 될 수 있었기 때문이다. 이 같은 소설의 문화적 위상은 19세기 말에 들어와 극적으로 변화하기 시작했다.

1876년의 개항과 1894년의 갑오개혁은 비록 비자발적이고 불충분한 측면은 존재했지만 조선에 근대적 제도의 도입을 본격화한 역사적 사건이었고, 이는 문학을 포함한 문화 전반에도 새로운 현상의 등장을 가져왔다. 근대식 활판기술이 도입되고 이를 이용하여 신문을 발행하거나 단행본 서적을 출판하는 등 매체 환경의 커다란 변화가 도래한 것이다. 텍스트의 신속한 대량생산이 가능하게 된 것도 중요한 변화였지만 더욱 중요한 것은 시공간의 압축에 따라 동시성을 공유하는 대중독자의 탄생이라고 할 수 있다. 주로 한글로 작성되어 거의 매일 발행된 다양한 신문들은 비록 서울과 인천, 부산 등의 대도시 중심이긴 했지만 우편 제도를 기반으로 전국에 걸쳐 배포됨으로써 시공간의 제약을 넘어 '오늘, 이곳에서 일어난 일'을 불과 수일 만에 수천여 명에 달하는 각 지역의 독자들이 거의 동시에 알게 되는 새로운 차원의 경험을 가능케 했던 것이다. 물론 전파의 속도와 범위 측면에서 볼 때 오늘날에 비할 만한 수준은 아니었지만 근대적 기술과 제도의 도입으로 인해 초래된 변화는 소설의 존재양태와 향유 방식에도 크나큰 영향을 미쳤다.

　사실 평생 자기 마을의 일과 사람들만 알고 지내도 아무런 문제가 없다고 느끼고 있었던 전근대적 개인에게, 가까이는 국내 각 지역으로부터 멀게는 해외에 이르기까지 다른 공간에서 자신이 알지 못하는 사람들에 의해 벌어진 사건을 신속히 알아야 할 필연적인 이유는 없다. 다시 말해 전근대적 개인에게 시공간의 제약을 넘어 동시대의 사건 사고를 알려 주는 신문은 그리 절실하게 필요한 물건이 아니었을 가능성이 매우 크다. 근대 초기 신문의 필진들이 신문이 지닌 보도매체로서의 기능보다는 애국사상의 설파와 신지식의 보급이라고 하는 계몽성의 측면을 더욱 강조하였던 것은 이러한 당대의 상황과도 전혀 무관하지 않다. 그러나 계몽성을 강조하는 것으로만 신문이 독자를 확보할 수 있었던 것은 결코 아니다. 오늘날에도 그렇듯이 근대 초기의 신문들 또한 가장 주된 수입은 광고료였으며, 정론을 펼치는 논설란 못지않게 신문에서 독자 확보의 중요한 수단으로 활용되었던 콘텐츠는 단연 소설이었다. 인터넷은 물론 영화도 아직 본격적으로 등장하기 전이었던 활자매체의 시대에 대중들의 흥미를 끌 수 있는 가장 강력한 오락물이 바로 서사였기 때문이다. 근대 초기의 신문에 소설이 주로 1면에 게재된 이유가 여기에 있다고 해도 과언은 아니다. 이는 근본적으로 이윤을 남겨야 발행을 지속할 수 있는 신문의 상품적 속성에 기인한 것이기도 하다. 우리는 흔히 근대 초기의 신문이 대중을 계몽하는 수단이었을 것이라고만 생각하지만, 신문의 정론직필(正論直筆)에 호응하여 기꺼이 구독료를 납부하는 독자는 그리 많지 않았다. 이에 늘 적자에 시달리던 신문사는 재정난을 타개하기 위해 광고 유치에 필사적으로 노력했을 뿐만 아니라 타신문보다 흥미 있는 읽을거리를 게재하기 위한 상호 경쟁 또한 치열하게 벌였다. 현대의 학자들은 근대 초기 각 신문의 '주장'을 담고 있는 논설로부터 당대의 상황과 현실에 대한 인식을 얻으려는 경향이 강하지만, 아이러니하게도 당대의 대중독자들은 근대 초기 신문의 논설보다는 소설을 더 즐겨 읽었을 가능성이 크다. 그때나 지금이나 대중독자들은 신문이 주장하는 바보다는 신문이 제공해 줄 수 있는 즐거움이 무엇인가에 대한 관심이 더욱 크기 때문이다. 소설은 이제 신문에서 가장 주목받는 지면 중의 하나가 된 것이다.

신문의 등장으로 인해 작가가 자신의 이름(실명 또는 필명)을 내걸고 소설을 연재하고, 이를 접한 전국 각지의 독자들에게 인기를 얻게 되면 연재 종료 수개월 후 단행본으로 제작되어 출판되거나 연극으로 각색되어 상연하는 일이 가능해졌고, 실제로 일어났다. 과거와 달리 작가는 현실에 대한 비판적 인식을 소설에 담아 대중독자에게 자신의 주장을 펼치는 문사(文士)로서 예우받기 시작했다. 근대 이전 시기에는 여항(閭巷)의 잡스러운 오락물로 치부되었던 소설이 활자와 신문이라는, 근대문명과 제도의 도입으로 인해 당당한 대중예술의 총아로 거듭나게 되었던 것이다. 물론 유튜브와 넷플릭스로 대변되는 21세기를 살아가는 우리에게 이 같은 서사의 매체 전환과 장르 변환은 너무도 익숙한 것이면서도, 이제는 소설이 더 이상 대중예술의 중심 장르가 아닌 시대로 진입하였기에 어느덧 아련한 과거의 한 장면이 되어 버리고 말았지만, 전근대의 'B급 장르'였던 소설이 신문을 통해 근대의 대중예술을 대표하는 양식으로 격상된 것은 20세기 초반의 한국에서 일어난 가장 획기적인 문화사적 사건 중의 하나가 아닐 수 없다.

2. 이인직, '문화 혁신의 아이콘'이 되다

놀랍게도 20세기 초반 한반도에서 이 모든 일을, 즉 스스로 신문사의 설립에 관여하였을 뿐만 아니라 전속 작가가 되어 자신의 소설을 싣고, 해당 작품의 단행본 출판과 연극 상연에 이르기까지의 모든 과정을 최초로 실천한 사람이 있었으니, 그가 바로 이인직(李人稙, 1862-1916)이다. 물론 이인직이 어떠한 역사적 인물인지 모르는 사람은 거의 없을 것이다. 현재 우리나라의 학교 교육이 제공하는 일반적인 지식에 의하면 이인직은 '최초의 신소설로 평가받는 『혈의루(血의淚)』의 작가'다. 그러나 이 같은 일반적인 지식은 그가 왜 당대 사회에서 '문화 혁신의 아이콘'으로 명명될 수 있는 사람인지를 충분히 설명해 주지 못한다. 때문에 우리는 이인직의 삶에 대해 조금 더 자세히 알아볼 필요가 있다.

1862년생인 이인직의 출생 후 도일(渡日) 이전까지, 청년 시기의 행적에 대해서는 지금까지도 알려진 바가 거의 없다. 그의 고조부 이사관(李思觀)은 영의정과 좌의정을 역임하였으나, 증조부인 면채(冕采)는 서자였다. 따라서 면채의 3남이자 이인직의 조부 해서(海瑞)와 생부 윤기(胤耆), 그리고 이인직은 모두 서얼이라고 할 수 있다. 35세 이전까지의 행적이나 활동이 확인되지 않고 있는 것은 이러한 그의 한미(寒微)한 신분적 배경과 무관하지 않다고 할 수 있다. 이인직은 흔히 39세 때인 1900년 2월에 관비유학생으로 선발되어 도일한 것으로 알려져 있지만 이는 사실과 다르다. 최근의 연구결과에 따르면 이인직은 적어도 1898년 이전에 관비가 아닌 사비유학생으로서 도일한 것이 거의 확실하며, 대략 10년에 가까운 기간 동안 도쿄에 체류했다. 1900년 3월 13일 자 『황성신문』에 실린 「사비이관(私費移官)」이라는 기사에 따르면 이인직은 이미 일본에 와 있던 사비유학생 12인 중의 한 명으로 기록되어 있으며, 이들에 대한 조선 정부의 조치에 의해 관비유학생으로 전환되었음을 알 수 있다. 따라서 1898년경부터 동경정치학교 청강생의 신분으로 조중응(趙重應)과 함께 수강했다는, 고마쓰 미도리[小松綠]의 회고록인 『메이지외교비화[明治外交祕話]』의 언급은 거의 틀림없는 사실이라고 할 수 있다. 여러 가지 정황상 이인직은 이미 1896년에 망명한 조중응을 따라 도일했을 가능성이 높으며, 적어도 1898년부터는 일본에 체류하고 있었다고 보는 것이 타당하다.

그렇지만 이인직의 집안이 유복했기 때문에 사비를 들여 오랜 기간 일본 유학을 한 것은 아니다. 도중에 생계가 곤란하여 정부의 지원을 요청한 결과 사비유학생에서 관비유학생으로 전환되는 혜택을 받은 것이다. 대개 세도가문이나 부유층 자제 출신이 많았던 조선의 관비유학생들은 10대 후반 내지 20대 초반의 나이에 일본으로 유학 와서 고급 관료가 되기 위해 주로 법학이나 행정학을 전공하는 경우가 많았다. 내세울 만한 신분의 소유자도 아니고 부유하지도 않았던 이인직은 이러한 일반적인 '유학 코스'를 밟지 않았다. 그는 1901년 11월부터 1903년 5월까지 1년 6개월가량 『미야코신문[都新聞]』의 견습 기자가 되어 활동했는데, 이는 자원(自願)에 의한 것이었다. 이 시기의 수많은 일본 유학생들 중 언론 활동과 문학 창작을 자신의 진로로 삼은 사람은 이인직이 최초인 동시에 유일하다. 비록 일본어로 쓰긴 했지만 그는 이 신문에 「몽중방어(夢中放語)」(1901.12.18), 「설중참사(雪中慘事)」(1902.2.6), 「한국잡관(韓國雜觀)」(1902.3·1-2, 9, 27), 「한국실업론(韓國實業論)」(1902.12.20-21, 24) 등 10여 편의 다양한 기사를 작성하여 게재하였을 뿐만 아니라 이 신문을 통해 단편소설 「과부의 꿈[寡婦の夢]」(1902.1.28-29)을 게재할 정도로 이미 작가로서의 삶을 착실하게 준비하고 있었다. 1876년의 개항 이래로 1910년 일본에 의한 조선

의 강제 병탄에 이르기까지의 기간 동안 이인직은 일본에 유학하여 일본 신문의 견습기자로 일하면서 동시에 소설을 게재한 유일한 한국인이 되었다. 게다가 잘 알려진 사실은 아니지만 이인직은 한국의 전래 서사를 일본에 소개한 이력도 갖고 있다. 그는 「토끼전」을 일역하였는데, 이 번역본은 한국의 소파 방정환과 유사한 위상을 갖고 있는 일본 아동문학의 아버지 이와야 사자나미[巖谷小波]가 편찬한 『세계 옛이야기 전집[世界お伽噺全集]』(1904)에 「용궁의 사자[龍宮の使者]」라는 제목으로 수록되었다.

필자가 이인직의 일본 체험과 그 기간을 강조하는 이유는 이 시기가 일본에서도 신문소설의 전성기였기 때문이다. 신문에 연재된 소설이 곧바로 단행본으로 출판되거나 연극으로 상연되는 일이 비일비재했고, 신문은 소설뿐만 아니라 각종 공연들에 대한 비평을 게재함으로써 문학장(文學場)의 형성과 대중예술의 흥행에 기여하였다. 『미야코신문』은 논설을 통한 정론성을 추구했던 '대신문(大新聞)'과 달리 오락성을 추구하며 문예란에 소설과 연극 비평을 활발하게 게재했던 대표적인 '소신문(小新聞)' 중의 하나였기에 이인직이 이 신문사에서의 기자 견습을 자원했다는 사실은 그의 관심사가 어디에 있었는지를 여실히 보여 준다고 할 수 있다. 이인직은 당시 대부분의 일본 유학생들과는 다른 자신만의 길을 걸어갔고, 마침 이 시기의 일본은 신문소설과 연극이 대중문화의 꽃으로 피어나던 시기였던 것이다. 10년 가까이 일본 대중문화의 심장부인 도쿄에 체류하면서 '실지(實地) 연습'을 마친 그는 한국으로 돌아오자마자 자신이 익힌 모든 것을 실천해 나갔다.

귀국 후 그의 첫 행보는 신문을 창간하는 것이었다. 1904년 9월부터

『국민신보(國民新報)』라는 신문의 11월 창간을 목표로 『황성신문』에 주식 모집 광고를 게재했으나 이때에는 뜻을 이루지 못했다. 아마도 주주와 자금을 마련하는 것이 여의치 않았기 때문인 것으로 보인다. 『국민신보』는 1906년 1월이 되어서야 창간되었고, 이인직은 이 신문의 주필을 맡았다. 같은 해 6월에 창간된 『만세보(萬世報)』의 주필로 자리를 옮긴 이인직은 주지하다시피 이 신문에 『혈의루』와 『귀의성(鬼의聲)』을 발표함으로써 이른바 신소설 작가로서의 명성을 얻게 된다. 그렇다면 『국민신보』 주필을 맡았던 시기에는 소설을 연재하지 않았을까? 사실 이때도 작품을 발표했을 가능성이 매우 높고 그 근거도 있다. 1916년 11월 28일 이인직의 사망 당시 『매일신보』에 게재된 기사에는 "아직 조선의 일반사회가 소설이라는 것이 무엇인지 알지도 못하던 명치 39년(1906년)에 이인직 씨가 『국민신보(國民新報)』 주필이 되어 비로소 『백로주(白鷺洲)』라는 소설을 연재하였으니 이 『백로주』는 실로 동씨의 처녀작(處女作)이며 조선 신소설의 효시라. 불행히 그 소설은 출판되지 아니하였고 그다음에는 또 『혈의루』가 출판되었는바…"라는 구절이 있다. 『국민신보』 재직 기간이 약 5개월 정도라는 사실을 감안하면 비록 완결되지는 못했더라도 『백로주』라는 작품을 해당 신문의 지면에 연재했을 가능성은 충분하다. 안타깝게도 이 시기의 『국민신보』 지면이 전하지 않아 사실 여부를 확인할 수는 없지만 이인직의 일본 체류 경험을 감안할 때 그가 귀국 후 주필을 맡은 신문에서 소설을 연재했다고 보는 것은 매우 타당한 추론이 아닐 수 없다.

주지하다시피 『만세보』 주필로 옮긴 후 연재한 첫 번째 작품이 바로 『혈의루』이다. 물론 그의 『혈의루』 연재 이전에도 한국의 신문에 소설이 실리지 않은 것은 아니었다. 1896년 5월 19일부터 7월 10일까지 27회에 걸쳐 『한성신보(漢城新報)』에 연재된 『조부인전(趙婦人傳)』은 비록 소설란이 아닌 잡보란에 실리긴 했지만 『혈의루』보다 10여 년이나 앞서서 발표된 최초의 순국문 서사물이다. 이후 『한성신보』는 1897년 1월 12일에 국내 최초로 소설란을 개설하여 첫 작품인 『상부원사해정남(媚婦寃死害貞男)』을 연재한 바 있다. 흥미롭게도 10년이 지난 1906년에 이르러 『대한매일신보』(2월)를 필두로 하여 『황성신문』(5월), 『만세보』(7월), 『제국신문(帝國新聞)』(9월) 등 거의 대부분의 신문에 동시다발적으로 소설란이 마련된 바 있다. 그러나 이 시기의 소설 중 상당수는 전래해 오던 서사를 조금 고쳐서 게재하거나 외국의 서사문학작품을 번역 또는 번안하는 경우가 많았고, 저작자의 이름이 표기되는 경우도 거의 없었다. 따라서 '국초(菊初)'라는 필명이기는 하지만 자신의 이름을 내걸고 자신이 쓴 창작소설을 신문에 연재한 작가는 이인직이 처음이라고 할 수 있다. 『혈의루』의 뒤를 이어 『귀의성』이 연재되었고, 이 두 작품은 모두 연재 종료 후 단행본으로 출판되었다. 창작 신문연재소설의 단행본 출판도 한국에서는 이인직이 최초로 시작한 일이다. 1907년 5월 『만세보』가 폐간되기 직전 이인직은 잠시 『제국신문』에 『혈의루』 하편을 연재한 바 있다. 5월 17일부터 6월 1일까지 연재했지만 미완인 채로 곧 중단하였고, 1907년 7월 18일에는 『대한신문(大韓新聞)』의 사장으로 취임하였다. 자리를 옮긴 그는 비록 자료가 전하지는 않지만 이 신문에서도 자신의 소설을 계속 연재했던 것이 거의 확실하다. 이 신문의 발간 광고에는 그가 소설을 매일 연재할 것이라고 예고되어 있었고, 실제로 비록 한 회분이긴 하지만 1907년 9월 7일자 지면에 저작자가 "이국초"라고 표기된『강상선(江上船)』이 전하고 있다. 요컨대 이인직은 불과 2개월도 재직하지 않았던『제국신문』에서도 소설을 연재하였고,『대한신문』의 사장으로 취임한 지 2개월도 채 되지 않아 또 다른 소설을 연재하였던 것이다. 현재 위의 하루치를 제외하고『대한신문』의 발행분은 전하지 않지만, 1907년 9월부터 1910년 9월까지『황성신문』과『대한매일신보』등 여타 신문들의 기사에서 이인직이 '대한신문 사장'으로 표기되고 있는 것으로 보아 그는 창간 때부터 폐간에 이르기까지 대한신문의 사장을 역임했던 것이 확실시된다. 그렇다면 이인직은『대한신문』에도 자신의 소설을 지속적으로 연재하지 않았을까? 역시 그랬을 가능성이 매우 높고, 그 근거 또한 충분하다.

이인직의 또 다른 작품인『은세계(銀世界)』는 1908년 11월 20일에 단행본 초판이 출판되었다. 그런데 이 작품의 필사본이 존재한다는 사실은 일반 대중들에게는 잘 알려져 있지 않다. 한국학중앙연구원에 소장되어 있는 이 필사본은 우리의 상식대로라면 단행본을 베낀 것일 테고, 따라서 1908년 11월 20일 이후에 제작된 것이어야 한다. 그런데 놀랍게도 이 필사본의 간기(刊記)는 1908년 6월로 표기되어 있다. 이미 단행본이 출판되기 6개월 전에 완성된『은세계』의 필사본이 존재한다는 사실이 의미하는 바는 무엇일까? 이는 누군가가 단행본이 아닌 다른 형태의『은세계』텍스트를 보고 베꼈다는 것을 의미한다. 작가도 아닌 다른 사람이 어떻게 단행본 출판에 앞서『은세계』를 '베낄' 수 있단 말인가? 이는『은세계』가 신문에 연재되었고, 필사자가 이 신문연재 텍스트를 보고 필사했다는 것을 의미한다. 사실이 그러하다면『은세계』보다 앞서 출판된『치악산』

또한 신문 연재 후 단행본으로 출판된 작품일 가능성이 크다고 할 수 있다. 말하자면 이인직의 작품은 모두 신문연재 후 단행본 출판이라고 하는 과정을 거쳤다고 볼 수 있는 것이다. 게다가 이인직은 『은세계』를 직접 연극화하기까지 하였다. 1908년 11월 서양식 옥내 극장인 원각사(圓覺社)에서 상연된 〈은세계〉는 한국 최초의 신연극으로 평가받는다. 요컨대 스스로 작품을 창작하는 작가인 동시에 소설과 연극의 대중화를 실천함으로써 20세기 초반 한국에 처음으로 근대적 의미의 대중예술이 형성되도록 계기를 마련한 문화운동가가 바로 이인직이라고 할 수 있다. 학계에는 이 같은 사실이 어느 정도 알려져 있었지만 일반 대중에게는 학교 교육 등을 통해서도 거의 알려지지 않았다. 그러다 보니 이인직에 대한 대중들의 인식은 여전히 '최초의 신소설 『혈의루』의 작가'라는 사실에서 더 나아간 바가 없게 되었다.

3. 이인직을 새롭게 이해해야 하는 이유

이인직을 단순히 '최초의 신소설 작가'라는 수식어만으로 온전히 설명할 수 없다는 점을 강조하기 위해 그가 이룬 공적들에 대해 적극적인 의미를 부여했지만, 그렇다고 해서 그에게 과실이나 한계가 없는 것은 아니다. 무엇보다도 우선 이인직은 1910년 한일강제병합조약 체결 당시 이완용의 비서 역할을 담당했을 정도로 적극적인 친일파였다. 정치적 지향점이 친일에 이르게 된 과정과 이유에 대해서는 별로 알려진 바가 없기에 앞으로도 이에 대한 엄밀한 학문적 논의와 검토가 있어야 하겠지만, 결과적으로 그의 친일 행적이 조국의 패망을 앞당기는 데 일조한 크나큰 과오라는 점은 달라지지 않는다. 언론 활동과 문학 창작 등을 통해 국가와 인민의 개명과 계몽을 염원했던 그가 망국으로 귀결되는 조약의 체결을 위해 막후에서 활동했다는 사실은 허망함을 넘어 분노를 자아내기도 한다. 그러나 정치적 과오가 있다는 이유로 문학가이자 문화운동가로서 그가 이룬 성취와 업적을 전면 부정하는 것이 과연 합리적인 처사인가 하는 의문이 든다. 공과(功過)에 대한 객관적이면서도 균형 있는 평가가 바람직하다는 것은 특별히 누군가를 옹호하기 위한 자의적인 주장이 아니라 인간에 대한 역사적, 학문적 평가의 일반적인 원칙이라고 보는 것이 타당하다. 이인직이 아무리 근대 대중소설의 개척자라 할지라도 그가 저지른 정치적 과오는 사라지지 않는 것처럼, 이인직이 친일파로서의 삶을 살았다 할지라도 한국 최초의 신소설 작가이자 근대 대중예술의 형성에 기여한 문화운동가라는 사실 또한 사라질 수 없는 것이다. 이인직이 지닌 암(暗)이 명(明) 때문에 은폐될 수 없는 것과 마찬가지로 그의 공(功)이 과(過) 때문에 부정되어서는 안 될 것이다.

이 글에서 강조하고 싶은 것은 이인직을 단지 최초의 신소설 작가라는 한줄평으로 정리하는 것만으로는 근대 초기 한국문학사의 현장에서 벌어졌던 도전과 분투의 역동성을 제대로 포착할 수 없다는 점이다. 이인직이라는 작가의 문학사적 위상과 그가 이룬 성취에 대해 온전히 이해하기 위해서는 먼저 저급한 오락물 정도로 치부되었던 소설이 신문을 통해 어떻게 한국의 근대 대중예술의 총아가 되었는지를 알아야 할 필요가 있다. 나아가서 신문에 소설을 연재하고 단행본으로 출판하거나 연극으로 상연하는 과정을 하나의 현상이자 제도로 정착하게 만드는 일이 새로운 시대의 문화를 만들고 혁신하는 데에 있어 얼마나 중요한 계기였는지 또한 알 필요가 있다. 최초의 근대 장편소설로 평가받는 이광수의 『무정(無情)』으로부터 홍명희의 『임꺽정(林巨正)』, 염상섭의 『삼대(三代)』, 그리고 심훈의 『상록수(常綠樹)』 등에 이르기까지 한국 근대소설사에 작지 않은 족적을 남긴 작품들의 상당수가 신문연재소설이었다는 사실을 상기해 보라. 이인직의 선구적인 노력과 성취가 없었다면 이 모든 일이 훨씬 더디게 이루어졌을 것이다. 그만큼 작가이자 문화운동가로서 근대 대중예술을 태동시킨 이인직의 위상은 중요하고 가치 있는 것이다.

창조적 역량이 있는 개인이 그에 걸맞은 새로운 매체를 만났을 때 혁신이 일어나는 사례는 무수히 많이 찾을 수 있다. 굳이 스티브 잡스까지 거론하지 않더라도 현재 우리 사회에서도 이 같은 사례를 얼마든지 들 수 있다. 20-30년 전만 해도 어린이들의 꿈이 대통령 아니면 과학자로 수렴되었지만 지금은 한류의 세계화와 유튜브의 발전이 영향을 미친 결과 연예인과 크리에이터가 1, 2위를 다툴 정도로 인기 있는 직종이 되었다. 마찬가지로 불과 10여 년 전만 해도 'B급 장르'로 인식되었던 웹툰이 오늘날 영화와 드라마로 가장 많이 제작되는 대중문화의 첨단 콘텐츠로 자리 잡았다. 이 모든 문화적 현상에는 각각의 분야에서 대중들을 사로잡은 창조적 개인들의 활약이 중요한 원인으로 작용하였다고 할 수 있다. 신문과 이인직의 만남 또한 한국에서 소설의 운명을 바꾼 결정적인 계기였다고 할 것이다. 그렇기 때문에 한국의 근대소설사를 이해하는 데 있어, 그리고 대중소설의 출발과 그 발흥의 국면을 이해하는 데 있어 이인직은 빼놓을 수 없는 가장 중요한 인물이 아닐 수 없다. 열정과 역량을 갖춘 연구자들에 의해 아직도 공백으로 남아 있는 이인직의 생애와 활동, 그리고 작품에 대한 연구가 계속되기를 바란다.

대종교를 통해 휴머니즘을 말하다,

나철

박남희
나란히희망철학연구소

1. 한국의 근대와 나철

확고한 신분질서의 해체와 함께 새로운 경제질서가 구축되던 근대는 질서가 뒤바뀌는 과정에 극심한 사회혼란이 초래되었다. 하지만 이 시기는 다양한 것들이 새롭게 실험되고 실현되던 시기이기도 하다. 그렇다면 우리는 어떠한가. 우리도 이와 크게 다를 바가 없지 않나. 허나 대다수의 사람들은 우리에게는 서양과 같은 근대는 없거나 아주 미미할 뿐이라고 여기는 것이 사실이다. 이는 근대의 개념이 지나치게 서구적 관점에서 정형화되었거나 이에 관한 연구가 제대로 이루어지지 못한 까닭일 것이다. 때문에 우리는 한국에서의 근대가 서구와 달리 어떻게 전개되고 오늘에 이르고 있는지 다양한 관점에서 연구해 볼 필요가 있다. 이는 단순히 우리의 근대에 대한 사실을 알거나 흔적을 쫓기 위함이 아니라, 그 토대를 이루는 근본사유에 대해 새롭게 해명함으로써, 우리가 어떤 꿈과 희망으로 근대를 열었으며, 지금 여기만이 아니라 또 앞으로의 미래사회를 어떻게 지혜롭게 열어갈 것인지를 고심해야 할 것이다.

한국에서 근대란 일반적으로 1876년 개항 이후의 시기를 가리킨다.

1863년 고종(高宗)이 즉위하고, 새로운 문물의 도입과 변화를 위한 다각적인 노력에도 불구하고 열강의 각축장이 되어 버린 이 시기의 한국은 극심한 혼란과 어려움에 봉착한다. 이러한 난관을 헤쳐 가기 위해 구국을 외치며 나온 사람이 나철(羅喆, 1863-1916)이다. 나철이라고 하면 많은 사람들은 대종교(大倧敎)를 중광(重光)한 종교인이거나 일제에 맞서 독립운동을 한 독립운동가로만 알고 있다. 그러나 그가 한국의 근대를 연 사상가로서 이후 많은 이들에게 어떤 영향을 미쳤는지에 대해 우리는 알 필요가 있다.

실제로 나철은 외세의 물리적 힘이나 서구의 발달된 과학 혹은 이론에 의존해서가 아니라 (보기 드물게) 민족의 정체성 확립에 의거해 자주적인 차원에서 구체적이고 실질적으로 우리 근대를 열어 나가고자 애쓴 사람이다. 그는 단지 한국에서만이 아니라 동북아시아, 나아가 인류 전체에 새로운 빛을 발하고자 한 것으로, 우리는 그의 삶과 생애를 한국 근대사상가로서 재평가해 볼 필요가 있다. 이를 위해 먼저 그의 생애를 살펴보면서 그의 삶과 여정이 어떤 사유에서 기원되고 이어져 왔는지를 알아보도록 하자.

2. 나철의 생애

홍암(弘巖) 나철은 1863년 전남 보성 벌교에서 지주의 둘째 아들로 태어났다. 그는 1916년 49세의 나이로 황해도 구월산 삼성각(三聖閣)에서 스스로 운명하기까지 많은 사람이 알고 있는 것처럼 대종교를 중광하고, 일제에 맞서 독립운동으로 일생을 보냈다. 그의 본명은 두영(斗永)이었으나 후에 인영(寅永)으로 바꾸고 대종교를 중광한 후에는 다시 철(喆)로 바꾼다. 그의 생애도 그의 이름처럼 크게 세 번의 변화가 있다. 첫째는 호남 지주의 아들로 태어나 과거에 합격하여 관료로서 산 나철이고, 두 번째는 정치적으로 구국의 뜻을 품은 독립운동가로서의 나철, 그리고 세 번째는 대종교를 중광하고 사상적 스승으로서의 나철이다.

_____ 홍암 나철

나철은 29세인 1891년에 병과인 과거에 장원을 하여 실제로 역사 기록을 담당하는 주서(注書)인 승정원가주서(承政院假注書)로서 권지부정자(權知副正字)직까지 지냈다. 하지만 관료들의 타락과 나라의 혼란을 목도하던 1905년, 나철은 이기(李沂), 오기호(吳基鎬) 등의 지인들과 비밀 결사 단체인 유신회(維新會)를 조직하여 구국운동에 나서면서 혼란스러운 한국 근대사의 중심에 서게 된다. 이후 나철은 호남지역은 물론 전국을 넘어 일본, 중국, 미국 등에 이르기까지 국제적으로 활동반경을 넓히며 다각적인 대일외교항쟁, 을사오적 처단 의거, 대한자강회 설립, 호남학회 설립, 국채보상운동에 적극 관여하고 참여한다. 그러나 이에 만족하지 않고 암

울한 시기를 살아가야 하는 사람들에게 희망의 메시지를 주고자 나철은 1909년 대종교를 중광하기에 이른다. 그의 이러한 사상과 활동은 실제로 3·1 만세 운동을 비롯하여 상해 임시정부 설립, 대한군정서(大韓軍政署) 결성 등 여러 독립운동의 토대가 됨은 물론이고, 오늘날 대한민국을 이루는 초석이 되었다. 그러한 면에서 그가 어떤 사상에 근거하여 이를 행했는가를 아는 것은 오늘 여기를 사는 우리들에게 매우 중요한 일이 아닐 수 없다.

나철은 단군을 통해 사람들이 정신적인 구심점을 되찾고 이에 근거하여 독립운동의 당위성과 활동을 독려하며 종교인으로서만이 아니라 독립운동의 초석을 놓은 운동가로서, 그리고 민족의 정체성과 자주성을 고취해 나간 사상가로서의 역할을 다한다. 그러한 그의 사상은 신규식(申圭植), 박은식, 신채호는 물론이고 김좌진(金佐鎭), 이범석(李範錫)을 비롯하여 김구(金九)에 이르기까지 수많은 당대 지식인과 젊은이들, 그리고 민중들에게 자신의 삶을 자각하는 계기만이 아니라 사회, 국가, 인류에 대해 각성하는 계기가 된다. 이들 대부분이 대종교인으로서 그와 함께 활동을 하기도 하고, 이후 한국 근대사에 중요한 인물로 역할을 했다는 사실을 통해서도 우리는 그의 영향이 얼마나 지대했는가를 여실히 알 수 있다. 그의 삶의 중요한 연보는 다음 면에서 볼 수 있다.

우리가 여기에서 중요하게 살펴보고자 하는 것은 바로 세 번째 삶, 이런 사상가로서의 나철이다. 도대체 그는 어떤 사유를 하고 어떻게 사람들에게 영향을 미쳤으며, 인고의 시간을 견딜 수 있었을까. 나철에게는 무엇보다도 활동적인 삶과 실천 운동이 중요했지만, 우리는 모든 활동의

홍암 나철 연보

연도	주요 사건
1863. 12. 2	전남 보성군 벌교읍 칠동리에서 나용집의 둘째 아들로 태어남. 본관은 나주 초명은 인영, 호는 홍암, 당호는 일지당이다.
1981. 11. 25	식년시 병과에 합격, 승정원가주서, 승문원 권지부정자 지냄.
1895. 5. 12	징세서장에 임명되었으나 부임하지 않음.
1898	김윤식 제주유배에 동행.
1900	부인 송씨 사망.
1905-1909	4차에 걸친 대일외교항쟁 전개.
1907. 2. 3	자신회 조직.
1907. 3. 25	을사오적 처단 의거.
1907. 7.	10년형 선고, 지도유배 확정, 병보석 석방.
1908. 12.	동경 개평관 숙소에서 대종교 전신인 단군교 영계를 받음.
1909. 1. 15	경동 재동 취운정 아래 초가에서 단군교 중광, 단군교 포명서 발표.
1910. 8. 5	단군교를 대종교로 개칭, 북간도지사 설치.
1911	강화도 마니산 제천단과 평양 숭령전 참배, 『신리대전』 저술.
1912	『삼일신고』 인쇄 반포.
1914. 5. 13	중국 길림성 화룡현 청파호로 대종교 총본사를 이전하여 항일무장투쟁 거점을 확보, 대종교 교단을 4도 교구와 외도 교구 등 5개 교구로 설치하고 정비함.
1915. 1. 14	경성 남도본사로 귀환, 10월 일제 종교통제안 공포, 대종교 탄압.
1916. 8. 15	구월산 삼성사에서 유서를 통해 교통을 김교헌에게 전수하고 순명함.

원동력이 된 그의 사상에 대해 이야기해 보자. 이를 위해서는 물론 대종
교의 경전인 『삼일신고(三一神誥)』와 『신사기(神事記)』, 그리고 「단군교교악
장(檀君敎敎樂章)」과 「단군교포명서(檀君敎佈明書)」 등이 중요하다. 하지만 나

철이 지은 대종교 경전인 『신리대전(神理大全)』과 그가 쓴 예언시나 가족과 지인들에게 쓴 편지글도 중요한 자료가 아닐 수 없다.

3. 그는 민족주의자인가 휴머니스트인가?

그렇다면 나철을 이끈 구체적 사상은 무엇일까. 여기에 대한 보다 심도 있는 분석과 논의는 다음 기회에 하기로 하고, 우선 그에게 늘 따라다니는 민족주의자라는 편협된 시선부터 살펴보자. 우리는 흔히 나철이 구국운동의 일환으로 조직한 결사대나 펼쳤던 독립운동을 보면 그를 민족주의자로만 여기기 쉽다. 과연 그러한가. 그의 헌신과 노력이 단지 자국, 민족이라는 제한된 범위에 머물고만 있는가. 아니면 인간의 생명 그 자체를 중히 여기는 마음에서 서로의 존중과 배려를 함양하기 위한 하나의 방편으로서 자립과 독립을 구한 것인가. 물론 그의 대일투쟁기에는 한국의 자립과 독립을 위한 구국운동을 한 것이 분명하다. 하지만, 대종교의 대표적 경전인 『삼일신고』가 지향하는 천·지·인의 관계가 이를 잘 증명하고 있듯이, 그는 단순히 특정 민족의 이익을 위하기보다는 생명을 존중하는 휴머니즘적 성향을 더 강하게 보인다고 해야 할 것이다. 즉 그의 사상은 생명에 대한 존중에서 동북아의 평화를 넘어 인류의 평화와 번영을 위한 것으로, 서구의 천부인권설이나 만민평등설, 세계평화론 등과도 맥을 같이하는 것을 알 수 있다.

그뿐만 아니라 그가 순명하기 바로 전해인 1915년에 그가 예언한 시라고 하는 아래의 글에서도 보면 휴머니즘 사상이 잘 나타나고 있다. 즉 을유년 8월 보름 일본이 망하고, 소련과 미국이 나라를 남북으로 분단시켜, 공산주의와 외래문화가 민족과 국가를 망치고, 사회주의와 자유주의라는 극한 대립이 세계를 파멸하지만, 마침내 한민족의 선도 문화가 크게 번창하여 모든 대립과 파멸을 막고 홍익인간과 이화세계를 이루기를 바라는 그의 바람을 볼 수 있다.

을유년(1945) 8월 15일에 일본이 패망하고	鳥鷄七七 日落東天
소련과 미국이 나라를 남북으로 분단하도다	黑狼紅猿 分邦南北
공산주의와 외래문화가 민족과 국가를 망치고	狼道猿敎 滅土破國
공산, 자유의 극한 대립이 세계를 파멸할지나	赤靑兩陽 焚蕩世界
마침내 한민족의 선도문화가 크게 번창하여	天山白楊 旭日昇天
대립파멸을 막고 홍익인간 이화세계를 이루리라	食飮赤靑 弘益理化

이 시는 『한국중흥 종교교조론』에 수록되어 있는 것으로 나철이 평소 사람들에게 외우도록 하였다는 것인데, 이것이 비록 종교적 신비주의에 불과하다는 의구심을 떨쳐 낼 수 없다 하여도, 그의 통찰력과 대범함 그리고 비범함만이 아니라 그 의도와 목적이 다름 아닌 국수주의나 민족주의에 있지 않고 홍익인간과 이화세계에 있음을 분명히 밝히고 있다는 점에서 우리는 그의 근본사상에 대해 다시 한번 귀 기울여 보아야 할 것이다.

또한 일본의 한국 지배의 부당함을 일본 지식인에게 알려, 부디 이성적으로 생각하여 조선을 도와달라고 요청한 일이며, 한·중·일 3국이 서로 돕고 협조하며 동양 평화를 추구할 것을 청원한 일, 또 고통당하는 이들을 위해 자진해 붙잡히고 순명의 길을 택한 것 등에서도 그가 궁극적으로 무엇을 중시하는지를 잘 알 수 있다. 그러한 면에서 우리는 그가 단순한 민족주의사라기보다는 인간의 생명을 존중하고 인간 그 자체를 사랑하는 휴머니스트라고 하는 것이 보다 타당할 것이다.

이는 그가 무엇보다도 인간생명을 중시하는 만민애(萬民愛)에 뿌리를 두고 있다는 것을 말해 준다. 딸과 사위를 포함하여 지지자들에게 쓴 다수의 편지글[1]에서도 여실히 드러나듯이, 그는 자신의 영생을 위해 수양하는 종교인이기보다는, 모두가 평등하고 자립적인 삶을 살게 하기 위한 정치적 변혁과 이를 위한 지역과 인류의 평화와 평등을 생각하는, 마음 따뜻한 휴머니즘을 중시한 사상가로 볼 수 있다. 그가 대종교를 중광한 것은 정신적인 면에서 사람들과 공감하고 이행하기 위해 단군을 구심점으로 자신의 생각을 피력해 나가고자 한 것이라 이해해야 마땅할 것이다.

4. 서구의 진화론이냐 새로운 지평융합이냐

일본의 침략에 맞서기 위해 민족의식을 고취하는 방편으로 단군을 중심으로 대종교를 중광한 나철은 바로 이를 통해 독립운동의 발판을 삼아

---

1   지금도 전남 보성에 있는 그의 기념관에는 그가 쓴 글들이 다수 보관, 전시되고 있다.

갔던 것이다. 다시 말해 나철은 '삼일신고'를 비롯한 단군교의 교리를 재정비하면서 마주하는 현실의 난관을 휴머니즘으로 극복하고자 한 사람이다. 그런 의미에서 단군에 대한 재해석을 통해 민족의 정체성 확립과 인류적 보편성을 추구해 가려 한 그는 서구나 자국 어느 한편에서가 아니라 현실적인 문제들 사이에서 서로 다른 두 사상을 지평융합하며 현실에 대응해 간 사상가이다.

그의 이러한 태도는 당시 전 세계 열강들이 떠받들고 있던 서학이나 진보사관보다는 동학의 가치를 현실 상황에 새롭게 이해하고 해석하면서 서학과 동학의 서로 다른 두 가치를 지평융합하는 일에 근간을 두고 있음을 알 수 있다. 바로 이것이 그의 생명력이라 하겠다. 즉 발전된 서구 문물은 받아들이되 정신적 사상은 단군에 토대를 두는 이른바 동도서기적 관점에서 서로 다른 두 사상적 토대를 융합하면서 휴머니즘으로 현실에 대처해 가려 했다는 것을 알 수 있다. 그로 인하여 이전과는 다른, 그리고 다른 나라들과는 다른 한국의 독특한 사상을 새롭게 전개하며 혼란스러운 정국을 새로운 이상사회로 이끌어 가려한 사상가가 바로 나철이라 하겠다.

이처럼 나철은 당시 전 세계를 휩쓸고 있는 진화론이나 사회발전사관이 아닌, 그렇다고 특정 혈통에 맹목적으로 매달린 국수주의나 민족주의도 아닌, 더더욱 특정 정치이념에 매몰된 전체주의도 아닌, 오직 인간을 사랑하는 휴머니즘에 근거하여 서로 다른 사상을 현실에 부합하게 구현하면서 새로운 세상을 실현해 보려고 한 사상가이자 실천가라 하겠다. 그것이 서구나 일본, 중국과 다른, 오늘날까지 한국인이 늘 지향해 온 평화와 생명에 근거한 사유, 삶, 사회, 국가, 인류적 태도이며 꿈과 희망이었다고 하겠다.

이는 나철이 취운정이라는 조그만 정자에서 1909년 오혁(吳赫), 이기, 김윤식, 유근(柳瑾), 김인식(金寅植) 등과 같이 단군의 역사와 내력을 설명하고 단군을 "국조(國祖)를 받들어 민족정기를 세우고 민족 독립을 지키기 위한 나라의 정신으로 삼아야 한다"고 역설하는 까닭이다. 후에 대종교라 교명을 고친 이유도 이와 같은 맥락에서 이야기할 수 있다. 나라가 일본의 침략세력에 짓밟히자 그는 무력이 아닌 민족의식을 고취하는 방편으로 민족 종교를 논하며 출발한다. 나라가 분열되고 혼란할 때마다 '한 조상 아래 같은 민족'이라는 민족정신을 강조하며 단결의 근거로 삼아 왔듯이 나철은 단군을 통해 이를 달리 실현코자 한 것이다.

그러나 다른 한편으로 이는 일본이 한국을 자기들과 같은 형제의 뿌리임을 내세우며 단군과 일본의 천조대신(天照大神)을 같이 받들게 하는 정신적 침탈에 대한 저항이기도 하다. 일본이 민족정신을 말살하려 할 때 나철은 대종교를 통해 이를 저지하려 할 뿐만 아니라 오히려 모든 국민에게 민족정신을 불어넣으려 한 것이다. 그러므로 이는 부정적 의미에서 민족주의가 아닌 현실적 실천 공동체로서, 각기 나라는 그 나라만의 자주성과 주체성을 가진다는 의미에서 민족이고 단군을 말하는 것임을 잊지 말아야 할 것이다. 나철의 민족운동, 독립운동, 구국운동은 모두 여기에서 시발하는 것이다.

그의 이런 생명존중과 평화에 대한 희구는 언제 어디에서 어떻게 형성되었을까. 당시 많은 이들의 유배지이면서도 곡창지대였던 고향에서 배태된 인성과, 어려서부터 서당에서 익힌 학문과 지인들과의 정신적 교류 위에서 1894년 동학농민전쟁으로 나라가 시끄러울 때에 청년기를 맞았던 그, 그리고 바로 그의 신분이 역사 기록을 담당하는 주서(注書)였음을 우리는 유심하게 보아야 하리라.

나라 돌아가는 상황을 누구보다도 뼈저리게 느낄 수밖에 없었던 나철은 인재들을 규합하고 구국에 나선다. 이때 강진 출신의 오혁과 부안 출신의 이기 등을 만난 것이 그에게 큰 힘으로 작용한다. 1904년 러일전쟁 뒤 일본의 침략이 본격화되자 나철은 동지들과 일본으로 건너가 일본의 지식인들에게 이성적으로 동양 평화를 위해 두 민족이 서로 공존하며 각기 주권을 존중할 것을 주창한다. 그러나 나라의 외교권이 일본에 넘어가 국가의 주권을 잃은 반식민지 상태에서는 이성적이고 외교적인 방법으로는 한계가 있음을 인지한 나철은 부득이하게 무력항쟁의 필요성을 절감한다. 그리하여 그는 을사조약에 도장을 찍은 박제순, 이완용, 권중현을 비롯한 나라를 팔아먹은 5적을 민족의 이름으로 응징하기 위해 오혁, 김인식 등과 함께 감사의용단(敢死義勇團)을 조직하기에 이른다. 그러나 동지들이 구금되고 어려움에 처하자 나철은 희생을 줄이기 위해 자수한다. 이로 인하여 10년의 유배형을 받으나 다행히 5개월 뒤에 특사로 풀려난 나철은 오혁과 다시 새로운 계획, 즉 일본 지식인과 손을 잡고 일본의 이성에 또 한 번 호소하는 계획을 세운다. 하지만 결과가 크게 다르지 않자 나철은 재차 새로운 투쟁의 전환을 모색하며 대종교의 전신인 단군교를 선포한다. 그리고 이를 서일(徐一), 여준(呂準), 조성환, 신규식 등 많은 청장년의 민족지사와 독립투사들을 규합하여 큰 힘을 발휘하는 단체로 키워 갔던 것이다.

　때문에 일본은 대종교를 종교단체로 보지 않고 민족독립단체로 여기면서 점점 더 심한 탄압을 가하는바, 집회도, 자금도, 회원도 철저히 감시당하며 어려움에 처한 나철은 또다시 새로운 전기를 마련할 필요성을 느끼고, 단군의 유적이 있는 황해도 구월산으로 옮아간다. 그곳에서 단식을 하며 깊은 성찰의 시간을 통해 재충전의 시간을 가진 나철은 결국 제자들에게 독립에 헌신할 것을 당부하고 스스로 숨을 조정하는 순명을 선택한다. 이때가 나철의 나이 49세인 1916년이다. 나철은 그의 바람대로 단군이 활동하던 무대이자, 고구려의 땅이었던 북간도의 청파호 옆 백두산 가는 길가에 묻혔다.

　그의 죽음은 많은 이들에게 충격을 주었다. 나철이 죽자, 대종교는 본부를 서울에서 만주 북간도로 옮긴다. 그리고 그곳에서 그의 유지에 따라 독립운동에 새로운 전기를 마련한다. 본격적으로 군사를 길러 무력항쟁을 전개했을 뿐만 아니라, 민족 교육도 게을리하지 않았다. 이시영, 김규식, 조성환 등 대종교 회원을 중심으로 한 대한군정서를 통해 독립운동을 활발하게 전개해 나갔을 뿐만 아니라 서일, 여준 등의 대종교의 지도자가 중심이 되어 1918년 3·1운동 이전에 최초로 독립선언서를 발표하기도 하고, 1920년에는 대종교도인 김좌진, 이범석 등이 홍범도와 연합해 청산리전투에서 빛나는 승리를 거두기도 한다. 그리고 상해에서는 대종교 지도자인 신규식, 박은식, 신채호 등이 프랑스 조계를 근거지로 삼아 상해 임시정부의 토대를 마련하기도 하였으며, 김구, 조소앙, 박찬익 등의 대종교 교도들이 임시정부에 참여하여 국정활동을 이끌기도 한다. 광복 후에도 정치적인 논쟁과 문제 등으로 미미하기는 하지만 이시영 등이 민족의 독립과 대종교의 중흥, 그리고 교육 활동을 이어 가고자 애쓴다.

5. 지금도 우리는 여전히 묻는다

단군을 통해 민족정신을 함양하고 민족독립을 쟁취하기 위해 자신의 삶을 온전히 헌신한 나철, 이런 정신을 이어받아 항일투쟁을 벌였던 많은 독립투사들이 생존해 있다면 단군을 모시는 일이 우상숭배라고 반대하는 오늘날의 일부 종교인들에게 대해 뭐라고 할까? 우리는 나철을 비롯한 최제우, 최시형, 이돈화, 김기전, 이기, 서일, 신채호, 이회영, 박은식, 전병훈, 박종홍, 함석헌, 신남철, 박치우로 이어지는 많은 이 땅의 의인들에게 빚을 지고 있다. 그리고 이들 모두 나철에게 일정한 선이 닿아 있다. 그럼에도 국내 안팎의 상황 속에서 불온하거나 급진적이라는 이유로 전승되지 못한 우리의 사상, 나철의 사상에 대해 이제는 우리도 당당히 묻고 답할 수 있어야 하리라.

우리는 정말 자유독립국가인가. 이런 불행의 역사를 되풀이하지 않으려면 우리는 그동안 망각하고 있던 이들의 조용한 외침에 귀 기울여 보아야 하지 않겠는가. 그들이 몸소 실천하며 증명해 낸 사상이야말로 역사의 굴곡을 넘어, 보다 희망찬 세계를 열어 가는 지표와 방향을 일러 주는 이정표가 되었음을 우리는 상기해야 한다. 사라져 버린 자연과 인간의 관계를 우주적 연대성에서 새롭게 정립하고, 민족의 자주성과 개인의 평등한 자유를 역사와 사회에 구현해 온 이들에게 지금 여기를 사는 우리가 다시 물을 수 있어야 우리도 마주하는 현실 앞에서 책임 있는 삶과 시대를 열어 갈 수 있지 않겠는가.

지금까지 토의의 대상조차도 되지 못했던 이들 사상에 천천히 다가감으로, 그동안 커다란 빈틈으로 남아 있던 한국 근대사상사에 일보전진을 하기 위해서는 나철을 빼놓아서는 안 되리라. 그래야만 개화기에서부터 일제, 그리고 6·25 전쟁으로 이어진 분단 현실을 제대로 기술할 수 있다. 이제 우리도 역사적 현실에 맞서, 많은 이들이 고뇌하고 분투하며 민족과 인류애에 헌신한 과정과 결과물들을 우리 삶의 공간 안에 풀어 놓아야 하리라. 단순히 종교인으로서, 운동가로서가 아니라 깊고 넓은 사유의 정점을 함축하고 있는 나철을 기술해야 하는 당위성이 여기에 있다.

참고자료

『삼일신고(三一神誥)』

『신단실기(神檀實紀)』

『신리대전(神理大全)』

김동환(2004), 「국학과 홍암 나철에 대한 연구」, 『국학연구』 9, 국학연구소.

김삼웅(2005), 『종교, 근대의 길을 묻다』, 인물과 사상사.

대종교종경종사편수위원회(1971), 『대종교 중광 육십 년사』, 대종교총본사.

박성수(2003), 『나철: 독립운동의 아버지』, 북캠프.

박환(1992), 『나철·김교헌·윤세복 — 근대인물 한국사 305』, 동아일보사.

신운용(2015), 「홍암 나철 연구 100년의 성과와 과제」, 『국학연구』 19.

이승호(2015), 「홍암 나철과 한국철학 — 『신리대전』에 대한 철학적 소고」, 『국학연구』 19, 국학연구소.

한국철학사상연구회(2018), 『길 위의 우리 철학』, 메멘토.

mbc 창사 52주년 특집 프로그램 〈홍암 나철, 백 년의 유산〉(2016)

홍암 나철 대종사: 대종교 홈페이지(http://www.daejonggyo.or.kr/modules/board/bd_view.html?no=10&id=man1&or=bd_order&al=asc&p=3)

개화사상의 씨앗을 뿌리다,

서재필

서동은

경희대학교 후마니타스 칼리지

1. 들어가며

19세기 말 서세동점 시기에 조선의 선각자 서재필(徐載弼, 1864-1951)은 서양 근대과학 및 그에 기초한 서양 계몽사상의 가치를 조선에서 구체적으로 실현하고자 했다. 당시 19세기 후반 동아시아는 물론 조선에는 크게 척사론, 동도서기론, 그리고 문명개화론 등 세 가지 입장이 있었는데, 서재필은 이 중에 문명개화론자에 해당한다고 볼 수 있다.[1] 서재필은 당시에 서양 계몽주의 전통을 중심에 놓고 그 관점에서 한국 사회를 바꾸려 했다고 볼 수 있다. 갑신정변 시기만 해도 서재필은 서양의 군사기술을 배우고, 위로부터의 개혁을 먼저 시도하여 이를 구심점으로 나라를 점차 근대화시킬 수 있다고 생각하였다. 이때 서재필은 김옥균의 영향을 강력하게 받았다. 그런데 갑신정변 실패 후에 미국으로 갔다가 다시 돌아왔을 때 서재필은 위로부터의 개혁뿐 아니라, 아래로부터 개혁, 즉 백

---

1 중국의 근대 수용과 관련된 리쩌허우의 체계적인 논의는 동아시아의 근대 수용의 과정을 그대로 보여 주고 있다고 해도 과언이 아닐 것이다. 이에 대해서는 다음의 책을 참조. 리쩌허우(2005), 『중국 근대 사상사론』, 임춘성 역, 한길사.

성이 깨어야 민주주의가 가능하다는 새로운 생각을 했다.

이때는 갑신정변 시기와 달리, 백성을 신뢰한 상태에서 백성의 힘으로 민주주의가 가능해질 것이라고 생각했다. 즉 위로부터의 혁명을 통한 개혁의 관점에서 백성들이 깨우쳐서 스스로 개혁을 완수할 수 있다는 입장으로 돌아선 것이다. 이때 서재필은 신문을 통해 가능할 것이라고 생각했다. 이러한 관점에서 그가 순한글로 된 『독립신문』을 창간해서 백성을 깨우치고자 했던 것은 그의 미국에서의 경험을 배경으로 한 것이라 볼 수 있다.[2] 신문을 통한 개혁도 잠시, 서재필은 『독립신문』을 발행하다가 미국으로 건너간다. 이후 다시 한국을 방문하게 되는데, 당시 미 군정 시기 하지(J. R. Hodge)의 고문 자격으로 방문하게 된다.

2. 갑신정변 시기의 서재필의 사상

1935년 1월, 2회에 걸쳐 『동아일보』에 연재된 서재필의 갑신정변 회고담을 보면, 서재필이 김옥균의 영향을 많이 받았고, 그의 생각에 따라 조선이 청나라에 의존하지 않고, '독립'해야 한다는 사실을 자각하게 되었음을 알 수 있다. 일본에 가서 사관학교교육을 받은 것도 김옥균의 추천으로 이루어진 것이었다. 이 당시 김옥균에서 받은 영향은, 청나라로부터 독립하기 위해서는 서양 근대문명을 받아들인 일본의 신식 군사교육

---

2 서재필기념회 편집부(2003), 『서재필과 그 시대』, 서재필기념회, 557쪽 참조.

을 받는 것이 필연적이라고 보았다. 당시 일본 지식인들은 이를 기꺼이 받아들였고, 거의 2년여에 걸쳐 일본이 개발한 총을 다루는 기술을 배웠고, 조선에 돌아와 고종 앞에서 열병식을 보이기도 했다고 한다. 나라를 위해 청운의 꿈을 안고 일본 유학을 다녀왔건만, 서재필이 보기에 당시 고종 주변에는 한국의 근대화를 방해하는 사람들이 많았다. 이에 김옥균이 이끄는 정변에 가담했지만, 3일 만에 실패하고 말았다.

서재필은 회고록에서 영국의 귀족들이 왕에게 대헌장[magna carta]에 서명하게 한 것과 일본의 메이지유신 초기의 과정을 모델로 하여 갑신정변을 일으켰다고 말하고 있다. 이때 서재필의 주된 관심사는 서양 근대화의 모델인 영국과 일본을 모범으로 삼아 조선의 근대화를 꾀하는 일이었다. 서재필이 당시 서양 사정에 대해서 어떤 경로를 통해 얼마만큼 알고 있었는지 모르겠지만, 김옥균이 일본에서 경험한 것과 자신이 군사교육을 받는 동안 일본에서의 2년여의 유학기간, 즉 후쿠자와 유키치가 세운 경응의숙(현재 게이오대학)에서 얻은 지식이었을 가능성이 크다. 그렇다면 우리는 자연스럽게 후쿠자와 유키치의 개화사상의 영향을 강하게 받았다고 말할 수 있을 것이다.[3] 갑신정변을 회고하면서 서재필은 정변 실패의 이유를 두 가지로 들고 있다. 하나는 정변에 대한 일반 민중의 이해 부족이고, 다른 하나는 외세에 의존하여 개혁을 시도하려 했다는 점이다.

---

3 여기서 상론할 수는 없지만, 후쿠자와 유키치의 생각은 서양 열강의 세력에 대한 위기의식에서 나온 것이라고 말할 수 있다. 그는 『서양 사정』, 『문명론의 개략』, 『학문의 권유』 및 『지지신보』라는 신문 발행을 통해 서양 사정을 알리고 일본 국민들을 계몽했던 계몽사상가이다.

서재필의 이러한 비판적 반성은 이후 그의 활동을 이해하는 데 중요한 기준점을 제공한다. 잘 알고 있듯이 이후 서재필은 『독립신문』의 발행을 통한 민중계몽과 자주독립을 강조했기 때문이다. 한편으로 보면 서재필은 갑신정변 시기에 가졌던 자신의 근대화 기획의 연장선상에서 서양 기술문명 및 정신문명을 수용하려 했다고도 볼 수 있다. 물론 이때 김옥균이 서재필에 미친 영향은 서양의 기술과 부국강병의 측면만 있는 것이 아니었다. 민중교육의 측면에 대해서도 관심을 가지고 있었다.[4] 다만 초기에는 이러한 측면을 생각할 여력이 없었을 뿐이다. 이에 대한 강조는 미국 생활 이후 한국에 돌아와 『독립신문』을 간행하면서 구체화된다. 그는 당시 배재학당에서의 강연을 통해 독립협회를 결성하고, 만민공동회를 결성하는 등 미국식 토의 민주주의를 조선에 정착시키려고 했다. 미국에서 서재필은 일본을 통해서 듣던 서양 근대문명을 직접 눈으로 체험하였을 것이고, 더 확신을 가지고 조선을 위한 자신의 역할을 수행할 수 있었을 것이다.[5]

서재필은 『독립신문』을 발간하여 사람들이 서로 소통하게 하고, 토론

---

4 서재필기념회 편집부(2014), 『민족을 위한 '희망의 씨앗'을 뿌리다: 선각자 서재필』, 기파랑, 43쪽 참조.

5 한편 서재필과 관계없이, 한국에서의 근대화는 군사기술을 배우고, 메이지유신을 모델로 하여 경제 발전을 이루는 방식으로 진행되어야 한다는 생각이 있었는데, 이는 일본군 장교였던 박정희의 유신 통치에서 구체화되었다고 할 수 있다. 사상사적 맥락으로 보면, 박정희의 유신 통치는 일본의 메이지유신과 한국의 갑신정변의 맥을 잇는 일면적 근대화라고 할 수 있다. 오늘 한국은 이러한 방향의 경제 발전 측면에서 괄목할 만한 성과를 이루었다. 하지만 이 과정에서 민주주의 가치는 훼손되었다. 이 부정적인 측면은 한국이 심층 근대화를 통해 더욱 발전시켜 나가야 할 과제라고 할 수 있다. 심층 근대화의 측면에서 볼 때 『독립신문』과 독립협회를 통한 서재필의 영향은 빼놓을 수 없는 중요한 부분을 차지한다.

하게 하며, 정부를 비판할 뿐만 아니라, 세계정세를 알려 주어, 한국의 민중들이 세계 속의 조선을 자각하게 하고, 민주주의를 가능하게 만들 토대를 제공했다. 서재필이 초기에 주장한 '위로부터의 개혁'은 영국이나 일본을 모델로 한 것이라고 한다면, 『독립신문』 발행과 미 군정기 고문 활동 시기에 펼친 개화사상은 미국에서 경험한 민주주의 체험이 반영된 것이라 볼 수 있다. 이후 한국 근대사를 관통하는 한국의 시민 민주주의 전통은 서재필에 의해서 소개된 미국의 민주주의 전통과 깊은 연관이 있다.

3. 『독립신문』에 나타난 서재필의 개화사상

서재필이 『독립신문』 창간호에서 언급한 것 가운데 중요한 부분은 정부와 국민의 상호 소통이다. 이는 서재필이 갑신정변의 실패를 반성했던 요소 가운데 하나였다. 그는 국민의 마음속에 불신과 의심이 있음을 보고 그 어떤 나라도 국민의 협조가 없으면 번영과 발전을 기대할 수 없다고 보았다. 이 문제를 해결하기 위해 시급하다고 생각한 것이 국민교육과 계몽이었고, 우선 쉽고 빠르게 실천할 수 있는 것이 신문을 통한 소통의 과정이었다. 서재필은 『독립신문』을 한문 대신 국문으로 발행하는 이유를 밝히고 있다. 바로 상하 귀천이 없이 모두 쉽게 읽을 수 있도록 하기 위해서였다. 『독립신문』을 통해 만들어진 또 다른 의미 있는 사건은 독립협회의 결성이다. 독립협회는 『독립협회회보』를 발행하여 여론을 환기시키고 조성하였다. 협회는 회원들에게 회의 진행법과 연설법, 그리고 다수결 원칙 및 효과적인 의사 표현 방법을 가르치고 근대시민을 양성하였다.[6]

당시 서재필의 개화사상의 핵심은 이 세 가지로 압축되는데, 이는 서재필이 갑신정변의 주역이었다가 삼일천하로 끝나 미국으로 망명한 여정과 연관이 된다. 그는 정부 주도의 혁명이나 개혁으로는 성공할 수 없고, 아래로부터 국민들이 스스로 깨쳐 개화에 이르지 않으면, 진정한 혁명은 달성될 수 없다고 보았다. 또한 정부 관료들도 스스로 배우지 않으면 안 된다고 생각하였다. 그가 말하고자 하는 것은 정부가 개혁을 하고 혁명을 하려 해도 무지한 국민들이 이해하지 못하고 반대를 하면 제대로 된 혁명을 할 수가 없게 된다. 따라서 개혁을 하려면 정부는 정부대로 자

---

6 이광린은 이때 서재필의 개화사상을 기존의 개화사상과 달리 아래로부터의 개화사상으로 규정하고, 그 내용을 세 가지로 분류한다. 하나는 실용적 학문의 습득, 천부인권과 법치주의로 요약된다. 학문의 습득이 사서삼경이 아니라 구체적인 결과를 내서 그것으로 사람들이 먹고 살 수 있게 해 줘야 한다는 것이다. 이때 서재필이 말하는 학문은 실용적인 학문인데, 이는 유학의 한계를 극복하고자 하는 실학의 차원과는 다른 것이다. 이와 비슷한 관점에서 일본의 후쿠자와 유키치도 유학을 비판한다[丸山眞男(2015), 『福澤諭吉の哲學』, 松澤弘陽 編, 岩波文庫, 7-35쪽 참조]. 미야지마 히로시[宮嶋博史]는 마루야마 마사오[丸山眞男]의 후쿠자와 해석에 한계가 있음을 지적한다. 이외에도 그는 후쿠자와의 탈아론이 갑신정변 이후 한국과 중국에 대한 실망에서 나온 것이라고 보기보다는 이미 처음부터 중국과 한국의 유교에 대한 잘못된 인식에서 비롯된 당연한 귀결로 본다. "후쿠자와가 1885년에 발표한 『탈아론』은 지금까지 검토해 온 그의 유교인식, 중국·한국 인식의 필연적인 귀결이었다. 즉 『탈아론』을 계기로 그의 입장이 바뀐 것이 아니라, 그가 독선적으로 생각했던 조선 개혁 구상이 좌절됨으로써(갑신정변이 실패), 한국 중국과의 먼 거리를 실감한 결과가 『탈아론』으로 나타났다고 봐야 된다"[미야지마 히로시(2012), 「후쿠자와 유키치의 유교인식」, 『한국실학연구』 23, 한국실학학회, 405쪽]. 이와는 달리 다카시로 고이치는 후쿠자와의 탈아론이 갑신정변 이후에 나온 태도라고 본다[高城幸一(2002), 「甲申政變前後の福澤諭吉の中國認識」, 『日語日文學研究』 43, 한국일어일문학회, 394-395쪽 참조].

신들의 정책을 알려서 국민들이 스스로 이해하고 납득하도록 해야 한다. 이 과정을 가능하게 하는 것이 『독립신문』의 창간이었고, 독립협회의 설립이었다. 이를 통해 서재필은 한국이 독립된 개인에 의한 독립된 국가로 우뚝 서기를 희망했다.[7] 그러나 이것도 잠시, 서재필은 다시 미국으로 건너갔고, 이후 한국은 일본의 식민지로 전락한다. 서재필은 1919년 조국에서 3·1운동이 일어나자 필라델피아에서 한인연합회의를 개최하고 한국홍보국을 설치했으며 영문잡지 『한국평론』을 발간했다. 조선이 해방된 후, 서재필은 1947년 미 군정의 초청으로 미군사령관 한국 문제 최고 고문으로 오게 된다.

4. 해방 이후 서재필의 활동

1947년에 돌아온 후 1년 2개월 동안 서재필은 새로운 국가의 수립을 위해 봉사했다. 백학순은 서재필이 해방 이후 미 군정 시절 고문 자격으로 한국에 일시 귀국하여 전개했던 활동과 이전에 『독립신문』을 창간하여 했던 활동에 큰 차이가 없음을 주목하고 있다.

---

7 이광린(1978), 「서재필의 개화사상」, 『동방학지』 18, 연세대학교 국학연구원, 19쪽 참조. 김영희는 서재필의 언론사상이 크게 정보제공, 비평, 공론 조성, 교육 계몽에 있었다고 본다[김영희(1996), 《독립신문》 발행주체의 언론사상」, 『언론과 사회』 14, 언론과 사회, 54쪽]. 그러면서도 백성들을 계몽의 주체로 보기보다는 계몽의 대상이라고 본 점에서 한계가 있다고 본다. 김영희역시 서재필이 생각한 언론의 자유나 민주주의 이념은 그가 미국 고등학교 시절 배운 인문교육의 영향으로 보고, 미국을 모델로 한 개화라고 주장하고 있다.

서재필의 이러한 말은 서재필이 해방 후 귀국하여 해야 할 일이 19세기 말에 귀국해야 했던 일과 크게 다르지 않았다는 것을 상징적으로 말해 준다. 이미 자세히 살펴보았다시피, 서재필은 해방정국에서 개혁, 자유, 자주, 자결 및 독립국가 건설, 주권재민, 민주주의, 민주주의 정당, 생존권 확보와 자립경제 건설, 민족단결 및 통일 정부 수립, 외국(미국)과의 대외관계 등에 대해 자주적이고 민주적이며 또한 도덕적이면서도 실질적인 주장과 활동을 하였다. 이는 기본적으로 한 말에 그가 하고자 했던 일이나 해방 후 그가 하고자 했던 일이 여러 면에서 큰 차이가 없었음을 나타내며, 이는 또한 서재필의 일관성을 나타내 주는 것이다. 그러나 다른 한편 이는 우리 민족과 우리나라의 형편이 19세기 말이나 반세기가 지난 20세기 중엽이나 큰 차이가 없는 상황이었음을 반증하는 것이기도 하다.[8]

해방정국에서 서재필은 남북한이 통일 한반도에서의 민주적인 자주 독립국가가 되도록 노력하였다. 『독립신문』을 통해서 드러난 주권재민 사상은 이때도 여전히 강조되고 있다. 이러한 주권재민 사상은 그가 미국에 가서 배운 것이기도 하겠지만, 그전에 일본에서 받은 후쿠자와 유키치의 영향으로도 보인다. 후쿠자와 유키치는 『학문의 권장』에서 "하늘은 사람 위에 사람을 만들지 않고, 사람 아래 사람을 만들지 않았다"고 주장한 바 있다. 그의 이러한 사상은 누구보다도 링컨(A. Lincoln)의 게티

---

8 서재필기념회 편집부(2003), 『서재필과 그 시대』, 서재필기념회, 526쪽 참조.

즈버그 연설(Gettysburg Speech)에서 영향을 받은 듯하다. 서재필은 링컨의 유명한 말인 '국민을 위한, 국민에 의한, 국민의 정치'가 해방된 한반도에 실현되기를 희망했다.[9] 이때 그는 라디오 연설 등을 통해 새로운 국가의 모습을 만들어 가는 데 노력을 아끼지 않았다. 1950년 6·25 전쟁이 발발하자, 이를 끝낼 수 있다면 평양, 서울, 워싱턴, 모스크바, 베이징 어디든 갈 수 있다는 의지를

_____ 서재필

표명했다. 서재필은 6·25 전쟁 중이던 1951년 1월 5일 필라델피아 근교 노리스타운에 있는 몽고메리 병원에서 파란만장한 일생을 마감했다. 이때 그의 나의 87세였다. 당시 펜실베이니아에서 발행되던 『미디어 뉴스(The Media News)』는 서재필의 일생을 사설로써 추모했다고 한다. 그 내용은 다음과 같다.

> 서재필 씨의 생애는 그의 조국과 귀화한 나라의 자유와 정의구현을 위한 정열로 점철되어 왔다. 그와 같은 의미에서 그는 여러 나라의 역사상, 요란했으나 이기적 권력욕을 위해 행동했던 인물들과 달랐고, 국

---

9 서재필기념회 편집부(2014), 『선각자 서재필: 민족을 위한 '희망의 씨앗'을 뿌리다』, 기파랑, 184쪽 참조.

민들을 억압하는 정부 제도에 반대했다.[10]

5. 서재필의 개화사상에 나타난 서양철학적 요소

서재필은 개화사상가, 독립운동가, 민주와 통일, 민생과 자립경제, 산업 발전을 위해 애쓴 한국 근대사의 선각자였다. 그의 이러한 활동을 가능하게 했던 사상적 토대는 서양 근대에 발전된 계몽사상의 전통, 즉 주권재민, 사회계약, 과학에 기초한 미신타파 등과 같은 서양철학적 전통이었다. 그가 어떤 책을 읽고 어떤 영향을 받았으며 그것을 어떻게 구체적으로 실천하려고 하였는지에 대한 연구 자료는 그다지 많지 않다. 다만 우리는 그의 삶 속에 나타난 활동을 통해 그에게 영향을 준 당시의 철학을 유추해 볼 수밖에 없다.

서재필의 『독립신문』을 통한 한글신문 발행[11]은 일본이 번역소를 설립하여 새로운 번역어를 만드는 과정에 비유할 수 있다. 일본 지식인들은 중국 고전 문헌에 나오는 한자어로 영어의 civilization을 文明(문명)이라고 번역했지만, 그 실질적인 모델은 서양이었다. 이는 그리스어와 라틴어에서 벗어나 독일어 및 프랑스어로 글을 쓰고 소통하려고 시도했던 서양의 근대화 과정과도 유사하다. 종교 개혁이 가능해진 것도 루터의 성서번

---

10 서재필기념회 편집부(2014), 같은 책, 214쪽.
11 물론 서재필은 국내 사정을 세계에 알리기 위해 영문신문을 발행하기도 하였다.

역, 즉 그리스어에서 독일어로의 번역과 밀접한 연관이 있다. 이렇게 보면 서양의 계몽 전통이나 동아시아의 계몽과 근대는 크게 보아 '번역의 사건'이라고 말할 수 있을 것이다. 그리고 이때 번역의 기준과 모델은 근대 뉴턴 이후에 대두된 자연과학적 전통과 합리성이다.

서재필은 과학 혹은 과학적 사유를 기초로 하여 사회, 경제, 문화 등 전 분야가 바뀌는 것이 곧 문명이며, 누구나 객관적이고 합리적인 판단이 가능한 입장에 설 수 있다고 보았고, 이러한 가능성을 언론을 통해 전달하려고 했다. 비록 그 적용의 시대와 방식에는 서구 근대화 및 일본의 근대화 과정과 차이가 있지만, 그 근본 틀에서는 구조적으로 유사하다. 그런데 특이한 점은 서양 근대 계몽주의가 미성숙으로부터의 탈피, 곧 중세 기독교적 세계관에서의 탈피라는 성격이 강했는데, 이와 비슷하게 서재필도 『독립신문』에서 미신에 대한 비판을 하지만, 서구 계몽주의 전통에서 보이는 기독교 자체에 대한 비판은 거의 없다. 그는 오히려 교회를 한국 사회에서 계몽정신을 전파할 중요한 발판으로 활용한다.

서양이 이성을 중심에 놓고 새로운 세계로 나아가려고 하는 과정에서 제국주의와 식민주의 지배를 정당화했고, 그 과정에서 동아시아는 이러한 서양의 일방적 시선을 받아들여 개화해야 한다고 생각했으며, 이를 받아들이는 것을 곧 문명으로의 길, 독립으로의 길이라고 생각했다. 서재필도 마찬가지다. 그가 처음에 생각했던 독립은 서양에서는 영국, 동양에서는 일본을 모델로 한, 청나라로부터의 독립의 성격이 강했지만, 이후에는 미국의 민주주의를 모델로 한 자주적인 민주주의 국가 수립이 모든 나라가 추구해야 할 독립이라고 생각했다. 서재필의 개화사상은 오늘날 우리 사회를 진지하게 성찰할 수 있는 관점을 제공해 준다. 우리는 서양 근대가 가져다준 문명의 혜택을 누리며 그 한복판에 살고 있다. 마찬가지로 우리는 서재필에 의해서 소개된 서양 계몽주의 정신의 산물인 근대 민주주의 유산 속에서 살고 있다.

다만 당시 서재필은 서양의 계몽사상과 '거리 두기'가 불가능했던 것으로 보인다. 오늘 우리는 근대 계몽주의의 '도구적 이성'이 가진 한계를 알고, 근대 이후(post-mordern)을 지나 근대적 인간 이해의 틀을 넘어서는, 인간과 기계가 공존하는 포스트휴먼(post-human) 시대를 살고 있다. 바로 이러한 사정 때문에 우리는 서재필과 달리 서양 근대와 '거리 두기'가 어느 정도 가능해진 시대에 살고 있다. 그래서 또한 서양 근대문명 및 서재필의 개화사상이 가지는 그 역사적 의미와 한계도 조망할 수 있는 여유가 생겼다. 이 의미와 한계를 찾는 과정에서 우리는 한발 더 나아가야 할 것이다.

김영희(1996), 「《독립신문》 발행주체의 언론사상」, 『언론과 사회』 14, 언론과 사회, 1996.

리쩌허우(2005), 『중국 근대 사상사론』, 임춘성 역, 한길사.

미야지마 히로시(2012), 「후쿠자와 유키치의 유교인식」, 『한국실학연구』 23, 한국실학
학회.

서재필기념회 편집부(2003), 『서재필과 그 시대』, 서재필기념회.

서재필기념회 편집부(2014), 『선각자 서재필: 민족을 위한 '희망의 씨앗'을 뿌리다』, 기
파랑.

이광린(1978), 「서재필의 개화사상」, 『동방학지』 18, 연세대학교 국학연구원.

高城辛一(2002), 「甲申政變前後の福澤諭吉の中國認識」, 『日語日文學研究』 43, 한국일어일문
학회.

丸山眞男(2015), 『福澤諭吉の哲學』, 松澤弘陽 編, 岩波文庫.

국어문법을 완성하는 길,

주시경

김병문
연세대학교 근대한국학연구소

1. 주시경의 삶과 학문: 어릿광대의 꿈

1906년 주시경(周時經, 1876-1914)은 『국문강의』라는 첫 저서를 낸다. 우리말의 자음과 모음에는 어떤 것들이 있고, '국문'으로 그것을 어떻게 적어야 하는가 하는 점들을 주로 다룬 이 책의 발문에서 그는 "나는 다만 국문의 한 어릿광대 노릇이나 하고자 하는 것이니, 고명하신 분들이 앞으로 말과 글을 연구하고 수정하시어 좋은 도구로 만들어 주시기를 기대한다"고 했다. 그랬다. 그가 바랐던 것은 그저 '국문의 어릿광대'일 뿐이었다. 아무도 관심을 갖지 않는 '국문', '고명하신 분들'에게는 더욱더 외면당하던 '국문'이 자신의 어릿광대짓으로나마 그분들의 관심을 끌게 된다면, 그리하여 전문적인 연구가 이루어지는 계기가 된다면 그것으로 자신은 족하다는 것이다. '국문의 어릿광대 노릇이나 하겠다'는 주시경의 말은, 그저 겸손을 표하려는 것이 전혀 아니다. 아마 그는 후대의 사람들에게 자신이 '국어 연구의 선구자'로 평가받게 될지는 꿈에도 생각지 못했을 것이다.

1876년부터 1914년까지, 서른여덟 해를 살다 간 그는 제자들과 의기

투합한 마지막 4, 5년을 제외하고는 늘 외로웠다. 공부에 대한 열망이 강했으나 가난은 그를 호구지책으로 내몰았고, 그때마다 번번이 좌절했으며, 본격적으로 '국문'을 연구하면서부터는 그의 독특한 이론을 이해하는 이가 드물었다. 눈에 띄는 그의 첫 이력은 1894년 배재학당 입학이다. 그러나 이듬해 바로 그만두고 인천의 이운학교라는 곳에서 항해술을 배우기 시작했다. 하지만 다음 해 3월, 학교가 문을 닫아 뜻을 이루지 못하고 다시 배재학당에 입학, 학업을 하는 동시에 배재학당에서 세운 삼문출판사의 인쇄소에서 일을 하게 되는데 이때 '국문'에 대한 관심이 싹튼 것으로 보인다. 이를 계기로 『독립신문』에서 교열 일을 맡게 되는데 1897년에는 이 신문에 '국문론'이라는 글을 발표하고, 독립협회 위원으로도 활동하게 된다. 1900년에는 흥화학교 양지과에서 측량술을 배우는데, 이역시 신통한 결과를 얻지는 못한다.

그런데 늘 호구지책을 찾아다니던 주시경은 측량술을 배우던 무렵 서양인들에게 우리말을 가르치는 일을 하게 된다. 1905년까지 이어진 이한국어 교습은 이후 그가 '국어' 연구자로 나서게 되는 결정적인 계기가 된 것으로 보인다. 국어와 국문에 대한 전문적인 저술이나 활동은 모두 이 이후에 이루어지는 것이기 때문이다. 실제로 서양인 대상의 한국어 교습을 그만둔 1905년부터 주시경은 상동청년학원 등 서울 시내의 각급 학교에서 '국문문법'을 가르치게 되고 그 강습의 결과로 위에서 언급한 『국문강의』라는 첫 저서를 내놓게 된다. 거기다가 1907년에는 학부에 설치된 국문연구소의 연구위원으로 활동하게 된다. 글자의 정리와 표기법의 확정을 꾀했던 이 연구소에서 주시경은 단연 두각을 나타낸다.

이 시기 그는 국어강습소를 운영하고 학회를 조직하며 동조자들을 모으게 된다. 강습소는 2달 정도의 단기과정으로 출발했다가 1년제로, 나중에는 3년제로 확대되는데, 이 강습소 제자들이 바로 김두봉, 최현배, 신명균, 권덕기, 이병기, 정열모 같은 이들이다. 1910년에 펴낸 『국어문법』은 바로 이 제자들과 더불어 새로운 꿈을 꾸던 시절 그들과 함께 쓴 책이다. 지금까지 남아 있는 이 책의 검열본에는 네다섯 명의 필체가 나타나는데, 아마도 이 시기 주시경이 더는 혼자가 아니고 든든한 동지들과 함께하고 있었음을 보여 주는 단적인 예일 것이다. 그러나 『국어문법』을 출판한 1910년은 이제 막 본격적인 '국어' 연구에 발을 내딛은 이들에게 '국어'라는 말을 더 이상 쓰지 못하게 하는 좌절의 시기이기도 했다. 그의 『국어문법』은 『조선어문법』으로 제목을 바꾸어야만 했고, 국어연구학회는 '조선언문회'로 명칭을 바꾸어야 했다. 그러나 주시경은 굴하지 않고 제자들과 더불어 최남선이 세운 조선광문회에서 최초의 국어사전 『말모이』 편찬에 매진하지만, 결과를 보지 못하고 1914년 '체증(소화기 질환)'으로 유명을 달리한다.

주시경의 생각이 지금의 우리에게 가장 강력하게 영향을 미치는 것은 그의 표기 이론이다. 본래 훈민정음 창제 이후 줄곧 한글의 받침은 'ㄱ, ㄴ, ㄷ, ㄹ, ㅁ, ㅂ, ㅅ, ㅇ' 8개만이 사용되었고 주시경 당대에는 여기서 'ㄷ'마저 쓰이지 않아 실질적으로는 7개의 받침만이 통용되고 있었다. 그러나 주시경은 모든 초성이 다 받침으로 사용될 수 있고 또 그래야 우리말을 제대로 적을 수 있다고 보았다. 예를 들어 지금이라면 '(일을) 맡아 (보다)'라고 할 것은 당시에는 '맛하'라고 적었던 것이다. 받침에 적을

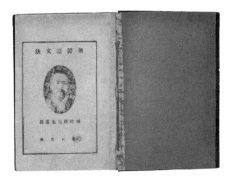

수 있는 글자를 확대하면 '낫'으로밖에는 적을 수 없었던 서로 다른 단어
들을 '낫, 낫, 낮, 낱(말), 낟(알), 낳(다)'로 구별하여 적을 수 있게 되는 것
이다. 이런 표기 방식은 주시경의 당대에는 좀체 인정을 받지 못하다가,
그의 제자들이 중심이 된 조선어학회에서 제정한 「한글마춤법통일안」
(1933)에서 비로소 공인받게 된다.

　주시경의 말년은 조선이 국권을 상실하고 일본의 식민통치를 받게 되
는 시기이다. 1910년에 가까워질수록 그의 글에서 민족주의적 의식이
강렬해지는 것은 그래서일 것이다. 그는 하늘이 구획한 지역에는 그 나
름의 풍토가 있고 그에 따라 거기에 맞는 말과 종족이 만들어진다고 보
았다. 즉 일정한 영토와 언어와 민족이 서로 필연적인 관계에 있다고 본
것이다. 이러한 의식은 서구 유럽의 근대적 언어 인식에서도 곧잘 발견
되는 것인데, 이러한 언어관은 그 언어를 쓰는 사람들에게 강력한 일체
감을 제공하며 그러한 의식이 매우 자연스러운 것처럼 느끼게 한다. 민
족적 위기감이 고조되던 당시에 언어를 매개로 한 이러한 일체감은 매우
소중한 것일 수 있다. 다만, 현재와 같은 다원화사회에서는 그러한 의식

이 타자에 대한 배타성으로 흐르는 상황을 경계해야 할 것이다. 주시경 사후 100년, 변화된 현실에 조응하는 새로운 언어관을 모색하는 것은 남아 있는 우리의 몫일 것이다.

2. 주시경의 글쓰기 전략: 국문 전용과 국한문 혼용의 길항

우리는 흔히 주시경을 '국문/한글 전용론자'라고 기억한다. 이는 물론 해방 이후 '국어 순화 운동' 과정에서 대대적으로 강조된 면이 크지만, 1920-30년대부터 '국문 전용론'은 이미 그의 '전매특허'와 같은 것으로 인식되고 있었다. 그러나 '국문 전용'과 주시경의 관계가 그렇게 간단치만은 않아 보인다. 주시경은 경우에 따라서는 한자를 상당히 많이 사용한 글을 써 내기도 했기 때문이다. 물론 그의 초기 저술, 즉『독립신문』에 실은 2편의「국문론」(1897)과『신학월보(神學月報)』에 실은「말」(1901)은 모두 순국문으로 되어 있다. 또 그의 마지막 저작인『말의 소리』(1914) 역시 한자가 전혀 사용되지 않았다. 이를 놓고 본다면 그를 '국문 전용론자'로 부르는 것이 전혀 어색하지 않다. 그러나 그사이에 발표된 주시경의 많은 저술들이 국한문 혼용으로 씌었다는 사실을 간과해서는 안 된다. 특히 그가 본격적으로 '국문, 국어' 연구 및 활동에 나서는 1906년 이후의 저술들에서 한자 사용의 비중이 점점 높아졌고 1910년의『국어문법』에 와서야 이러한 경향에 변화가 생겼다는 사실을 염두에 둔다면, 그의 글쓰기 전략에서 '순국문' 또는 '국한문 혼용'이 어떠한 의미를 갖고 있는지 살펴보지 않을 수 없는 것이다.

사실 초기 저술에서의 '순국문 글쓰기'를 그의 의도에 의한 것이라고만 볼 수는 없다. 한자를 쓰지 않는 것은 그가 글을 실은 매체의 전략이었기 때문이다. 앞서 든 세 편의 글 중 두 편이 『독립신문』에 실린 것인데 이 신문이 한문을 사용하지 않고 국문만으로 쓸 것을 선언하고 이를 실천한 것은 주지의 사실이다. 그리고 이 '순국문 글쓰기'의 의미는 창간호의 「논셜」에서 그대로 드러난다.

> 우리 신문이 한문은 아니 쓰고 다만 국문토로만 쓰는 거슨 샹하귀쳔이
> 다 보게 홈이라 [⋯] 우리 신문은 빈부귀쳔을 다름업시 이 신문을 보고
> 외국 물졍과 니지 스졍을 알게 ᄒᆞ랴는 쓰시니 남녀 노소 샹하 귀쳔 간에
> 우리 신문을 ᄒᆞ로 걸너 멋돌간 보면 새 지각과 새 학문이 싱길걸 미리
> 아노라
>   — 『독립신문』(1896.4.7)

여기서 주시경은 '상하귀천'과 '빈부귀천' 그리고 '남녀노소'를 막론하고 읽히게 하려는 데 '순국문 글쓰기'의 목적이 있다는 것을 분명히 하고 있다. 이와 같이 '상하, 빈부, 귀천, 남녀, 노소'를 모두 독자층으로 삼고자 했다고는 하나 현실적으로 이 호명에 응답한 이들은 한자에서 배재되었던 '하(下), 빈(貧), 천(賤), 여(女), 소(少)'였고, 결국 '순국문 글쓰기'의 의도와 그 효과는 이들을 공론의 장으로 끌어들이는 것과 매우 밀접한 관계에 있었다. 따라서 주시경의 '국문론' 역시 이러한 『독립신문』의 전략 안

에서 그 의미를 찾을 수 있을 것이다. 이는 기독교 잡지『신학월보』의 경우도 크게 다르지 않았을 것이다. 특히 초기 기독교계가 한자 문화를 공유한 전통적인 양반계층보다는 유교 윤리에서 상대적으로 자유로울 수 있는 소외계층을 통해 교세를 확장했음은 널리 알려져 있는 사실이다.

물론 이러한 '순국문 글쓰기' 전략이 주시경 본인의 것이라기보다는 매체가 취한 입장과 처한 상황에서 비롯된 것이라고는 해도 그 역시 한자에서 배제된 계층을 염두에 둔 글쓰기 전략에 적극적으로 동조했음을 의심할 필요는 없을 것 같다. '배재학당, 독립협회, 상동교회' 같은 주시경의 활동 공간을 통해서도 그러한 추정이 가능하겠지만, 이는 매체에 기고한 글이 아닌 것으로는 첫 저술인『국문문법』(1905)이나『국문강의』(1906)를 통해서도 확인할 수 있는 사실이다.『국문문법』이 주시경의 직접적인 저술이 아니라 그의 강의를 필사한 노트이므로 이를 통해 '순국문이냐 국한문 혼용이냐' 하는 그의 글쓰기 전략을 파악하기는 쉬운 일이 아니나, 그 직후에 발행된『국문강의』의 상당 부분이『국문문법』과 일치하므로 이들을 통해 그가 당시에 어떤 입장을 취하고 있었는지는 어렵지 않게 알 수 있다. 이 둘에 공통되는 부분에는 거의 한자가 사용되지 않고 순국문으로 기술되고 있는 것으로 보아 최소한 1905년 무렵의 주시경은 「국문론」을 쓸 때와 마찬가지로 한자에서 배제된 계층을 독자층으로 삼겠다는『독립신문』의 방침에 동의하고 있었던 것으로 생각된다. 그러나『국문강의』에 새로 첨가된 부분, 예컨대 '국문을 만들심'과 같은 곳에서 '현재의 잘못된 표기 방식이『훈몽자회』에서 비롯되었다'는 주장을 펴는 과정에서 한자가 노출되기 시작하더니, 후반부로 갈수록 예컨대 "엇던 子

音(자음)은 初聲(초성)에는 쉽고 終聲(종성)에는 어렵거나 終聲(종성)에는 쉽
고 初聲(초성)에는 어려운 形勢(형세)는 잇스되 무슨 音(음)이던지 初聲(초성)
에 쓰이면 반듯이 終聲(종성)에도 쓰여지ᄂ니…"(『국문강의』 56b), "어느 子音
(자음)에던지 先後不拘(선후불구)ᄒ고 ㅎ가 連接(연접)ᄒ면 濁音(탁음)이 되ᄂ
니 이는 ㅎ의 性質(성질)이 柔疎(유소)ᄒ어 某子音(모자음)과 連(연)ᄒ 則(즉) 混
合[和合(혼합, 화합)]홈이니라"(『국문강의』 67a)와 같은 부분에서 확인되듯 한자
사용이 점점 빈번해진다. 그리고 급기야 이 『국문강의』의 발문에 해당하
는 글에서는 다음과 같이 한문이 위주가 되고 국문은 그에 종속된, 이른
바 '한주국종(漢主國從)'이라 할 만한 국한문체가 사용되고 있다.

國文은 我 世宗끠서 親이 始製ᄒ심은 世所共知요 各史傳에도 亦有詳載이어눌
或은 世宗 以前붙어 諺 이 出於佛家라 ᄒ니 此는 世宗끠서 國文을 始製ᄒ실시
或有依倣梵書之模로 籍口홈인가 보고 或은 新羅 薛聰이 諺文을 始製ᄒ엿다
ᄒ고 或은 自古로 佛家에 諺文字가 略有而薛聰이 補正ᄒ엿더니 世宗끠서 又
改而作國文이라 ᄒ나 學易齋의 訓民正音 序文을 본則 薛聰은 但假字而作吏讀
요 曾無國文之所製를 亦無疑可知며 正音 二十八字는 我 世宗끠서 始製ᄒ심을
亦無疑可知리라 抑或若干諺文字ㅣ 自古有之라 홀지라도 窒澁無稽ᄒ엿슬 터
이니 何可籍是而正音二十八字를 謂非 世宗之始製文字哉아!

국문을 우리 세종께서 친히 처음 만드심은 세상이 두루 아는 바요, 각
역사책에도 역시 상세히 실려 있거늘, 혹은 세종 이전부터 언문이 불
가(佛家)에서 나왔다 하니 이는 세종께서 국문을 처음 만드실 때 혹 범

서(梵書)의 모양을 본뜬 것에 근거하여 말함인가 보고, 혹은 신라 설총이 언문을 처음 만들었다 하고, 혹은 옛날부터 불가에 언문자가 소략한 채로 있었던 것을 설총이 보충하였더니 세종께서 고쳐 국문을 만들었다 하나, 정인지의 훈민정음 서문을 본즉, 설총은 단지 한자를 빌려이두를 만들었을 뿐이요 일찍이 국문을 만든 바 없음을 역시 의심할바 없이 가히 알겠으며, 정음 28자는 우리 세종께서 처음 만드심을 역시 의심할 바 없이 가히 알 수 있었다. 설령 약간의 언문자가 예로부터있었다 할지라도 막히고 근거가 없었을 터이니, 어찌 가히 이에 의거해서 정음 28자를 세종께서 처음 만드신 문자가 아니라고 할 것인가!

— 『국문강의』 발문 1a

여러 번 반복되는 '始製(시제)'가 당시에 통용되던 어휘인지 '비로소(처음으로) 만들다'라는 의미의 한문식 조어인지 불분명하지만, 이런 사소한것은 논외로 하더라도 "世所共知[세상이 두루 아는 바], 亦有詳載[역시 상세히 실려], 或有依倣梵書之模[혹 범서(梵書)의 모양을 본뜬 것에 근거하여], 又改而作國文[고쳐 국문을 만들었다]" 등의 표현이 한문식 구절, 또는 문장 그 자체임은 두말할 필요가 없을 것이다. 그뿐만 아니라 "薛聰은 但假字而作吏讀요 曾無國文之所製를 亦無疑可知며[설총은 단지 한자를 빌려 이두를 만들었을 뿐이요 일찍이 국문을 만든 바 없음을 역시 의심할 바 없이 가히 알겠으며]" 같은 부분이나"何可籍是而正音二十八字를 謂非 世宗之始製文字哉아[어찌 가히 이에 의거해서 정음 28자를 세종께서 처음 만드신 문자가 아니라고 할 것인가]" 등에 이르면 이것이 한문으로 된 고문(古文)에 조사나 어미류의 토를 단 정도, 즉 '현토체'

문장에 불과한 것이라고밖에는 달리 표현할 방법이 없다. 게다가 이『국문강의』맨 앞에 오는 "略例(약례)"(물론 이는 이 책의 본문이 다 쓰인 이후 맨 마지막에 작성되었을 것이다)는 이러한 토조차도 없는 완전한 한문이다.

此書 余昨冬以至今日 口授於學生 但爲若干便宜 臨時偷假而一二張式著刊 故措辭
不美或簡或煩或疊或亂 事勢之所因 間以一義字樣之不同亦因此故也
盖此書非圖準其字樣之法而定式也 將欲先解此義而後自改正也
此書槪論音理之天然及法式之自在 而設世誤之最亂庶爲辨正國文誤習之一資也哉

이 책은 내가 작년 겨울부터 오늘에 이르기까지 학생들에게 말로 가르치면서 단지 약간의 편의를 위해 잠깐씩 시간을 내서 한두 장씩 지어서 간행해 낸 것이다. 그러므로 쓰인 말이 아름답지 못하여 혹은 간략하고 혹은 번잡하며 혹은 중첩되고 혹은 어지러운 것은 일의 형세가 그러했기 때문이다. 간혹 같은 뜻을 가진 글자인데도 모양이 같지 않은 것도 역시 이 때문이다.

대개 이 책은 글자 모양과 쓰는 법의 기준을 세우려고 한 것이 아니라 말의 법식을 일정하게 하려고 한 것이니 먼저 이 뜻을 풀이하고 뒤에 스스로 고치려고 한다.

이 책은 음의 이치가 원래 그러함과 말의 법식이 스스로 있음을 대략 논하여 세상의 오류가 가장 어려운 지경에 있음을 설명함으로써 국문의 잘못된 습관을 바르게 고치는 데에 한 보탬이 되기를 바란다.

―『국문강의』약례

위는 이 책이 만들어진 경위와 의도하는 바 등을 기술한 것으로, 굳이 한문 문장으로 표현해야 할 이유를 찾기 어렵다. 주시경의 기존 글쓰기 형식과 비교해 보아도 그렇고, 이 책의 본문에서 주로 사용된 기술 방식을 염두에 두더라도 이런 식의 문장은 대단히 이례적이라 하지 않을 수 없다. 다시 말해 그가 갑자기 한자를 많이 사용해야 할 이유를 텍스트 내적인 차원에서 발견하기는 어렵다. 『문헌비고(文獻備考)』에 실린 훈민정음 관련 부분을 보고 난 뒤에 집필된 『국문강의』에는 『훈민정음』의 「정인지서(序)」에서 인용한 문장이나 표현들이 이 책에 자주 등장하게 되는 것은 사실이다. 그러나 『국문문법』에서도 『화동정음통석운고(華東正音通釋韻考)』의 내용을 발췌 인용하는 부분이 있고, 세종이 훈민정음을 만든 '사적'에 대해서 언급하는 부분이 있다. 하지만 그 외의 부분에서는 한문식 표현이 거의 나타나지 않고 이는 『국문강의』에서도 기본적으로 크게 다르지 않다. 그러나 이러한 경향이 앞서 언급한 바와 같이 이 책의 후반부로 갈수록 차츰 변화하고 결국 위의 '발문'과 '약례'에서 보는 바와 같이 '한문 문장'을 방불하게 하는 표현이 등장하게 되는 것이다.

무엇이 주시경의 글쓰기 스타일에 급격한 변화를 가져온 것일까? 이와 관련하여 우리는 앞서 언급한 『훈민정음』이 일정한 계기가 되었을 가능성을 염두에 두지 않을 수 없다. 다만 『훈민정음』이라는 문헌 자체의 영향이 있었다기보다는 그가 『훈민정음』을 볼 수 있게 된 저간의 사정이 그의 글쓰기 스타일에 변화를 준 것으로 보는 게 좀 더 타당할 것 같다. 지석영(池錫永)을 통해 1905년 실록에 실린 훈민정음 관련 기사를 확인하기 전까지 주시경이 참고할 수 있는 문헌이라고는 18세기에 처음 간행된

『화동정음통석운고』뿐이었다. 그러나 지석영을 비롯한 한문 식자층과의 교류를 통해 그는 비로소 『훈민정음』과 『용비어천가』와 같은 이른바 '고전'을 접할 수가 있었다. 당시 주시경이 보았던 『훈민정음』은 앞서도 언급한 바와 같이 『문헌비고』에 실린 것으로서 「해례」 부분은 빠진 상태였지만, 세종 당시의 문헌은 그에게 매우 소중한 것이 아닐 수 없었다. 더욱이 『훈민정음』의 '終聲復用初聲[종성은 초성의 글자를 다시 사용한다]' 규정과 『용비어천가』에서 발견되는 'ㅍ, ㅈ, ㅊ, ㅿ' 등의 받침은 그의 '본음, 원체, 법식'에 기반한 표기 이론의 강력한 근거가 될 수 있었다.

그런데 주시경은 지식인 계층과의 교류를 통해 이와 같은 문헌 자료를 확보했을 뿐만 아니라, 더 나아가 이들에게 자신의 이론을 인정받고자 했던 것으로 보인다. 예컨대 그는 1902년에 지석영을 처음 알게 되었는데 1904년에 'ㆍ(아래 아)'의 'ㅣ ㅡ 합음설'의 타당함을 인정받고 난 후(지석영은 이 설에 입각해 'ᅟᅳᆜ'를 새로 만들자는 주장을 펴기도 한다), 1905년에는 『훈민정음』을, 1907년에는 『용비어천가』를 얻어 볼 수 있게 되었다. 이러한 과정을 통해 그는 한문에서 배제된 계층이 아니라 바로 그 한문을 기반으로 하고 있는 계층으로부터 자신의 주장을 인정받아야 할 필요를 느꼈을 것이다. 이는 1907년 이른바 '개신 유학자'들이 주도하던 『황성신문』에 「必尙自國言文(필상자국언문)」(1907.4.1-6)을 기고한 데서 드러나거니와 무엇보다도 학부에 설치된 국문연구소에 위원으로 활동한 사실 자체가 국가 정책에 관여하던 관료 및 지식인 계층에 자신의 이론을 인정받기 위한 것이었음은 두말할 필요가 없을 것이다. 따라서 이때의 글쓰기는 당연히 한문 위주의 국한문 혼용이 되지 않을 수 없었다. 이러한 '국한문 혼용'의 글쓰기는 그러한 전략을 채택한 매체(예컨대 『황성신문』)에의 기고문이나 국가기관에 제출하는 보고서[『국문연구안』(1907-1908), 『국문연구』(1909)]에서뿐만 아니라 그의 개인 이름으로 출판된 저서 『국어문전음학』(1908)에서도, 심지어는 공개적으로 간행되지 않은 원고본 『말』(1907-1908?)의 대부분에서도 그대로 이어진다.

　그런데 『국어문법』에 이르면 이런 경향에 다시 한번 변화가 생긴다. 물론 이 책에서도 「서(序)」와 「국문의 소리」 부분은 『국어문전음학』이나 국문연구소 보고서와 다름없는 정도의 국한문 혼용으로 되어 있다. 그런데 「기난갈(품사분류론)」과 「짬듬갈(문장론)」 부분에서는 새로운 용어에 대한 간략한 설명 외에는 한자가 거의 사용되지 않고 그야말로 '순국문'으로 기술되고 있다. 물론 이 『국어문법』에서 가장 눈에 띄는 것은 고유어로 된 주시경 특유의 문법 용어들이다. 「기난갈」과 「짬듬갈」에서 사용되는 그 숱한 용어들뿐만 아니라 국한문으로 기술된 「국문의 소리」에서도 상당수의 술어들이 고유어로 고쳐져 있다. '웃듬소리(모음), 붙음소리(자음), 낫내(음절), 섞임소리(혼합음)' 등이 바로 그것인데, 이러한 용어들의 고유어화가 대부분 이 『국어문법』(1910)의 출판 직전에 이루어진 것으로 보인다. 이는 1909년의 검열본과 비교를 통해서도 확인할 수 있는 것이고, 이 책의 마지막 부분에 있는 「이온글의잡이」의 한 항목에서 "이 글은 다 漢文(한문)을 섞어 만들엇던것인데 이제 다 우리나라 말로 곧히어 만들고자 하나 밧븜을 말미암아 다 곧히지 못함으로 틈틈이 漢文(한문)이 잇음은 이 까닭이라"라고 한 것을 미루어 보아도 확인할 수 있는 사실이다.

　『국어문법』에서 이루어진 이러한 문체의 변개가 어떤 이유 때문인지

구체적으로 확인하기는 쉽지 않지만, 고유어로 된 새로운 용어의 등장과 밀접한 관계가 있는 것만은 분명해 보인다. 주요한 술어가 모두 고유어로 바뀌는 마당에 국한문 혼용의 글쓰기를 고집하기는 어려웠을 것이기 때문이다. 이와 관련하여 한 가지 언급해야 할 사항은 검열본을 검토해 보면 「이온글의잡이」의 또 다른 항목에서 지석영이 언급되었다가 삭제된 부분이 있다는 점이다. 즉 검열본의 초고에는 "漢字(한자)로 國語文法(국어문법)이라 홈은 그때에 지석영시가 줌이요"라고 했던 것을 "漢字(한자)로 國語文法(국어문법)이라 함은 그때의 이름대로 둠이라"라고 수정하여 '지석영이 이 책의 이름을 지어 주었다'고 한 부분을 삭제한 것인데, 지석영을 비롯한 한문 지식계층과 교류하고 그들에게 인정받고자 하던 시점부터 한자의 사용이 빈번해졌다는 사실을 미루어 본다면, 무심히 넘길 수 있는 부분이 아닐 듯하다. 고유어로 용어를 짓고 순국문으로 본문 내용을 기술하는 시점과 지석영의 이름을 지우는 시기가 공교롭게도 일치하고 있기 때문이다. 1905-1906년경부터 시작된 지석영을 비롯한 전통적인 한문 지식계층을 염두에 둔 주시경의 글쓰기가 이제 그들의 시선으로부터 자유로운, 그리고 또 다른 새로운 독자층을 상정하는 글쓰기로 나아갔음을 뜻하는 것이기 때문이다. 여기서 '새 독자층'이란 바로 이 시기에 이미 상당한 수준으로 성장한 그의 제자 그룹, 그리고 그들과 같이 전통으로부터 상대적으로 자유로운 새로운 세대였던 것으로 보인다.

3. 주시경의 '국어문법'의 현재적 의미

최근 들어 남북 언어 이질화를 걱정하는 논의를 접할 때가 많다. 물론 반세기 이상 교류가 단절된 채 서로 다른 체제 아래서 살아가다 보면 언어에 차이가 생기는 것은 어쩌면 너무나 당연한 일일지도 모른다. 그럼에도 불구하고 분단이 되기 이전에 나온 조선어학회의 「한글마춤법통일안」(1933)이 있었기에 최소한 표기의 문제에 있어서는 예컨대 두음법칙이나 사이시옷, 띄어쓰기의 문제를 제외한다면 큰 차이 없이 동질성을 유지하고 있다고 하겠다. 물론 이는 남과 북이 형태음소적 표기법이라는 대원칙을 공유하고 있다는 점을 말하는 것인데, 이 표기 원칙이 바로 주시경에 의해 제기되었다는 점에서 한국 어문의 근대화라는 문제에서 그가 차지하는 위치는 부인할 수 없을 것이다. 그러나 그의 표기 이론은 앞서 언급한 「한글마춤법통일안」이 나온 때에도 격렬한 반대에 부딪혔다는 데에서 알 수 있듯이 당대에는 쉽게 받아들여지기 어려운 혁신적인 것이기도 했다. 앞서 살펴본 그의 글쓰기 전략의 변모 양상은 그가 자신의 한국어 연구의 성과들을 인정받기 위해서 어떤 전략을 사용했는지를 보여 주는 일단이라 할 것이다.

주시경은 이러한 과정을 거쳐 1910년 『국어문법』을 집필하게 된다. '국어문법'이란 한마디로 모든 국민이 공유하는 단일한 문법을 뜻한다. 당대의 시대적 과제가 바로 균질적인 국민(의식)의 창출이었다면 주시경의 '국어문법'은 바로 그러한 시대적 요청에 대한 학문적 응답이었다고 해야 할 것이다. 그러나 현재의 시대적 과제가 '국어문법'으로 상징되는 균질적이고 획일적인 국가의식의 환기에 있다고 하기는 어려울 것이다. 오히려 다양한 계층과 지역, 세대를 아우를 수 있는 새로운 형태의 제도와 규범의 모색이 현대를 살아가는 우리에게 남겨진 과제일 것이다. 주시경을 곱씹어 보는 것 역시 그의 삶과 학문을 오늘에 반복하기 위해서가 아니라, 그가 자신의 시대에 충실했던 것처럼 오늘 우리도 우리의 시대에 진지하게 응답하기 위해서일 것이다. 그러나 그것은 근대가 이룬 성과를 놓치지 않으면서도 바로 그 근대의 모순과 문제를 넘어서는 지혜가 필요하기에 결코 쉬운 일이 아니다. 그렇다면 지금 우리에게 요구되는 것은 주시경이 기꺼이 '어릿광대'를 자처하며 가졌던 그런 마음가짐일지도 모르겠다.

역사란 아(我)와 비아(非我)의 투쟁,

신채호

진보성
한국방송통신대학교 문화교양학과

1. 들어가며: 민족아(民族我)의 발견

우리가 한국의 독립운동사를 포함하는 근현대사를 이야기할 때 빠지지 않고 회자되는 인물이 있다. 바로 단재(丹齋) 신채호(申采浩, 1880-1936)이다. 신채호는 한국 역사와 관련해 가장 중요한 인물로 손에 꼽힌다. 그 이유는 역사와 민족을 자기 사상의 전면에 내세웠기 때문이다. 이런 시각은 신채호를 한국 근대역사학의 주춧돌을 놓은 인물로 평가하는 관점이며 독립운동의 주요인물로서 한국의 역사를 고대부터 현대까지 주체적인 입장에서 해석하려 했던 그의 역사 이해의 관점을 계승하는 것이다.

신채호는 역사와 민족을 강조하여 일제의 침탈에 맞서는 민족정신을 강고히 세운 인물로 사람들에게 각인되어 있다. '역사를 잊은 민족에게 미래는 없다'라는 명구를 남긴 것으로 잘 알려져 있지만 이 문구를 신채호의 발언으로 볼 수 있는 적확한 사료적 근거는 없다. 그가 역사와 민족을 언급했다고 확인할 수 있는 문구는 1908년 『대한매일신보』에 연재한 「독사신론(讀史新論)」에서 찾아볼 수 있다. 신채호는 이 글의 서론에서 "국가의 역사는 민족의 소멸, 부흥과 성쇠의 상태를 살펴서 서술한 것이다. 그러므로 민족을 버리면 역사가 없을 것이며 역사를 버리면 민족이 그 국가에 대한 생각이 크지 못할 것이니, 오호라! 역사가의 책임이 진실로 무겁도다"라고 적었다. 신채호는 국가를 '민족정신으로 구성된 유기체'라고 했는데, 역사라는 아주 오래된 인류 생존의 흐름 위에서 파도타기를 하는 주체가 곧 민족이며, 그 민족을 서게 하는 바탕과 지표를 국가라고 보았다.

위에 거론한 「독사신론」의 문구를 따져 보면 신채호는 당시 엄혹한 현실에서 민족의 생존과 존속을 위해 기존과 다른 역사 관점으로 세계를 보는 방법을 제시한 것이다. 주체적으로 역사를 보기 위해 한반도에서 오랫동안 살아왔던 공동체의 구성원을 민족이라는 끈끈한 새로운 개념으로 한데 묶었다. 그리고 기존 동아시아의 유교 문화 전통의 영향에서 벗어나 중화주의에 종속되었던 구식의 발상을 타파하고, 하나의 독립된 국가로서 옛 고토와 고대 문화의 속성을 계승한 근대적 정체성의 공간을 마련했다. 이런 발상은 당시 유행하던 단편적인 역사관을 조합한 결과가 아니다. 신채호의 사상 전반을 관통하는 '주체란 무엇인가'라는 문제의식에서 발생한 것이고, 현재의 문제를 해결하기 위해 과거로 거슬러 올라가 주체의 연원을 정립하고 현재의 연속선상에서 미래의 주체를 상정하기 위한 폭넓은 기획의 일환이었다.

신채호를 이해할 때 대표되는 용어가 민족이라는 말이다. 민족은 근대시기 서구에서 들어온 개념이다. 'nation'이란 뜻을 가지고 있어서 신채호가 즐겨 쓰던 '민족' 개념도 민족주의 성격의 의미장 안에서 기능하였다. 그렇기 때문에 민족주의자로서 신채 호의 위상은 현대 대중들에게 국수주의 적인 것으로 읽힐 우려가 있다. 그러나 신채호의 민족주의를 배타적인 성격의 민족주의로 이해하는 것은 적절치 않다. 서구와 일본의 제국주의 세력 밑에서 자 유롭지 못한 피압박 민족의 입장에 있던 신채호는 타민족의 간섭에 속박되지 않 고 저항의 방향으로 나아가는 민족주의 를 지향했다.

_____ 단재 신채호

신채호는 「제국주의와 민족주의」(1909)라는 글에서 20세기의 제국주 의를 '영토와 국권을 확장하는 주의'라고 보았는데 세계의 열강이 모두 제국주의를 숭배하고 모든 나라들이 제국주의에 굴복하니 세계가 제국 주의의 무대가 되었다고 평하면서, 이 제국주의에 저항하는 방법으로서 민족주의를 주장한다. 그래서 신채호가 말하는 민족은 '내가 타인을 간 섭하지 않는 것처럼 타인도 나를 간섭하지 못한다'는 의미에서 서로가 서로를 침탈치 않는 원칙 아래 각기 대등한 민족이 된다. 서구 제국주의 의 창궐과 일본의 식민침탈이라는 시대 격변의 혼란한 상황에서 신채호 는 민족적 정체성을 가진 주체로 '아(我)'를 설정했고, '아'가 존재하는 실 질적 근거인 국가라는 단위를 확립했다. 이로써 주체적으로 역사를 써 가는 '민족아(民族我)'의 개념은 자연스럽게 신채호 사상을 이끄는 구심점 이 되었다.

2. 엄혹한 시대와 신채호의 삶

1880년 지금의 대전에서 태어난 신채호는 1887년 현 충북 청주시 상당구 낭성면 귀래길 249에 소재한 고드미(고두미) 마을로 이주해 어린 시절을 보냈다. 어린 시절 할아버지로부터 한학 공부의 세례를 받았던 신채호는 기본적으로 전통 학문에 대한 이해가 높았는데, 할아버지의 소개로 관료형 학자였던 신기선(申箕善)이라는 인물에게 수학하면서 실학 서적은 물론, 국내와 서구의 신학문에 관련한 서적도 많이 접하게 되었다. 보잘것없는 경험으로 보이지만 이런 독서 이력이 나중에 성균관에서 수학하던 시절, 개화자강사상에 심취하게 된 결과로 나타났을 것이다.

'개화'는 신채호가 성균관에 진학하기 전부터 조선 사회를 들썩이게 하는 필연적인 화두였다. 그러나 청나라 및 일본을 비롯한 서구 열강의 간섭과 조정의 적절하지 못한 대응으로 인해 19세기 후반의 조선은 개화를 둘러싼 이런저런 사건들로 매우 혼란스러웠다.

신채호가 태어났던 시기는 국내에서 개화 정책을 둘러싼 갈등이 심화되던 시기였다. 1876년 '강화도 조약'으로 불리는 조일수호조약 이후 조선은 서구는 물론 일본을 통해 자극받은 근대문물을 수용하기 위한 방법에 주목했고 개화를 위한 기구를 설치하는 등 청나라와 일본을 통해 근대를 체화하려고 시도했다.

이러한 시도는 사회 전반에 변혁을 수용할 수 있는 기반이 조성되어야 결실을 볼 수 있는 성격의 것이었으므로, 조선왕조 내내 유지되던 군주

_____ 신채호 생가지 전경

제 아래 봉건적 사회제도가 존속하는 이상 성공하기 힘든 것이었다. 마치 오래된 컴퓨터에 최신 장치를 장착하려는 것과 같아서 오래된 것이 잔존하는 바탕에 새로운 제도와 문물을 심기는 쉽지 않았다. 근본적인 사회의 개혁을 수반하지 않는 정책에 농민 위주의 대다수 민중은 반기지 않았고 기존 질서의 붕괴를 염려한 사대부 양반계층은 이런 시도를 대놓고 반대하였다. 1882년의 임오군란과 1884년 갑신정변은 개화를 둘러싼 민중계층과 지식인계층의 반응을 보여 주는 대표적인 사건이라 하겠다.

근대적인 것을 겪고 받아들이려 했지만 오히려 청나라와 일본의 내정 간섭은 갈수록 심해졌다. 더욱이 갑오년(1894) 동학농민운동이 실패하고 청일전쟁에서 일본이 승리하면서, 조선에 대한 일본의 영향력은 더욱 강해졌으며, 영국, 러시아, 미국 등 제국주의 열강의 조선 내 이권 다툼은 치열해졌다. 1898년 성균관에 진학한 신채호가 독립협회 활동과 애국계몽운동에 참여하던 시기가 이 즈음이다.

_____ 독립관

이 당시 독립협회는 자주국권수호와 자유민권운동을 활발히 전개했고 자강사상을 적극 전파했다. 신채호는 급진적 자유민권운동을 전개한 만민공동회의 간부로 활동하면서 시위에 참여하다가 잠시 옥살이의 쓴맛을 보기도 했고 1901년에는 성균관 유생들의 집회에 참가하기도 했다. 사회개혁운동에 일찍이 관심이 많았던 신채호가 근대와 개화, 그리고 자강이라는 화두에 주목한 것은 당연했다. 제국주의 외세의 침탈로 얼룩진 당시 현실에서 근대를 어떻게 이해할 것인가, 또 개화와 자강은 어떻게 실현할 것인가에 대한 시대의 물음은 그를 역사에 눈뜨게 한 동력이었다.

신채호는 1905년 성균관 박사에 임명되었으나 곧바로 사직하고 언론인의 길을 걸었다. 1905년은 을사늑약이 맺어진 해였다. 장지연(張志淵)의 『황성신문』을 시작으로 『대한매일신보』에서 주필을 맡게 되었는데 『대

_____ 대한매일신보 옛터

한매일신보』의 주필을 맡던 시절에 많은 수의 시국논설을 기고했다. 게재된 대부분의 논설이 신채호의 손을 거쳤을 가능성이 크다.

이 당시 논설 중 「성인(聖人)」(1909)이라는 글에서 신채호는 보통 사람들이 공자나 석가와 같은 성인(聖人)을 얘기할 때 마치 타고난 자질이 특별해서 보고 들은 것 없이, 별도의 교육 없이도 모든 이치를 깨달은 사람처럼 묘사하지만, 성인도 사람 사는 세상 속에서 영향받아 만들어진 존재라고 말한다. 공자의 유교와 석가의 불교도 모두 그 나라의 고유한 종교와 풍속, 습관에 기초하여 만들어졌기 때문에 석가가 중국에 태어났으면 유가의 도를 계승했을 것이고 공자가 인도에 태어났으면 불도를 설법했을 것이라고 말한다. 이 논설의 내용은 누구나 성인군자가 될 수 있는 가능성을 열어 놓았던 동아시아 전통 사상의 핵심 인물인 공자의 뜻을 들어, 문화적으로나 문명적으로 중국 중심주의를 벗어나 다른 열강과 대등한 민족으로서, 우리도 그들의 침탈에 맞서 충분히 자주력을 갖출 수 있음을 자부한 것이다. 유교사상의 근원적 입장에서 근대를 헤치고 나아갈 여지를 열어놓았다고 할까.

신채호의 이런 관점은 이미 을사늑약 이후부터 1910년 경술국치로 중국에 망명할 때까지 지속적으로 드러난다. 앞서 「독사신론」에서 신채호가 언급한 것처럼 근대국가의 역사를 논하면서 민족은 '서로 각기 대등한 민족'이 되어야 했고, 우리[我]는 근대 앞에서 주체적이고 개화된 민족으로 발전해야 했다. 신채호가 거대한 세계를 맞닥뜨린 경험은 근대인으로서의 자아를 형성했고 그렇게 만들어진 '나[我]'는 '우리[我]'라는 민족적 자아로서의 '아(我)'에 투영되었다.

3. 아(我)란 무엇인가?

한반도 땅의 오랜 역사 위에서 삶을 영위했던 이들은 이제 일제강점이라는 거대한 역사적 충격 앞에서 공황상태에 빠질 수밖에 없었다. 정신없이 몰아치는 외세의 침탈에 제대로 대응도 못하다가 이웃 일본의 제국주의의 피지배자 처지가 된 것이다. 이런 상황에서 '나는 누구인가?'라는 자기존재 확실성에 대해 의문이 생기는 것은 당연한 일이다.

'나'를 찾기 위해 신채호는 우리 민족을 기반으로 '아'라는 공동체의 정체성을 제시했다. 역사적 관점에서 '아'는 기본적으로 중화주의를 기반으로 하는 천하(天下)세계질서의 종속적 위치를 벗어나 있다. 그가 전

_____ 성균관 명륜당

근대적인 생각의 틀을 극복하고 근대적인 사유체계에 돌입할 수 있었던 바탕에는 자주적이고 실학적인 사고를 했던 인물들에게 받은 영향이 크다.

신채호가 성균관 재학 시절 만난 친구로, 신채호가 세상을 떠난 후 그의 전기 『단재전(丹齋傳)』을 지은 변영만(卞榮晩)은 단재를 애도하는 시 「제신단재문(祭申丹齋文)」에서 이런 표현을 했다.

깊숙한 황금문이 번쩍하고 열리매

뭇 인걸들 부중(府中)을 비운 채 마중나오리

가운데에 임백호가 있어

미소가 갓끈 위에 넘치고

순암 안선생도 알아보게 되리니

기쁨을 손으로 엮어 가득하리라

시구에 등장하는 '임백호'와 '안선생'은 백호(白湖) 임제(林悌)와 순암(順庵) 안정복(安鼎福)이다. 『성호사설(星湖僿說)』「인사문(人事門)」선희학(善戲謔) 편에 의하면 임제는 임종 시 자식들에게 스스로 황제라 칭하지도 못하는 조선의 비루함을 비판하며 자기 죽음을 애석히 여기지 말고 곡하지도 말라고 유언한 인물이다. 실학자 안정복은 신채호가 1924년부터 1931년까지 집필한 것으로 알려진 『조선상고사(朝鮮上古史)』에서 거론한 인물로, 단군조선에서 고려 말까지의 역사를 다룬 『동사강목(東史綱目)』을 편찬하여 중국 중심의 사관에서 벗어나 우리 고대로부터 계승된 역사를 복원하는 동국(東國) 사관을 재정립하였다.

이런 의식은 근대 개화사상가들에게도 이어졌다. 신채호는 「지동설의 효력」에서 김옥균과 박규수의 대화를 그렸는데, 박규수의 입을 빌려 "오늘에 중국이 어디 있느냐, 저리 돌리면 미국이 중국이 되며 이리 돌리면 조선이 중국이 되어 어느 나라든지 가운데로 돌리면 중국이 되나니, 오늘에 어데 정한 중국이 있느냐?"는 입장을 표출하기도 하고, "중국을 높이는 것이 옳다 하는 사상에 속박되어 국가독립을 부를 일은 꿈도 꾸지 못하였다가" 중국 중심의 역사관을 탈피하는 인식의 힘이 비로소 '갑신정변'으로 폭발하였음을 주장하는 대목도 보인다.

이들 임제와 안정복, 김옥균과 박규수의 공통점은 동아시아 역사에서 중화주의를 극복하고 역사의 주체성을 확보하는 의식을 표출한다는 점이다. 이 의식의 결정체가 바로 고유한 조선의 '아'이다. 신채호 사상의 핵심인 '아'는 반드시 고유성이 있어야 하는데, 이 고유성을 확보하기 위해 신채호는 '낭가(郞家)사상'을 연구했다. 낭가라는 말은 신라의 화랑도

에서 나왔고 풍류(風流)라는 말로도 쓰인다. 풍류는 신라의 최치원이 「난
랑비서문(鸞郞碑序文)」에서 "나라에 현묘한 도가 있으니 풍류라 한다[國有玄
妙之道曰風流]"는 문구에서 나온 말이다. 신채호는 고대사상사를 거론하면
서 고유한 민족정신으로 낭가와 풍류를 얘기했다. 이를 바탕으로 항상
'조선에 조선사라 할 수 있는 조선사'가 없음을 안타까워했던 신채호는
『조선상고문화사』나 『조선상고사』 같은 역사서에서 발해와 고구려, 신라
등 고대 한반도 공동체 국가들을 중심으로 고유의 조선사를 집필했던 것
이다.

　신채호는 근대적 개념의 국가와 민족을 중심으로 새로운 역사 인식을
위해 단군신화를 우리 역사의 실체로 자리매김시킨다. 이렇게 되면 근대
의 열강들처럼 독자적이고 오랜 역사를 지닌 근대적 민족국가의 영토가
확립되고 이들과 어깨를 나란히 할 수 있는 역사적 지평이 확보되는 것
이다. 물론 현실의 국가 경계와 역사적 강역이 일치할 수 없고, 고대부터

당대에 이르기까지 종족의 순혈은 보장하기 불가능한 사안이지만 신채호가 구상한 근대적 '아'의 확립은 근대 시기 한반도 공동체의 생존과 존립을 위한 필수적 기획이었다.

한편 신채호는 '아'를 「대아(大我)와 소아(小我)」(1908)로 나누어 보기도 했다. 육체적이고 소멸하기 쉬운 것이 '소아'이며 그 반대로 소멸하지 않고 정신적으로 자유자재한 '아'를 '대아'라고 했다. 신채호 사상의 중심인 '아'는 '대아'와 연결 지을 수 있다. '대아'와 연결된 '아'는 사적인 차원보다는 공적인 차원에 가깝고, 현실에서 목도되는 국가와 민족의 한계를 뛰어넘어 고대사의 문명과 문화적 차원의 추상적 동질성을 공유할 수 있는 '아'가 된다.

4. 아와 비아의 투쟁, 그리고 민중의 연대

'아'를 규정하는 최초의 전제인 '나와 너', '너와 나'의 관계, 이것은 곧 '나와 세계'의 관계이며 '아'는 나를 통해 세계를 보는 신채호의 눈이었다. 그러나 신채호가 말하는 '아'는 단지 개인의 나, 자아를 지칭하지 않고 공동의 '우리'를 지향한다. 그래서 신채호가 역사를 보는 핵심으로서 '아'는 한 배를 탄 운명공동체인 민족의 테두리 안에 있다. 한편 '아'는 '아'에 대립하는 '비아(非我)'가 존재해야 성립한다. '아'는 절대적인 대상이거나 형이상의 관념 안에 존재하는 개념이 아니라 현실의 모순 상황에서 발생한 자기정체성과 주체성의 문제에서 나온 개념이기 때문에 '비아'도 선과 대립하는 '악', 있음과 대립하는 '없음', 나와 대립하는 '너'와 같이 단편적이고 추상적인 지칭에서 끝나는 것이 아니다. '아'와 '비아'는 세계를 보는 관점이며 시각이다.

신채호는 『조선상고사』에서 '아'는 주관적인 위치에 있고 그 외는 모두 '비아'라는 구도를 먼저 던지고 있다. 구체적으로 "조선인은 조선을 아(我)라 하고 영국·미국·프랑스·러시아 등을 비아(非我)라 하지만, 영국·미국·프랑스·러시아 등은 각기 자기 나라를 아(我)라 하고 조선을 비아(非我)라 한다. 무산계급은 무산계급을 아(我)라 하고 지주나 자본가 등을 비아(非我)라 하지만, 지주나 자본가 등은 각기 자기와 같은 계급을 아(我)라고 하고 무산계급을 비아(非我)라 한다"고 설명한다. 나가 너가 되고, 너가 나가 될 수 있듯이, '아'와 '비아', '비아'와 '아'는 서로의 입장에서 주체와 객체, 객체와 주체로 바꾸어 설정될 수 있는 것이다. 역지사지라는 비유가 어울릴지 모르겠으나, 문제는 약육강식의 세상에서 역지사지의 상호 배려와, 협동과 협력의 상호 부조가 통하지 않으니 '아'와 '비아'는 투쟁한다. 조선 사람인 신채호의 입장에서 '아'는 우리 민족(조선)이고 '비아'는 강력한 타자로서 제국주의 열강을 위시한 타국이자 모든 세계가 된다. 역사적으로는 우리 민족과 대결했던 수나라, 몽고, 일본 등이 해당한다. '아'는 자유의지를 가지고 있지만 '비아'는 노예성이 잠복하고 있어서 제국주의의 지배력에 의해 노예상태가 되기도 한다. '아'의 내부에도 노예성이 잠복해 있기에 '아'를 중심으로 봤을 때 '비아'는 신체 밖이나 심성 안에도 존재한다.

그래서 신채호는 『조선상고사』에서 "역사란 무엇인가. 인류사회의 아와 비아의 투쟁이 시간적으로 발전하고 공간적으로 확대되는 심적 활동의 상태에 관한 기록"이라고 했다. 신채호는 '국가─민족'으로서 또는 자유의지를 가지는 민중으로서 '아'를 중심으로 '비아'와 투쟁하는 세계를 객관적인 시각에서 바라보고 있다. 당대의 세계정세를 정확히 읽은 것이라 하겠다. 1928년 톈진에서 열린 '재중국 한국인 아나키스트 대회'에서 신채호는 「선언문」을 통해 자유롭고 평등한 민중사회를 압박하는 것이 정치이며, 법률과 형법, 명분이나 도덕윤리로 민중을 교란하고 제재한다고 하면서, 그 수단으로 쓰이는 제국주의 지배 장치인 군대, 경찰, 황실, 정부, 은행, 악덕 회사는 파괴의 대상이라고 지목한다. 그래야 조선의 독립이라는 '아'의 본 상태를 회복할 수 있기 때문이다.

'아'와 '비아'의 관계는 1차적으로 나의 생존을 위해 서로 투쟁의 관계를 형성한다. 이것은 신채호가 당시 사회진화론적 가치가 지배하는 세계상을 파악한 것이지만, 한편 「조선혁명선언」(1923)에서는 '아'와 '비아'의 관계가 민중의 적극적인 연대를 의미하기도 한다. 물론 「조선혁명선언」이, 식민착취를 자행하는 일제의 통치기관을 파괴하거나 식민통치의 주요인물을 암살할 목적으로 무정부주의적 폭력 투쟁을 전개했던 의열단 김원봉(金元鳳)의 요청으로 작성되어 조직의 딱딱한 강령으로 보일 수도 있다. 그러나 그 내용을 들여다보면 민중의 직접혁명을 추구한다는 점에서 각자 소영웅인 민중 하나하나가 혁명의 씨앗이 된다. 이들은 건설을 위한 파괴로서 무력을 사용하고, 정신상의 파괴가 곧 건설이라는 선언 위에서 연대한다.

혁명의 주체인 민중은 먼저 깨달은 민중이 미처 깨닫지 못한 다른 민중들을 각오하게 하여 민중이 민중을 위해 혁명을 일으키는데, 이 '민중의 각오'는 반드시 같은 국경 안의 같은 민족끼리의 연대에만 해당되는 것이 아니라, 제국주의에 저항하는 전 세계 인류 민중들의 슬로건으로 확대된다. 「조선혁명선언」에서 신채호는 "강도 일본의 통치를 타도하고, 우리 생활에 불합리한 일체 제도를 개조하여, 인류로써 인류를 압박치 못하며, 사회로써 사회를 수탈하지 못하는 이상적 조선을 건설할지니라"라고 천명하는데 이런 신채호의 관점에도 일본의 아나키스트 고토쿠 슈스이[幸德秋水]의 영향이 컸다. 1929년 10월 3일 무정부주의 동방 연맹 사건 재판에서 신채호는 기존의 국가 체제를 변혁하여 모두 자유롭게 잘 살자는 것이 무정부주의(아나키즘)의 목적임을 분명히 한다. 이것은 제국주의에 저항의식과 어떠한 경우에도 인류가 인류를, 한 인간이 다른 인간을 제약하고 침탈할 수 없다는 영원한 자유의지를 가진 이들의 연대를 의미한다. '아'와 '비아'의 관계를 두고 볼 때 우리 '민족아'가 없으면 다른 민족적 비아도 성립할 수 없고, 기준이 반대인 상황도 마찬가지라는 점을 상기해야 할 것이다. 이를 무시하면 '아'와 '비아'의 구분이 없어져 일본의 동양주의와 마찬가지로 강한 국가가 그렇지 못한 국가를 종속시키는 폐단이 발생한다. 각기 다른 민족적 정체성을 인정하여 '아'와 '비아'의 다름을 존중하고 평화로운 질서와 공존을 모색하는 주체는 신채호가 규정한 '민족아'이다. 이 '아'는 현실의 모순을 극복하고 공평하고 정의로운 유토피아를 실현하려는 주체이기도 하다.

5. 나오며

신채호는 이 땅의 많은 사람들이 겪었던 파란만장한 역사의 파도를 같은 호흡으로 타고 넘었던 인물이다. 역사 속의 주요 장면을 장식하는 인물일 뿐만 아니라 오늘날 우리가 지향하는 역사관을 정립한 인물이라고 평가할 수 있다.

신채호는 전통 학문의 세례를 받은 인물이지만 그가 맞은 근대에서 동아시아의 유교 성리학적 질서는 더 이상 세상을 통제하거나 세계를 설명할 수 있는 이데올로기가 되지 못했다. 동아시아의 질서와 조공국가로서 조선의 정체성은 근대적 민족국가의 조건으로는 맞지 않았다. 그래서 신채호는 기존의 것을 재편하여 역사를 읽는 새로운 방식을 제안했고 민족과 국가 개념을 중심으로 현실을 극복할 주체를 모색했다. 그것이 바로 '아'였다.

'민족아'는 제국주의에 저항하고, 현실을 극복하는 주체이며, 험난한 근대 속에서 생존하기 위해 중화주의를 벗어나 독자적이고 주체적으로 역사를 쓰는 주인공이다. '아'는 '비아'가 없으면 성립할 수가 없다. '아와 비아의 투쟁'은 당시 세계의 동향을 제대로 표현한 것이지만, 동시에 인간사회의 근원적 모순구조를 해체하기 위해서는 '아'와 '비아'의 관계를 공존을 위한 상보적 관계로 이해해야 한다. 「조선혁명선언」이나 신채호의 발언에 보이듯 국가와 민족의 한계를 넘어 인류적 차원에서 상호 연대를 꾀하는 '아'와 '비아'의 관계는 아나키스트 신채호가 그린 청사진이었을 것이다.

한편 이렇게 '아'와 '비아'의 관계망이라 할 수 있는, 인간의 역사를 통찰하는 눈을 가졌던 신채호를 두고 홍명희가 「곡단재(哭丹齋)」(『조선일보』 1936.2.28)에서 한 말이 떠오른다. "살아서 귀신이 되는 사람이 허다한데 단재는 살아서도 사람이고 죽어서도 사람이다. 이러한 사람이 한 줌 재가 되다니. 신체는 재가 되더라도 심장이야 철석과 같거니 재가 될 리 있을까. 그 기개 그 학식을 무슨 불이 태워서 재가 될까." 홍명희의 이 말은 단순히 한 인물을 극찬하는 말에 그치지 않는다. 억압받던 시대를 살다 간 지식인으로서 한 사람이 세상을 어떻게 살아야 하는지를 잘 보여 주는 전범이라 하겠다. '사람다움'이라는 말로 신채호의 삶을 표현한다면 그가 보고 싶었던 인간의 역사 역시 사람다움의 역사이지 않았을까.

참고자료

노관범(2016), 『기억의 역전』, 소명출판.

단재신채호전집편찬위원회(2007), 『단재신채호전집: 제1권 역사 1』, 독립기념관 한국독립운동사연구소.

단재신채호전집편찬위원회(2008), 『단재신채호전집: 제6권 논설·사론』, 독립기념관 한국독립운동사연구소.

단재신채호전집편찬위원회(2008), 『단재신채호전집: 제7권 문학』, 독립기념관 한국독립운동사연구소.

단재신채호전집편찬위원회(2008), 『단재신채호전집: 제8권 독립운동』, 독립기념관 한국독립운동사연구소.

단재신채호전집편찬위원회(2008), 『단재신채호전집: 제9권 단재론·연보』, 독립기념관 한국독립운동사연구소.

박정심(2016), 『한국 근대사상사』, 천년의 상상.

박정심(2019), 「신채호의 동양주의(東洋主義) 비평에 대한 연구」, 『코기토』 89, 부산대학교 인문학연구소.

신채호(2013), 『조선상고사』, 박기봉 역, 비봉출판사.

윤영실(2011), 「근대계몽기 신채호의 민족론에 나타난 '아(我)'의 의미」, 『한국학연구』 24, 인하대학교 한국학연구소.

한국교원대학교역사교육과교수진(2005), 『아틀라스 한국사』, 사계절.

한국철학사상연구회(2015), 『처음 읽는 한국 현대철학』, 동녘.

기독교와 동양사상으로 씨알을 살리다,

유영모

윤정현
전) 성공회대학교 신학전문대학원

유영모(柳永模, 1890-1981)는 사상가이며 교육자, 철학자이며 영성가이기도 하다. 호는 다석(多夕). 조만식, 김교신 등과 같은 세대의 인물로, 함석헌, 이현필, 김흥호, 박영호 등의 스승이다. 다석(多夕)이란 호는 세 끼(多)를 다 먹지 않고 저녁(夕) 한 끼만 먹는다는 뜻이다.

_____ 다석 유영모

1. 기독교 신앙에 귀의

유영모는 15세에 YMCA 한국 초대 총무인 김정식(金貞植)의 인도로 개신교에 입문하여 연동교회에 다녔으나, 1912년부터 기독교 사상가이자 문인인 톨스토이(L. N. Tolstoy)를 공부하고 나서 기성 교회를 나가지 않게 되었다. 실제로 톨스토이는 그의 짧은 소설들(『바보 이반』, 『사람은 무엇으로 사는가』 등)에서 드러나듯이, 기독교인의 신앙생활은 교회에 나가 종교행사에 충실히 참여하는 것이 아니라, 역사적 예수의 삶과 복음을 삶 속에서 실천하는 것으로 이해하고 이웃에 대한 자비, 정직한 노동, 양심적 병역거부, 악을 선으로 이기는 비폭력 투쟁 등을 실천하는 데서 드러난다고 보았다. 다석은 톨스토이를 읽고 이러한 사상의 영향을 받았다. 당시 다석은 도쿄물리학교에서 1년간 수학하면서 우치무라 간조[內村鑑三]의 성서연구 모임에 한두 차례 나갔으나 자신이 생각하는 신앙과 차이를 느꼈는지 지속적으로 참석하지는 않았다.

1921년 조만식(曹晩植)의 후임으로 오산학교 교장에 취임하여 1년간 재직하면서 수학, 물리, 화학, 천문학을 가르쳤고 오산학교가 기독교계 학교로 정립하는 데 일조하였지만, 이 시기는 유영모의 생각 속에서 점점 정통 신앙을 가진 이들이 들으면 거북해할 여러 사상이 싹트기 시작한 때이기도 하다.

"우리가 홀리지 말아야 해요. 무슨 신학, 무슨 신비, 무슨 철학이라 떠들지만 거기에 홀리지 말아야 해요. 여기서는 툭툭 털고 나서는 것뿐이에요. 하느님 아버지에게로 나아가는 것뿐입니다. 사람 숭배를 해서는 안 돼요. 그 앞에 절을 할 것은 참되신 하느님뿐입니다. 종교는 사람 숭배하자는 것이 아닙니다."

유영모는 성경뿐만 아니라 불경, 노자 등 동양의 전통적인 사상에 대해서도 공부하기 시작했다. 1959년에는 『노자』를 '늙은이 풀이'라는 이름의 순우리말로 완역하기도 했다.

"나는 20살쯤에 〈불경〉과 〈노자〉를 읽었어요. 그러나 없음(無)과 빔 (空)을 즐길 줄은 몰랐어요. 요새 와서야 비로소 빔과 친해졌어요. 불교 에서 말하기를 백척간두에서 한 걸음 더 나아가야 빔에 갈 수 있다고 했어요. 간두에 매달려 있는 한, 빈 데 갈 수 없어요. 나를 탁 놓아 버 려야 합니다."

2. 연경반 강의와 『다석일지』

정인보, 이광수와 함께 조선의 3대 천재로 불리기도 했던 유영모는 오 산학교 교장에서 물러나 농사를 지으며 살았다. 현동완(玄東完) 총무의 요 청으로 유영모는 1928년 YMCA의 연경반(研經班) 모임(여러 경전을 연구하 는 모임)을 지도하기 시작하여 1963년 현동완 총무의 사망 때까지 약 35년 간 계속하였고, 『성서』와 유교경전, 『반야심경』, 『천부경』, 한글 철학 등 을 가르쳤다.

1955년 다석의 나이 65세에 자신의 깨달음인 '인생은 죽음으로부터' 를 실천하기 위해, 1년 뒤 1956년 4월 26일에 죽는다는 사망 예정일을 선 포하고 자신의 장례식을 거행하였다. 이때부터 영성일기인 『다석일지』 를 쓰기 시작하였다. 『다석일지』에는 한시 1천 7백 수와 한글 시조 1천 3백 수가 남아 있다. 이 중 특히 한글로 쓴 시조들은 그 뜻이 현묘해서 순 수 한글로도 이렇게까지 깊이 생각할 수 있고, 또 그 뜻을 표현할 수 있 구나 하는 경외감을 안겨 준다. 또한 훈민정음을 깊이 연구한 다석은 평소 한글은 하늘이 내려 준 계시를 담은 '바른소리'라고 하면서, 한글 단어 하나하나가 그대로 철학이라고 말했다. 순우리말을 가지고 자유자재로 한글 놀이를 하였고, 단어와 한글 자음·모음을 입체적인 그림문자로 바꾸어 기발한 표현을 많이 하였으나, 함축적이어서 이해하기가 어려운 것들이 많다. 1956에서 1957년까지 다석의 연경반 강의를 주규식이 속기록을 한 덕분에 다석의 사상을 볼 수 있는데, 이 강의록을 '다석학회'에서 다듬어 2006년에 『다석강의』라는 이름으로 펴냈다.

3. 다석의 주요사상

다석의 사상 전반에는 '부정의 부정'의 이중부정 논리가 근저에 흐른다. 다석은 무지(無知)의 지(知), 신선사상(神仙思想)과 함께 『도덕경』, 『반야심경』, 『천부경』의 이해를 통하여 단군이 세운 나라, 예수의 나라, 하늘나라를 일직선상에 놓고 가르침을 전하였다. 학자들은 유영모의 종교 다원주의가 서양보다 70년이나 앞선 것에 놀라기도 한다.

1) 이론의 다양성과 사구체 논리

관찰과 실험, 증명과 가설을 통해 이론을 세우고, 이성(理性)을 중심으로 한 서구의 과학적 사고가 분석적이고 기계론적인 사고라고 한다면, 동양적 사고는 경험과 느낌, 직관 그리고 통전적인 사고로 이해하는 유기체적 사고이다.[1]

용수(龍樹, Nāgārjuna)의 사구체(四句體, tetralemma) 논리는 존재(存在)와 비존재(非存在), 부정(否定)과 긍정(肯定)이라는 네 가지의 조건을 조합한 논리이다. 두 논리는 긍정되고 동시에 부정된다[Being is affirmed, non-being is denied; Non-being is affirmed, being is denied]. 존재와 비존재가 긍정되고, 동시에 존재도 비존재도 부정된다[Both being and non-being are at once affirmed and denied; Both being and non-being are at once neither affirmed nor denied]. 사구 논리는 양 극단(極端)의 주장을 극복하는 데 사용됨으로, 모든 문제에 있어 양 극단의 중도(中道)의 길을 취하게 한다. 더 나아가 동양사상의 절정은 부정의 논리로 진리를 드러내는데, 『도덕경』의 내용이 대표적이다.[2] 다석 사상의 바탕에는 이러한 사구체의 이중부정, 음양의 조화와 화합의 논리가 흐르고 있다.

2) 백성이라는 말을 씨알로 번역

다석은 '백성'을 우리말로 '씨알'이라는 우리말을 만들어 번역하였고, 함석헌(咸錫憲)이 1970년 『씨올(씨알)의 소리』라는 잡지를 창간하면서 널리

---

1 유기체적 사고는 인도 불교철학자 용수의 중론(中論)에서 체계화되었는데, 객관적인 사유는 사구를 매개로 해서 얻어진다. 모든 문제를 논의하게 되는 이 사구 논리는 반대자의 명제 자체가 오류라는 것을 인식시키는 논리 전개 방법이다.

2 부정의 논리는 '~이 아니다'는 논리로 긍정을 드러내는데, 『도덕경』 서두에서 선언[道可道 非常道 名可名 非常名(말로 도를 논하면 진짜 도가 아니다. 말로 이름을 붙이면 진짜 이름이 아니다.)]을 한다. 서구 기독교의 부정신학도 『도덕경』의 선언과 같은 공명을 낸다. 예를 들어, '절대자는 진리다'라고 말하면, '아니다. 진리를 넘어 있다'라고 한다. '하느님은 사랑이다'는 표현도 한계가 있다. '하느님은 사랑이다'라고 정의하면 하느님은 사랑이라는 개념 안에 갇히게 된다. 그러므로 '하느님은 사랑만은 아니다. 사랑을 넘어 계신다'라고 부정의 언어를 통해 진리를 드러내는 것이다.

알려지게 되었다.

'씨알'이라는 말은 종자(種子)를 의미하는 순우리말이다. '씨알'이 변하여 씨앗이 되었고, 씨알이 줄어서 씨로 쓰이기도 한다.[3] 다석의 제자 박영호(朴永浩)는 씨알의 유래를 알[卵]과 얼[靈]에서 찾는다. "옛날에는 반드시 알[卵]과 얼[靈]이 나눠지지 않아 '알'이 '얼'이요 '얼'이 '알'로 쓰였다. 그래서 '씨알머리' 없는 놈, '속알머리' 없는 놈이라고 하면 얼빠진 놈이요 정신없는 놈을 말하였다. 정신이 형이상(形而上)의 '씨알'인 것이다."[4] '씨알'은 순우리말 '씨'와 '알'을 한데 붙인 말이다.

생명의 씨와 알인 '씨알'은 세상 어디나 있다. 살아 있는 것은 생명의 씨와 알을 통해서 생성하고 자라고 변화하며, 되어 가는 과정 속에서 다시 씨가 되고 알이 된다. 저절로 자라는 뭇 풀과 들꽃의 씨알은 생명의 먹이사슬의 바탕을 이루고 서로 돕고 나누며 조화와 상호 보완을 통하여 다시 씨가 되고 알이 된다.

다석은 씨알이라는 말에 철학적인 뜻을 부여하였다. 다석은 '하느님의 아들'을 씨알이라고 하였다. 내 속에 와 있는 얼인 하느님의 아들을 하느님의 씨알이라고 표현했다. 이 말이 다석 사상의 핵심이고, 그야말로 씨알이다.[5]

---

3 박영호(1995), 『다석 유영모의 생각과 믿음』, 현대문화일보, 68쪽.

4 박영호(1995), 같은 책, 같은 곳.

5 박영호(1995), 같은 책, 68-69쪽. "내 맘 속에 있는 하느님의 씨알인 독생자를 믿지 않으면 멸망할 것이다. 위로 거듭날 생각을 안 하니, 그것을 모르니까 이미 죽은 것이다. 몸의 숨은 붙어 있지만 벌써 멸망한 것이다. 이 몸이 죽지 않는다거나 다시 살아난다고 생각하면 못쓴다. 위로 난 생명을 믿어야 한다. 몸이 죽는 게 멸망이 아니다. 벗겨질 게 벗겨지고, 멸망할 게 멸

"씨는 하늘에서 온다. 말씀은 하늘에서 온다. 하늘에서 오는 것을 여래 (如來, Tathagata)라고 한다. 진실하게 생명을 가지고 온다. 여여불생(如如 不生), 내내불멸(來來不滅)이다. 여여하게 그대로 와도 나지 않고, 오고 와 도 죽지 않는다. 얼이기 때문에 나지 않고 죽지 않는다. 내게 온 얼의 씨는 나지 않고 죽지 않는다. 불생불멸(不生不滅)이다."[6]

다석은 하느님의 아들, 하늘의 씨알로서 살기 위하여 사람은 항상 정 신이 깨어 '참 나'인 하느님을 알아야 한다고 하였다.[7]

3) 제소리, 계소리, 가온소리

나는 거지다. 무엇이든지 닥치는 대로 주워 먹었다. 딱딱한 음식, 부드 러운 음식, 좋은 음식, 험한 음한 가리지 않고 먹었듯이, 나는 부처, 공자, 노자, 장자, 톨스토이, 간디, 카를 융, 헨리 소로의 가르침과 사상 그리고 예수의 가르침을 가리지 않고 먹었다. 생각을 맑게 하는 좋은 사상, 마음 을 어둡게 하는 부정적인 사상, 잡다한 잡지, 사상지, 평론지 등등 닥치 는 대로 집어 먹었다. "가지가지의 영양이 들어 있는 음식물과 과일이 내

망해야 영원한 생명의 씨알이 자란다. 거듭난 생명의 씨알로서 위로 나야 그게 사람노릇을 바로 하는 것이다. 얼을 깨야 한다는 것이다. 거듭나야 한다는 것이다. 그렇지 못하면 짐승의 새끼다."

6 박영호 엮음(2002), 『다석 류영모 어록』, 두레, 45쪽. "如如不生, 來來不滅, 不生不滅."

7 박영호(1995), 『다석 유영모의 생각과 믿음』, 현대문화일보, 70쪽. "위로 머리 둔 사람은 모두 가 하느님의 아들이다. 거듭날 생명의 씨(알)로서 위로 나야 한다. 그게 사람의 노릇을 하는 것이다."

배 속에 들어오면 완전히 분해되고 용해되어 나의 몸을 움직이게 하는 영양분과 에너지가 되듯이, 나는 어떠한 것도 소화시킬 수 있는 튼튼한 마음의 위를 가졌기 때문에 다양한 사상, 가르침, 생활의 지혜와 지식을 완전히 용해시켜 나의 소리가 되게 한다. 남의 이야기를 옮긴다든지, 반복해 말하는 것은 앵무새나 다름없기에 나만의 소리를 내려고 꾸준히 마음을 닦는 수행을 하였다.

다석 유영모는 성경 말씀을 서양의 선교사나 신학자들이 풀이해 준 대로 따라하지 않고 순우리 한국인의 슬기와 지혜, 얼과 영성으로 자기만의 독특한 한국의 얼의 소리를 낸 영성가이다. 남에게 들은 소리를 앵무새처럼 반복하는 것이 아니라 하느님으로부터 받은 '계소리'를 듣고, 하늘과 소통하는 '가온소리'를 알았기에 다석은 자기의 소리인 '제소리'를 낼 수 있었다.

절대존재(存在)를 '계', 상대적인 실존(實存)을 '제', 존재와 실존의 만남을 '가온찍기'라 한다면, 지금(now), 여기(here)의 실존의 소리는 '제소리'이다. 절대존재의 계시가 '계소리'라 한다면, 존재와 실존의 만남의 소리는 깨달음의 소리인 진리의 소리이며, '가온찍기의 소리'이다. 다석이 '계소리'를 들은 것은 1942년 1월 4일이다(52세). 이때 다석은 가온찍기(ㄴ·ㄱ)를 경험하였다. 그 후 1955년 4월 26일 '죽음 선언'을 한 뒤, 위로 하느님을 생각하고, 마음속으로부터 나오는 자신의 소리인 '제소리'를 1975년 1월 1일까지 20여 년에 걸쳐 『다석일지』에 남겼다. 다석의 제자, 김흥호(金興浩) 선생은 '계소리'가 진리를 깨달은 소리라면, '가온소리'는 도(道)의 소리요, '제소리'는 생명의 소리라고 말하였다.[8]

4) 일일주의(一日主義)

유영모는 1941년 마음의 전기를 맞아 예수 정신을 신앙의 기조로 삼는다. '부르신 지 38년 만에 믿음에 들어감'이라는 글을 남기며 일일일식(一日一食)을 시작한다.

유영모는 자신의 건강에 힘썼다. 건강을 잃으면 이중으로 갇혀 부자유하게 된다고 생각하였다. 유영모는 냉수마찰을 하고, 적게 먹고, 금욕생활을 하고, 걷기에 힘쓰고, 일찍 자고 일찍 일어났다. 금욕과 절제로 이루어진 구도자와 같은 삶이었다.

> "참 지혜를 알면, 인생의, 삶의 참 의미는 오늘살이[今日生活]에 있다는
> 것을 알게 된다. '오늘'은 '지금[今日]', '여기[此處]', '나[自我]'라는 말이 함께
> 하는 것이다. 지금(now), 여기(here), 내(I)가 같은 뿌리이다. 단지 불러
> 지는 이름이 다르다. 즉 동출이이명(同出而異名)이라는 의미이다. 이름
> 만 다를 뿐이지, '나', '지금', '여기'라는 말은 같은 이치요 하나이다. 이
> 셋이야말로 삼위일체라 할 것이니 '오늘'이라 할 때엔 '여기' '내가' 있는
> 것은 물론이요, '여기'라 하는 곳이면 '지금' '내가' 사는 것이 분명하고,
> 나라 하면 오늘 '지금' '여기'가 전제되어 있는 것이다"[9]

---

8 예수가 니고데모와 대화에서 "위로부터 나지 않으면 안 된다, 위로부터 나야 하늘나라도 가고 하늘나라 볼 수 있다"(요한 3:3, 공동번역)라고 하신 것같이, 존재와 실존이 만나고 위로부터 오는 말씀을 들어야 '제소리'를 낼 수 있다. 예수의 제소리는 진리의 소리이며 사랑의 소리이다. 우리도 위로 올라가는 사색을 통하여 하늘에 꼭 대는(검지로 꼭 대는 것이 순우리말 '꼭대기'라 함) 삶을 통하여 자기 소리, '제소리'를 내야 한다.

9 유영모(1993), 『오늘』, 성천문화아카데미.

예수, 간디, 유영모는 '오늘'을 영원한 하루로 생각하고 산 일일주의자(一日主義者)이다.[10] 다석은 하느님의 씨알로서 지금, 여기서 오늘의 삶을 올곧게 산 인물이다. 과거에 집착하거나 매이지 않고 미래에 대해서 불안해하거나 망상이나 헛된 생각 안 하고 지금 이 순간 이 자리에서 오늘 하루를 온전하게 산 것이다. 이것이 사실은 사는 길이다. 과거는 지나가서 없는 것이고, 미래는 아직 오지 않은 것인데 과거에 집착하면 할수록 오늘 삶은 낡아지고 죽어간다. 또 오지 않은 미래에 대해서 걱정할수록 삶은 힘이 빠진다. 사는 길은 지금 이 순간을 사는 것밖에 없다. 예수, 석가, 소크라테스가 다 같이 우리에게 말해 준 것이다. 지금 이 순간에 충실하는 것밖에 길이 없다. 지금 이 순간에 하느님을 만나도 만나는 것이고, 나를 만나도 만나는 것이다. 다석은 늘 오늘 하루, 지금 이 순간에 살았다.

5) 귀일(歸一) 신앙: 없이 계신 이, 하느님에게로 돌아감

장횡거(張橫渠)의 우주에 대한 인식에 따르면, 우주 현상은 기(氣)가 모

---

10 예수는 오늘의 삶을 강조하였다. 오늘만이 나에게 주어진 시간이라고 생각하고 철저하게 인생을 살라고 하였다. 이 말은 '오늘 하루를 최선을 다하여 살아라. 내일은 없다고 생각하고 오늘을 영원처럼 살라'는 말이다. 예수는 영원한 '오늘'에 대하여 이야기한 것이다. "너희는 먼저 하느님의 나라와 하느님께서 의롭게 여기시는 것을 구하여라. 그러면 이 모든 것도 곁들여 받게 될 것이다. 그러므로 내일 일은 걱정하지 말아라. 내일 걱정은 내일에 맡겨라. 하루의 괴로움은 그 날에 겪는 것만으로 족하다"(마태 6:33-34, 공동번역). 간디도 영원한 오늘을 산, 깨달은 사람이다. 암탉이 매일 알을 낳듯이 간디는 마음을 비우고 절대자 현존 안에서 날마다 생각의 씨알을 낳았다. 그 생각이 『날마다 한 생각』이라는 책에 담겨 있다. 생각의 씨알이 비폭력, 무저항으로 피어나고 마음의 평화로 억압과 폭력을 이겨 냈다.

이고 흩어지는 과정 속에서 나타난다고 한다. 기가 모여 사물이 형성되는데, 사물의 생성은 일정한 법칙을 따라 이루어진다고 보았다.

ㄱ. 모든 사물은 기의 취산공취(聚散攻取), 기가 모이고 흩어지는 데서 생성되고, 결국 태허(太虛)로 돌아간다.[11]

ㄴ. 한 사물은 반드시 그것과 대립하는 상반된 것이 존재한다. 어떤 고립(孤立)된 사물이 있다면, 그 사물은 그 사물이 될 수 없다.[12]

ㄷ. 조화(調和)에 의해서 생성된 산물은 서로 똑같은 것이 하나도 없다.[13]

ㄹ. 기가 흩어지면 다시 모이고, 모이면 다시 흩어진다. 기가 모이면 사물이 형성되고, 기가 흩어지면 사물은 소멸한다. 이와 같이 우주는 순환하여 쉬지 않는다.[14]

다석 유영모는 다른 성리학자보다는 장횡거의 인간관과 우주관을 받아들이고 그 개념을 발전시킨 것으로 여겨진다. 예를 들면, 유영모는 기의 수축과 팽창, 취산공취의 현상을 기의 자연스러운 활동으로 보고, 부정적이고 긍정적인 두 힘을 귀(鬼)와 신(神), 즉 귀신(鬼神)으로 해석하였

---

11 氣本之虛, 則諶本[本: 一]無形. 感而生, 則聚而有象. 有象斯有對, 對必反其爲. 有反斯有仇, 仇必和而解. 故愛惡之情, 同出於太虛, 而卒歸於物欲. 倏而生, 忽而成, 不容有毫髮之間, 其神矣夫!(「正蒙」, 太和篇).

12 物無孤立之理. 非同異屈伸終始以發明之, 則雖物非物也. 事有始卒乃成, 非同異有無相感, 則不見其成, 不見其成, 則雖物非物, 故曰: "屈伸相感而利生焉"(「正蒙」, 動物篇).

13 造化所施, 無一物相肖者. 以是知萬物雖多, 其實一物, 無無陰陽者. 以是知天地變化, 二端已(「正蒙」, 太和篇). 游氣紛擾, 合而成質者, 生人物之萬殊; 其陰陽兩端, 循環不已者, 立天地之大義(「正蒙」, 太和篇).

14 太虛不能無氣; 氣不能不聚而爲萬物; 萬物不能不散而爲太虛; 循是出入, 是皆不得已而然也(「正蒙」, 太和篇).

다. "유교에서 귀(鬼)는 귀(歸)이다. 신(神)은 신(伸)이다. 우리 앞에 나타난 게 신(神)이고, 돌아 들어간 게 귀(鬼)다."[15] 사물이 생겨나면 기가 점점 모여 사물이 왕성하고, 사물의 생성이 절정에 달하면 기는 점점 되돌아가 흩어진다. 모이는 것이 신(神)이니 사물이 신장하기(伸) 때문이요, 되돌아가는 것이 귀(鬼)이니 사물이 복귀하기(歸) 때문이다. 펴는(伸) 모양이기에 음양(陰陽)의 조화를 '신(神)' 같다고 하고, 반대로 모였던 기가 그 근원으로 돌아가는(歸) 것이므로 '귀(鬼)'라고 한다. 신(神)은 펴는 것이므로 신(伸)이고, 귀(鬼)는 돌아가는 것이므로 귀(歸)이다. 그러므로 신(神)은 신(伸)이고, 귀(鬼)는 귀(歸)인 것이다. 다석은 장횡거가 귀신(鬼神)이라는 영적인 개념을 이성적으로만 해석했다고 비판하였다.

다석 유영모는 장횡거의 성(誠)의 개념을 성령과 하나 되는 체험으로 수정·보완하였다. 정신수양으로 진리를 깨닫고, 참 자아[眞我, true self]를 발견함으로서, 사람은 하느님과 하나가 된다. 성령(聖靈)과 하나가 된 자아가 참 자아가 된다. 다석은 진리의 영(靈)으로서 성령이 참 자아라고 말한다.[16] 참 자아가 성령과 하나 될 때, 자아 안에 계신 하느님이 드러난다. 앞에서 언급했듯이 유학자들은 성(誠)을 하늘의 길로 생각한다. 그리고 성에 이르는 길을 배우는 것이 인간의 길로 여긴다. 다석 유영모는 이러한 의미의 하늘을 하느님이라고 해석하였다. 『다석 류영모 어록』에서

---

15 박영호 엮음(2002), 『다석 류영모 어록』, 두레, 371쪽. 한자 귀(鬼)와 귀(歸), 신(神)과 신(伸)은 동음이어이다. 장횡거의 「정몽」에서 귀와 신에 대하여 언급한다[至之謂神, 以其伸也; 反之爲鬼, 以其歸也(「正蒙」, 動物篇)].

16 박영호 엮음(2002), 『다석 류영모 어록』, 두레, 200쪽, 참조; 같은 책, 36, 72, 146-147, 199쪽.

하늘과 합일(合一) 또는 우주와 하나됨에 대한 언급을 자주 찾아볼 수 있다. 또한 '서명(西銘)'으로 알려진 장횡거의 간략한 글에서도 보인다. 「정몽(正蒙)」의 제17장 건칭편(乾稱篇)을 후대에서는 「서명(西銘)」이라고 부르게 되었다. 「서명」 가운데 한 문단이지만, 하늘과 하나 됨을 잘 설명하고 있는 아래의 글은 장횡거의 뛰어난 사상을 잘 보여 주고 있다.

> 하늘[乾, heaven]을 아버지라 일컫고, 땅[坤, earth]을 어미니라 한다.[17] 나는 여기에서 조그만 모습으로 이에 뒤섞여 그 한가운데 있다. 그러므로, 우주에 가득찬 기(氣)가 내 몸을 이루고 우주의 주재가 나의 본성(本性)을 이룬다. 만민은 나의 한 뱃속 형제이고, 만물은 나의 동료이다. 위대한 임금[大君]이란 내 부모의 큰아들[宗子]이고, 그 대신(大臣)들은 큰아들의 가신(家臣)들이다. 나이 많은 사람을 존경함은 내 집의 어른을 모시는 것이고, 외롭고 약한 이를 자애롭게 보살핌은 내 아이를 사랑하는 일이다. 성인(聖人)은 덕이 우주에 필적하고, 현인(賢人)은 그다음으로 뛰어나다. 무릇 하늘 아래 노쇠한 이, 불구자, 형제 없고 아들 없는 사람, 홀아비, 과부 등은 모두 나의 형제 중에서 곤란과 고통에 처해 있으면서도 하소연할 곳이 없는 불쌍한 이들이다. 우리가 '그들을 보양함은 마치 부모를 감싸는 아들의 보살핌과 같고[于時保之]'[18] 우리가 그들을 반기고 낙심하지 않는 것이야말로 진정 순수한 효성이다. [⋯]

---

17 乾, 天也, 故, 稱乎父. 坤, 地也, 故, 稱乎母(『易經』, 「說掛傳」).
18 樂天知命, 故, 不憂(『易經』, 「繫辭傳」上).

조화의 이치를 알면 우주 부모의 사업을 잘 계승할 수 있고, '신명을 궁
구하면[窮神]'[19] 우주 부모의 뜻을 잘 계승할 수 있다.[20]

다석은 장횡거의 대동정신을 높이 평가하고 모두가 하나라고 보았다.
결국 모든 것은 하나이신 하느님에게로 돌아간다고 보았다. 다석은 하나
이신 하느님에게로 돌아가는 것을 귀일(歸一)이라고 하였다.

6) 없이 계시는 하느님

기독교 신학계에서 하느님을 논할 때 두 가지 방법을 쓴다. 가치의 극
대화로 하느님을 설명하는 긍정의 방법과, 인간의 언어로는 하느님을 설
명할 수 없다는 부정의 방법이 있다. 서구 신학사에서는 긍정의 방법을
선호하여 긍정신학이 발달하였다. 그러나 하느님과 합일 체험을 한 신비
가들은 하느님의 절대 초월성을 절감한 나머지 인간의 말로써 하느님을
논하지 않고 침묵한다. 신의 존재에 대해서 말하면 결국 말이나 생각으
로는 어찌해 볼 도리가 없다. 언표(言表) 불가능하다고 한다. 그래서 부정
의 언어를 사용하여 하느님을 긍정한다. 이러한 신학을 부정신학이라고
한다. 부정신학은 유불선의 태극-무극사상, 공사상과 일맥상통하는 면
이 있다. 다석은 하느님을 거론할 때 긍정과 부정의 두 방법을 사용하여

---

19 窮神知化, 德之盛也(『易經』, 「繫辭傳」上): 夫孝者, 善繼人之志, 善述人之事者也(『中庸』, 「第三篇」).
20 乾稱父, 坤稱母; 予玆藐焉, 乃渾然中處. 故天地之塞, 吾其體; 天地之帥, 吾其性. 民吾同胞; 物吾與也. 大君
者, 吾父母宗子; 其大臣, 宗子之家相也. 尊高年所以長其長, 慈孤弱所以幼其幼. 聖其合德, 賢其秀也. 凡天下
疲癃殘疾. 惸獨鰥寡, 皆吾兄弟之顚連而無告者也. 於時保之, 子之翼也, 樂且不憂, 純乎孝者也 […] 知化則善述
其事, 窮神則善繼其志(『西銘』).

하느님을 일컬어 '없이 계신 읗'라고 하였다.[21]

다석은 부정의 언어로는 '없음[無]'의 하느님을 자주 사용하였지만, 긍정적 방법으로 하느님을 언표할 때는 '하느님, 읗'라는 인격적인 표현을 하였다. 하느님과 우리와의 관계는 부자유친이라 하였다. "평생을 통해 아는 것은 하느님 아버지가 '나'를 낳아 주고, 그 생명인 '나'가 하느님, 아버지를 발견한다는 사실이다. 아버지를 발견한 것이 '나'이다. 내가 없으면 아버지를 발견하지 못한다."[22] 다석은 하느님을 언급할 때 '아브', '압숗' 라는 말을 쓰면서 '없이 계신 엄ㅇ', 즉 어머니라는 말을 사용하기도 하였다. 여성신학에 의해 사용된 '어머니 하느님'이 등장하기 앞서 이미 다석은 남녀의 성적 구별을 넘어 '없이 계신 엄ㅇ'라는 말을 사용하였다.[23]

'없이 계신 엄ㅇ – 압숗'라는 한글 시에서 다석은 어머니 하느님이라는 말을 쓴다. 그리고 이 시에서 흠ㅇ에 이른 사람이 하느님의 아들이라고 하였다. 하나인 소아(小我)가 있다가 가는 곳을 안다. 소아가 '없나[無 我]'에 이르면 흔 일을 깨달아 대아(大我)인 흠ㅇ와 하나가 된다. 세상에 나왔다가 하나로 들어가면 새로 태어난 '없나'이다. 없는 대아(大我)인

---

21 유영모(1990), 「1959년 6월 16-19일」, 『다석일지』, 홍익재.
22 다석학회(2006), 『다석강의』, 현암사, 203쪽.
23 유영모(1990), 「1959년 6월 25일」, 『다석일지』, 홍익재.
    없이 계신 엄ㅇ – 압숗/
    하나 알아 있다 간데 흔 일 알아 흠ㅇ이다./
    났다 들믄 새삼 없나 없흔ㅇ 욹ㄴㄱㅇ돌이/
    있없이 업시 계신ㄷㅣ 참찾 아브 도라듦./

혼 을 안 사람이 가온찍기(ㄴ·ㄱ)를 한 하느님의 아들이다. 아들은 있으
면서 없이 계신 아버지를 찾아 귀일(歸一)하는 것이다.

없이 계신 하느님은 유무(有無, 있음과 없음)를 넘어 계시고, 동시에 있음
과 없음을 모두 품는다. 또한 '있음[固有]'과 '없음[虛無]'이 하나가 되어 신(神)
이 된다[固有虛無一合神].[24] 그리고 '없는 혼 '인 하느님과 '하나'인 인간의 나
가 합동하여 '참 하나'가 된다[神人合同也一眞].[25] 신앙이란 다름 아닌 신인합
일(神人合一)을 이루는 그 '하나를 믿는 것[信一]'이다.

없이 계신 하느님이라는 말을 불교의 반야라는 말에 대비해 보자. "반
야 자체는 실재가 있으나 유(有, 있음)는 아니고, 비어 있으나 무(無, 없음)
는 아니다." '반야'라는 말 대신에 '하느님'이라는 말로 대치해 보자. "하느
님 자체는 실재가 있으나 '있음'은 아니고, 하느님은 영(靈)이기에 비어 있
으나 '없음'은 아니다."

하느님은 현상적으로 나타나는 존재가 아니므로 없다고 할 수 있으나,
없다고 말하자니 영으로 존재한다. 하느님은 영으로 존재하나 현상적으
로는 존재하지 않는다. 초현상적인 면에서 하느님은 영으로 존재하나 현
상적인 면에서 있음이라고 말할 수 없다. 다시 말하여 하느님은 있다고
할 수 있으나 영이시니 눈에 보이지 않는다. 눈에 보이지 않는다고 없다
하자니, 하느님은 영으로 존재한다. 그러므로 하느님은 없다고 할 수 없

---

24 유영모(1990), 「1957년 4월 23일」, 『다석일지』, 홍익재.
25 유영모(1990), 같은 책, 같은 곳.

다. 이러한 속성을 가진 하느님은 없으면서 있고, 있으면서 없다. 그래서 다석은 하느님을 "없이 계신 님"이라고 표현하였다.

거룩한 신적인 '있음'은 유한한 유(有)의 관점으로 본다면 없는 것이나 다름없다. 그러나 무(無)의 관점에서 보면 존재하는 것이다. 그래서 다석은 절대자를 '없이 계시는 하느님'이라고 말한 것이다.

7) 하늘, 땅, 인간 그리고 한글

예수는 하느님과 인간의 바른 관계, 인간과 인간의 관계에 대하여 말씀하셨다. 인간과 하느님의 수직관계와 인간과 인간의 수평관계를 하나로 하면, 십(十)이 되고 그림으로는 십자가(十字架) 모양이 된다. 하느님 사랑과 이웃 사랑을 잘 표현한 말씀, "네 마음을 다하고 네 목숨을 다하고 네 힘을 다하고 네 생각을 다하여 주님이신 네 하느님을 사랑하여라. 그리고 네 이웃을 네 몸같이 사랑하여라"(루가 10:27, 공동번역)은 예수의 핵심 사상이자 성경 전체의 대강이다. 하늘을 우러러 하느님을 경배하며 사랑하고 이웃을 내 몸처럼 사랑하라는 예수의 말씀을 실천하면, 더 나아가서는 자연과 모든 생명을 존중하며 아끼고 사랑할 것이다.

배달민족 한사상(Hanism)의 근본이 되는 『천부경』 중 천지인(天地人) 사상의 핵심은 하늘과 땅과 인간이 하나라는 것이다. 예수의 말씀은 하느님과 인간의 관계를 중요시하는데, 한사상은 하늘과 인간, 그리고 더 나아가서 자연을 덧붙여 분명하게 말하고 있다. 해, 달, 별, 무수한 기운을 품고 있는 하늘은 우주 그 자체이다. 우리가 살고 있는 땅도 우주인 허공 속에 있으며, 허공인 우주는 광대무한하다. 허공, 하늘과 땅으로부터 생명을 받은 사람도 역시 우주 그 자체이다. 하늘과 땅, 그리고 무수한 생명, 우리 자신까지도 모두 하나의 거대한 유기체를 이룬다고 다석은 말하였다.

> 우리의 숨줄은 하늘에서부터 내려온 나다. 성령의 나다. 그래서 제일 중요한 것이 있다면 우리의 숨줄인 영원한 생명줄을 붙잡는 것이다. 붙잡은 생명줄이 긋이다. 긋은 숨줄 긋이다. 이 숨줄 긋을 붙잡는 것이 가온찍기(ㄴㆍㄱ)이다. 가온찍기야말로 진리를 깨닫는 순간이요. 찰나 속에 영원을 보는 것이다. 가온찍기는 자각이다.

다석 유영모는 『천부경』과 『도덕경』을 순우리말로 풀이하였다. 한글을 하늘의 바른 소리라고 말한 다석은 한마디로 한국적 사상체계를 기초로 하여 기독교를 해설하고 한글로 신학을 하였기 때문에 다석의 신학은 기독교의 동양적 이해라고 말할 수 있다. 그는 유불선(儒佛仙)은 물론 우리 민족의 고유한 경전인 『천부경』에서 사상의 중심원리를 찾아내었다. 여기서 중요한 것은 천지인 사상이다. 천(ㆍ), 지(ㅡ), 인(ㅣ)을 근간으로 다석은 소리글자인 한글을 '하늘의 글(天文)', 하늘의 정음(正音), 곧 하늘의 바른 소리를 표현하는 뜻글자로 풀이하였다.

한글의 자음도와 모음도 그리고 한글 본체도는 하늘과 자연, 그리고 인간관계를 보여 주는 천지인 사상을 바탕으로 되어 있음을 잘 나타내고 있다. 원(○)은 하늘, 네모(□)는 땅, 그리고 세모(△)는 인간을 의미하는데, 천부경에서는 원(圓), 방(方), 각(角)이라고 한다.

4. 맺는말

동양사상을 깊이 이해하고 온몸으로 체득한 다석은 '무지(無知)의 앎'과
'반야(般若)의 지(知)'의 입장에서 무(無)뿐만 아니라 유(有)를 이해한 사상가
이다. 다석은 유와 무를 서로 보완하고 조화시켜 태극과 무극, 공과 태
공, 허과 태허의 관계 속에서 절대를 보았고, 그 속에서 이해한 절대자가
바로 '없이 계신 하느님'이다. 이러한 동양적인 사유 속에서 이해된 하느
님은 일반적으로 기독교인들이 아는 신론과는 다르고, 전통적인 기독교
교리와는 거리가 있다. 다석은 노장사상과 사서오경, 불교사상을 바탕
으로 사물을 이해하였기 때문에, 다석은 무(無)와 무위(無爲), 허(虛)와 태허
(太虛), 공(空)과 태공(太空)의 차원에서 절대자를 이해할 수 있었다. 그리고
유(有)의 관점보다도 무(無)의 관점에서 사물을 바라보았기 때문에 불교,
유교, 노장사상, 기독교를 아우르는 사고를 할 수 있었다고 본다.

또 한편으로 다석은 절대적인 관점과 상대적인 관점에서 하느님을 이
해하였다. 다석은 절대적인 개념에서는 태극(太極)을 무극(無極)이라고 하
였고, 상대적인 개념에서는 태극이라고 하였다. 다석은 극(極)을 우리 인
식능력의 한계점으로 생각하고 있다.[26] 그러므로 인식능력을 넘어서는
차원에서는 무극이라고 부르고, 우리의 오관으로 인식할 수 있는 범위

---

[26] 상대와 절대에 대하여서는 박영호 엮음(2002), 『다석 류영모 어록』, 두레, 26, 42-43, 47-48,
98, 105, 168, 172, 175, 185, 240-242, 263, 274-275, 287-288, 294, 313, 325, 327-329, 333,
344, 349, 360쪽을 참조하라.

안에서는 태극이라고 하였다. 또한 현상세계와 초현상세계라는 관점에서 태극을 해석하였다. 다석은 우리의 지성과 의식으로 인식할 수 없는 초현상세계에서는 무극으로, 우리의 지식과 감각으로 인식할 수 있는 현상세계에서는 태극으로 설명하였다.

다석의 글에는 나라 세우는 일로 고심한 흔적이 많이 나타난다. 80세가 넘어서 쓴 한시나, 신앙시에서도 예수 이야기를 많이 하면서 나라 이야기도 자주 하였다. 정치적으로 이 세상에 세우는 그런 나라는 아니지만, 단군이 세운 나라, 예수의 나라, 하늘나라를 일직선상에 놓고 늘 이야기하였다. 그런 의미에서 민족사적으로 다석 사상이 중요하다고 본다.

어린이에게 '사랑의 선물'을 전하다,

방정환

이미정

건국대학교 글로컬캠퍼스 동화·한국어문화전공

1. 다재다능했던 인물, 방정환[1]

1899년 서울 야주개에서 태어난 방정환(方定煥, 1899-1931)은 1931년 신장염과 고혈압으로 세상을 떠났다. 32세라는 젊은 나이였다. 하지만 그가 이 세상에 살았던 시간보다 더 오래, 그리고 더 친근하게 우리는 그를 기억한다. 독립운동가, 작가, 아동문화운동가, 동화구연가, 출판인 등 그를 부르는 다양한 명칭들이 보여 주듯이 다방면에 걸친 뛰어난 재능과 그 재능만큼 치열하게 살아 낸 그의 삶은 그 자체로도 한 편의 영화를 떠올리게 한다.

방정환은 풍족한 집안에서 자랐다. 일곱 살 때 두 살 위 아저씨가 학교에 가는 것을 보고 몰래 따라갔다가 학교에 다니기 위해 댕기머리를 자른 일화는 방정환의 장난스러운 모습을 잘 보여 준다. 어린 시절 동네 아이들을 모아 두고 연극 흉내를 내기도 했고, 환등(幻燈)을 접했던 경험은

---

1 방정환의 생애와 작품세계에 대해서는 다음 책을 바탕으로 했음을 밝혀 둔다. 염희경(2014), 『소파 방정환과 근대 아동문학』, 경진.

방정환의 예술적 기질에 영향을 준 것으로 보인다.

그러나 9살 때 집안 형편이 어려워지면서 방정환의 인생도 달라진다. 남의 집에 밥을 얻으러 다녀야 했고 배고픔을 참으며 학교에 다녔다. 방정환은 쌀을 얻으러 다니는 것이 싫었지만 무엇보다 어머니의 눈물을 보는 것이 슬펐다고 한다.

1913년 보통학교를 졸업하고 선린 상업학교에 입학했다. 그 후에는 총독부 토지조사국의 사자생(寫字生)으로 취직하며 생계를 이어 갔다. 어려운 형편이었지만 계속해서 책을 읽고 글을 써 나갔다. 1917년 천도교 3대 교주 손병희의 셋째 사위가 되면서 방정환의 운명은 전환점을 맞는다. 천도교의 지원을 받으며 청년 운동을 펼쳤고, 이는 소년 운동으로 이어진다. 종합잡지 『개벽』과 여성잡지 『신여성』, 어린이 잡지 『어린이』, 보다 높은 연령을 독자층으로 삼은 『학생』, 영화잡지 『녹성』까지 필자와 편집인으로 활발하게 활동했지만 방정환이라는 인물과 그 생애를 명료하게 드러낼 수 있는 열쇳말은 '어린이'가 아닐까 싶다. 방정환의 다재다능함을 모두 아우를 수는 없겠지만, 그 뛰어난 재능들이 집약되어 활짝 꽃을 피운 것이 바로 그의 『어린이』라는 점도 이를 잘 보여 준다.

이 글에서는 방정환이 어린이에게 전했던 '사랑의 선물'을 중심으로 살펴볼 것이다. 이때 사랑의 선물은 중의적 의미를 갖고 있다. 1921년 그가 펴낸 번안동화집 『사랑의 선물』과 어린이에 대한 깊은 애정에서 비롯한 그의 활동들, 『어린이』 잡지 창간 및 발행과 아동문학 창작을 함께 가리킨다.

아동문학에서 방정환은 여전히 많은 물음표를 던지는 인물이다. 수십

개에 달하는 필명[2]들은 그의 작품인지 혹은 아닌지에 대한 고민을 하게한다. 옛이야기, 동극, 동시, 동화, 소년소설, 번안동화 등의 넓은 스펙트럼을 갖고 있는 그의 작품들은 그의 작가적 역량을 가늠하기 어렵게 만든다. 이 문제적이면서도 현재진행형의 인물 방정환, 그가 전하는 '사랑의 선물'을 하나씩 살펴보기로 한다.

2. 방정환의 '사랑의 선물'

1) 번안동화집『사랑의 선물』

『사랑의 선물』은 동경 유학 시절 방정환이 펴낸 번안동화집이다. 여기에는 세계 동화 10편이 수록되어 있다. 초판 발행은 1922년 7월 7일로 알려져 있다. 1927년까지 10판 20만부를 판매했고 1928년에 11판을 발행할 정도로 큰 인기를 얻었다. 『사랑의 선물』의 영향으로 『사랑의 불꽃』, 『사랑의 눈물』 등 비슷한 제목을 가진 책들도 발간되었고 어린 독자들은 『사랑의 ○○』이라는 제목이 들어가기만 하면 동화책인 줄 알고 사오는 경우도 있었다고 한다.[3] 아쉽게도 초판은 발굴되지 않았고 1928년에 나온 11판이 현재 확인할 수 있는 가장 빠른 시기의 판본이다. 서문에는 방정환이 쓴 짧은 글이 나와 있다.

---

2 방정환의 필명으로는 깔깔박사, 소파, 잔물, 북극성, 몽중인, 몽견초, 파영, 은파리, ㅈㅎ생, sp생, 길동무, 일기자 등이 있다.
3 이기훈(2002), 「1920년대 '어린이'의 형성과 동화」, 『역사문제연구』 8, 역사문제연구소, 35쪽.

학대밧고 짓밟히고, 차고, 어두운속에서 우리처럼 또 자라는 불상한 어린 령들을 위하여 그윽히 동정하고 아끼는 사랑의 첫 선물로 나는 이 책을 짜엇습니다.

방정환은 조선의 어린이가 이중의 억압을 받고 있다는 데 주목했다. 사람들은 어린이를 식민지 조선의 백성으로, 또 어른의 뜻에 따라야만 하는 어린 사람으로 본 것이다. 하지만 그가 생각하는 어린이는 존중받아야 하는 인격체였고 "크게 자라날 어림이요, 새로운 큰 것을 지어낼 어림"[4]이었다. 그 어린이들을 위한 첫 선물이 바로 『사랑의 선물』이었다. 이 책에는 독일, 영국, 덴마크, 시칠리아, 이탈리아, 프랑스 등 다양한 나라의 동화가 번안되어 있다. 서문에서 쓴 것처럼 학대받는 불쌍한 인물들이 주로 나오지만 이를 큰 공통점으로 제시하기는 어렵다. 이보다는 재미와 감동을 주는 '종합선물'로 생각하는 것이 적절해 보인다.

『사랑의 선물』에는 우리에게 잘 알려진 「신데렐라」, 「잠자는 왕녀」를 비롯해 안데르센의 「장미요정」, 시칠리아 옛이야기 「요술 왕 아아」 등이 수록되었다. 열 편의 작품 모두 원작 그대로 번역하지 않고 우리 처지에 맞게 맛깔스럽게 바꾸어 내고 있는데 여기서도 방정환의 이야기꾼으로서 재능을 발견할 수 있다. 이 가운데서도 특히 눈에 띄는 작품은 「왕자

---

4 1926년 『어린이』 5월호에 발표한 어린이날 기념사에는 방정환이 쓴 다음과 같은 글이 실려 있다. "우리의 어림[幼]은 크게 자라날 어림이요 새로운 큰 것을 지어낼 어림입니다. 어른보다 십 년, 이십 년 새로운 세상을 지어낼 새 밑천을 가졌을망정 결단코 어른들의 주머니 속 물건만 될 까닭이 없습니다."

와 제비」이다.

오스카 와일드(Oscar Wilde)의 「행복한 왕자」를 원작으로 한 「왕자와 제비」는 방정환이 '다시 쓰기' 한 결말로 주목을 받았다. 「행복한 왕자」의 줄거리는 다음과 같다.

> 도시에 서 있는 행복한 왕자 동상에 제비가 날아온다. 제비는 행복한 왕자의 부탁대로 그를 치장한 보석들을 처지가 어려운 사람들에게 나누어 준다. 초라해진 행복한 왕자 동상은 버려지고 제비도 추운 겨울을 이기지 못하고 죽게 된다. 하나님은 천사에게 도시에서 가장 귀중한 것 두 가지를 가져오도록 명령한다. 천사는 행복한 왕자의 심장과 죽은 제비를 가져온다. 천국에서 행복한 왕자와 제비는 영원토록 행복한 삶을 누린다.

「행복한 왕자」는 허위의식에 대한 비판과 사회주의 사상을 그 바탕으로 한다. 하지만 방정환의 「왕자와 제비」는 모두가 함께 행복한 세상을 그린다. 전체적인 내용은 원작 「행복한 왕자」와 유사하다. 앞서 말한 바와 같이 큰 차이를 보이는 것은 결말이다.

> 이 소문이 금시에 쫙 퍼지자 그중에 제비에게 보석 받은 사람들이 모여 와서 그 이야기를 모두 해서 세상 사람이 다 알고 참 신기한 일이라고, 또 그런 착한 왕자와 제비는 다시없다고, 전보다 더 좋게 더 보석을 박아서 왕자의 상을 만들어 세웠는데, 이번에는 특별히 그 왕자의

어깨 위에 제비까지 만들어 앉혔습니다. 그리고 제비의 눈도 좋은 금강석으로 박았습니다.

날마다 밤마다 사람들이 그 밑에 모여서 절을 하고 재미있게 놉니다. 대대로 그 이야기는 전하고 영원하도록 왕자와 제비의 상은 세상 사람의 존경과 사랑 속에 싸여 늘 봄철이고 늘 젊어 늙지 아니하였습니다.[5]

원작에서 왕자와 제비는 도시 사람들에게 버림을 받는다. 화려한 모습일 때는 왕자를 숭배했지만 초라해지자 마음이 바뀐 것이다. 하지만 왕자와 제비가 천국에서 영생을 누린다는 결말은 착한 일을 한 왕자와 제비가 받는 보상인 동시에 겉모습만 보고 이들을 버린 도시 사람들에 대한 비판이기도 하다.

하지만 방정환의 「왕자와 제비」에서 사람들은 왕자가 초라해졌다고 외면하지 않는다. 예전보다 더 좋은 보석으로 치장해 제비를 어깨에 얹은 왕자의 상을 다시 만든 것이다. 또한, 왕자의 상과 함께 행복하게 살아가는 사람들의 모습은 분명 원작과 큰 차이가 있다. 이는 방정환의 세계관에서 비롯된 것이다.

방정환의 사상적 배경은 천도교이다. 「왕자와 제비」는 『사랑의 선물』에 수록되기 전 『천도교회월보』에 먼저 실렸었다. 천도교에서는 지상천국 건설을 이상으로 한다. 인간의 세계도 아니고, 천국에서의 영생과 행

---

5 방정환(2019), 『정본 방정환 전집 1』, 한국방정환재단 엮음, 창비, 61-62쪽.

복도 아닌, '지금 이곳'의 천국을 「왕자와 제비」에서 그려 내고 있는 것이다. 그 천국에서는 선인과 악인의 구별이 없이, 착한 사람만 행복하게 사는 것이 아니라 모두가 즐겁고 행복하게 살아간다.[6]

『사랑의 선물』은 세계의 동화들을 실어 어린이들에게 읽을거리를 선사했다. 어린이들은 그 작품들을 읽으며 울고 웃으며 언젠가는 올 새로운 세상, 모두가 즐겁고 행복하게 사는 세상을 기다렸을 것이다. 『사랑의 선물』이 많은 인기를 끈 이유는 무엇보다 이야기의 재미도 컸겠지만 방정환이 바라는 세계, 억압받지 않고 모두가 행복하게 사는 세계는 당시 사람들이 함께 꿈꾸었던 이상향이었기 때문일 것이다.

2) 어린이 나라를 만든 잡지 『어린이』

『어린이』는 1923년 3월 20일에 창간된 잡지다. 제목에서 알 수 있듯이 어린이 독자를 대상으로 하고 있다. 천도교소년회에서 "내일의 조선 일꾼 소년소녀들을 잘 키우"[7]기 위한 소년 운동의 한 방법으로 『어린이』를 만든 것이다. 이때 『어린이』 잡지를 주로 편집한 인물이 바로 방정환이다. 창간호를 보면 그의 활약이 잘 나타나 있다.

창간사 「처음에」를 비롯해 「성냥팔이 소녀」, 「걸어가십시오」, 「아라사의 어린이」, 「노래주머니」, 「히아신스의 이야기」, 「장난꾼의 귀신」 7편의

---

6 방정환의 작품 가운데 「삼태성」에서도 유사한 세계관을 발견할 수 있다. 악인으로 나오는 인물도 다른 인물들과 똑같이 하늘이 별이 되는 결말이 나온다. 악인을 벌하기보다 그 역시도 함께 행복하게 살아가는 세상을 바란 것이다.
7 『동아일보』 1923년 3월 22일 자 1면.

글을 싣고 있다. 번안동화, 동극, 전설 등 그 장르도 다양하다. 방정환은 단순히 글만 잘 쓰는 작가가 아니었다. 어떤 장르라도 그 장르의 핵심을 이해하고 이를 자기화하여 흥미롭게 써 내는 능력이 있었다. 아동문학과 성인문학, 그리고 다양한 장르를 넘나들 수 있었던 것은 방정환이 갖고 있었던 특별한 재능에서 비롯한 것이다. 『어린이』는 그의 재능을 유감없이 펼칠 수 있는 지면이었다.

『어린이』는 어린아이를 인격체로 존중하는 의미가 담긴 '어린이'라는 말을 보급시키는 데 큰 역할을 했다. '작은 어른'이 아닌 어린이라는 독자성에 주목한 것이다. 방정환은 창간사에서 독자적 존재로서 어린이, 그들의 나라를 언급한다.

> 죄 없고 허물없는 평화롭고 자유로운 하늘나라! 그것은 우리의 어린이의 나라입니다. 우리는 어느 때까지든지 이 하늘나라를 더럽히지 말아야 할 것이며, 이 세상에 사는 사람 사람이 모두, 이 깨끗한 나라에서 살게 되도록 우리의 나라를 넓혀 가야 할 것입니다. 이 두 가지 일을 위하는 생각에서 넘쳐 나오는 모든 깨끗한 것을 거두어 모아 내는 것이 이 『어린이』입니다.　　　　　　　　　　　—『어린이』 1923년 창간호, 2쪽.

여기서 방정환은 어린이 나라를 죄와 허물이 없고 평화롭고 자유로운 하늘나라로 표현하고 있다. 어린이 예찬에 가까운 이 글에서는 어린이 나라가 이 세상이 지향해야 할 이상향임을 강조한다. 『사랑의 선물』의 대상이 "학대밧고 짓밟히고, 차고, 어두운 속에서 우리처럼 또 자라는 불

少年問題研究[색동회]본

_____ 색동회 창립기념회 기사(『어린이』 1923년 9월호). 왼쪽 상단부터 시계방향으로 정순철, 정병기, 윤극영, 손진태, 진장섭, 방정환, 고한승, 조재호

상한 어린 령들"이었다면 『어린이』의 대상은 "새와 같이 꽃과 같이 앵도 같은 어린 입술"의 "비둘기와 같이 토끼와 같이 부드러운 머리를 바람에 날리면서 뛰노는" 천사와 같은 어린이다.

　『어린이』는 어린이의 순진무구함, 아직 발현되지 않은 가능성과 미래에 주목한 것이다. 『어린이』가 대안교과서의 역할을 한 것도 비슷한 맥락이다. 집필진으로는 1923년 3월 30일에 창립한 소년문제연구회, 색동회 구성원들이 주로 활약했다. 색동회 창립 회원은 조재호, 고한승, 방정환, 진장섭, 정순철, 정병기, 윤극영, 손진태이다. 이들 사진은 위에서처럼 1923년 『어린이』 9월호에 실리기도 했다.

　1925년에는 판매 부수가 3만 부에 이르렀고, 소년회 등에서 함께 읽는

_____『어린이』1926년 12월호(국립민속박물관)

경우까지 합쳐 10만 독자를 이야기하기도
했다.[8] 높은 판매 기록에도 『어린이』는 재
정난을 겪었다. 독자들을 생각해서 가격을
낮게 책정했던 것이다. 『어린이』 창간호는
12쪽에 5전이었다. 이후 지면을 늘리면서
70쪽에 15전을 받기도 했지만, 1927년 12월
호부터 70여 쪽에 10전으로 가격을 다시 내리고, 이를 종간까지 유지
한다.[9]

　재정난만큼 방정환을 괴롭혔던 일은 일제의 검열이었다. 창간호는
3월 1일에 발행할 계획이었으나 검열로 인해 20일이 늦어졌다. 그만큼
원고 검열의 절차가 까다로웠던 것이다. 때로는 일부분이 삭제된 채로 글
이 실리는 경우도 있었다. 방정환이 세상을 떠났을 때 이태준은 "이제 그
대에게는 검열난도 없으리라"는 말로 그의 죽음을 추도했을 정도였다.

　1923년 3월 창간한 『어린이』는 1935년 3월 제122호까지 발행하고 종
간된다. 일제강점기 개벽사에서 나온 9종의 잡지 가운데 가장 오래, 가
장 많은 호수를 발행한 잡지이다.[10] 10만 독자와 함께 어린이 나라를 만
들었던 『어린이』는 조선의 어린이들을 위로해 주고, 미래에 대한 희망을

8　이기훈(2002), 「1920년대 '어린이'의 형성과 동화」, 『역사문제연구』 8, 역사문제연구소, 20쪽.
9　정용서(2015), 「해제: 새로 발견한 『어린이』를 영인하며」, 『미공개《어린이》 3』, 소명출판.
10　정용서(2015), 같은 책.

심어 주는 잡지였다.

3) '자미있고 유익'한 이야기

방정환의 작품 활동 중 눈에 띄는 것은 탐정소설을 집필했다는 것이다. 방정환은 1920년대 중반 탐정소설 「동생을 찾으러」와 「칠칠단의 비밀」을 『어린이』에 연재한다.[11] 그런데 이 시기는 탐정소설이 널리 창작되던 때가 아니었다. 번역물이 아닌 창작물로 방정환의 탐정소설이 최초로 등장한 것이다.[12]

「동생을 찾으러」와 「칠칠단의 비밀」은 여동생을 구하는 오빠의 이야기라는 기본 서사는 매우 흡사하다. 그러나 곡마단에서 곡예를 하는 남매의 이야기를 다룬 「칠칠단의 비밀」이 더 극적인 요소를 많이 갖추고 있다.

주인공 소년과 소녀는 일본인이 운영하는 곡마단에서 곡예를 한다. 둘은 고아로, 부모도, 자신의 이름도 모른다. 그러던 어느 날 우연히 외삼촌을 만나게 되고 둘은 사실 남매이며 이름은 '상호'와 '순자'라는 것을 알게 된다. 단장 내외는 상호와 순자가 도망갈 것을 걱정해 중국으로 떠날 준비를 한다. 상호는 무사히 곡마단을 탈출하지만 순자는 곡마단에 붙잡힌다. 상호는 용기를 잃지 않고 동생을 찾으러 중국 봉천으로 향한다. 그곳에서 상호는 칠칠단의 정체와 맞닥뜨리지만, 기지를 발휘해 순

---

11 「동생을 찾으러」는 1925년 1월부터 10월까지, 「칠칠단의 비밀」은 1926년 4월부터 1927년 12월까지 북극성이라는 필명으로 『어린이』에 연재되었다.
12 정규웅(2003), 『추리소설의 세계』, 살림, 87쪽.

자를 구해 내고 아버지와 재회한다.

극적인 이야기뿐만 아니라 추리물에서 빠지지 않는 변장 장면도 독자의 눈길을 끈다. 상호는 눈 가장자리에 푸른 칠을 하고, 코 밑에 조그만 수염을 붙여 어른으로 변장한다. 이렇게 상호가 변장에 능한 데는 곡마단에서 분장을 자주 했기 때문으로 설명하고 있어 개연성을 확보한다. 조선 소녀들을 납치하는 칠칠단의 음모를 파헤치는 사건 전개 역시 흥미진진함을 더한다.

> "똑똑똑똑똑똑똑." 천천히 꼭 일곱 번을 두드렸습니다. 그러니까 아까처럼 안으로부터 문이 열리고 한 놈이 고개를 쑥 내밀었습니다. 그때 안에서 희미하나마 불빛이 비쳐나왔습니다. 외투를 입은 놈은 이번에는 왼손을 주먹 쥐어 쑥 내밀더니, 오른 손 둘째손가락과 가운데 손가락을 왼손 주먹에 두 번 들었다 놓았다하였습니다. 그러니까 내다보던 놈은 대문을 더 활짝 열더니 그 놈을 들여보냈습니다. 대문은 다시 무겁게 닫혀버렸습니다.[13]

일곱 번 문을 두드리는 행동, 서로 주고받는 손짓이 무엇을 뜻하는지 궁금증을 유발한다. 이는 이야기에 몰입하도록 하는 장치이며 이야기를 끝까지 끌고 가는 동력이다. 방정환은 매우 능숙하게 이 궁금증, 칠칠단의 비밀을 마지막까지 유지해 간다.

---

13 북극성, 「칠칠단의 비밀」, 『어린이』 1927년 3월호, 28-29쪽.

방정환의 탐정소설을 우연의 남발, 갑작스러운 사건 해결 등을 이유로 비판적인 관점에서 보는 경우도 있다. 그러나 이는 소년인 주인공의 연령에서 오는 한계를 극복하기 위한 방안으로 보는 것이 타당하다. 탐정소설이라는 장르문학이 갖는 공식에 충실한 결과이기도 하다. 무엇보다 그의 탐정소설은 무척 흥미롭다. 우연이 반복되고 지나치게 낭만적인 결말로 느껴지더라도 읽는 순간순간 아슬아슬한 현장의 몰입감을 느끼도록 하는 것은 방정환이라는 작가가 가진 힘이다.

방정환이 특히 탐정소설에 관심을 가진 것은 "탐정소설의 아슬아슬하고 자미잇는 그것을 리용하야 어린 사람들에게 주는 유익을 더 힘잇게 주어야 한다"[14]고 생각했기 때문이다. 재미있으면서도 유익한 이야기는 방정환이 자주 강조했던 것이기도 하다. 여기에서 이야기하는 유익이란 바로 불의와 싸우는 주인공을 통해 정의와 용기의 가치를 알게 되는 것을 뜻한다. 방정환에게 탐정소설은 '자미와 유익'을 동시에 줄 수 있는 유용한 장르였던 것이다.

3. '봄'으로 남은 그의 선물

방정환이라는 인물을, 또 그 활동의 전모를 이야기하기에는 무리가 있다. 지면의 한계도 있지만 무엇보다 우리는 아직 그를 알아 가는 중이기

---

14 북극성, 「소년사천왕」, 『어린이』 1929년 9월호, 34쪽.

때문이다. 다만 그의 대표적인 활동을 살펴봄으로써 가늠해 보았을 뿐이다.

방정환의 작품 중 동화 「사월 그믐날 밤」[15]과 소설 「유범(流帆)」에 실린 「모도가 봄이다」라는 시가 있다. 둘 모두 봄을 소재로 한 작품이다. 「사월 그믐날 밤」은 5월 초하루를 맞이하기 위해 동식물들이 부지런히 준비하는 정다운 모습을 담고 있다. 그렇게 새롭게 맞는 5월 초하루는 새 세상이 열리는 첫날이기도 했다. 우리는 여기서 곧 다가올 밝은 세상에 대한 믿음을 엿볼 수 있다. 산도 봄, 물도 봄이고, 사람도 봄이고, 공기까지도 봄 공기라고 노래하는 「모도가 봄이다」에서도 새로운 세상에 대한 기대를 확인할 수 있다.

방정환은 학대받고 짓밟히는 또 어둠 속에 있는 어린이들에게 '사랑의 선물'을 주었다. 이 선물은 새로운 세상에 대한 기대와 희망, '봄'으로 남아 여전히 그를 기억하게 한다.

---

15 소파, 「사월 그믐날 밤」, 『어린이』 1924년 5월호.

참고자료

『동아일보』
『어린이』

염희경(2014), 『소파 방정환과 근대 아동문학』, 경진.

이기훈(2002), 「1920년대 '어린이'의 형성과 동화」, 『역사문제연구』 8, 역사문제연구소.

이상금(2005), 『사랑의 선물 - 소파 방정환의 생애』, 한림출판사.

정규웅(2003), 『추리소설의 세계』, 살림.

정용서(2015), 「해제: 새로 발견한 『어린이』를 영인하며」, 『미공개 《어린이》 3』, 소명출판.

조은숙(2010), 「탐정소설, 소년과 모험을 떠나다 ― 1920년대 방정환 소년탐정소설의 문학사적 위치와 의의」, 『우리어문연구』 38, 우리어문학회.

식민지 조선영화의 빛과 그림자,

나운규

이광욱

건국대학교 글로컬캠퍼스 동화·한국어문화전공

1. 들어가며

나운규(羅雲奎, 1902-1937)는 식민지기 한국영화사에서 가장 대중적인 영화인이었다. 데뷔작이었던 〈아리랑〉이 실로 센세이셔널한 반응을 불러일으킨 이래 가장 사랑받아 왔던 영화인이 바로 나운규였던 것이다. 임화(林和)는 『조선영화사』를 통해 "조선영화의 전 무성 시대를 나운규 시대로 말하고도 싶다"라고 했을 정도이니, 그의 위상과 영향력을 짐작할 만하다. 한 시대가 한 사람의 이름으로 대체 가능하다는 것, 그것이 나운규가 식민지기 한국영화사에 아로새겨 놓은 궤적이었다.

그보다 중요한 것은 나운규가 〈아리랑〉 하나만을 남기고 역사의 뒤안길로 사라진 인물이 아니었다는 점이다. 37세의 아까운 나이로 세상을 떠날 때까지 그는 10여 년 남짓 활동하는 동안 29편의 영화를 감독했으며, 그중 28편에는 직접 배우로 출연했던 종합영화인이었다. 생이 다할 때까지 영화에 대한 욕망을 포기하지 않은 그의 모습은 후대의 귀감이 된다.

또한 나운규는 영화 연출뿐 아니라 강렬한 이미지로 스크린에 존재감을 과시하던 성격 배우였으며, 원작 시나리오 작업과 각색도 도맡아 하던 팔방미인이었다. 이러한 그의 모습은 헐리우드의 거인 찰리 채플린(Charles Chaplin)이 보여 준 멀티플레이어로서의 역할에 비견될 만하다. 그가 다방면의 활동에 뛰어든 것은 열악한 초기 조선영화계의 인력난 때문이었겠지만, 그렇다 해도 이는 평범한 재능으로 결코 감당할 수 없는 일이기도 했다.

나운규가 문제적 인물인 이유는 사실 그의 생애에 대한 사후 의미화 작업 때문이다. 〈아리랑〉을 위시한 그의 영화들은 초창기 한국영화사 연구자들에 의해 일제에 대한 저항적 메시지로 해석되어 왔다. 자연스럽게 그의 영화들은 민족주의 영화의 모범으로 여겨지게 되었고, 나운규를 통해 초기 한국영화사의 면모를 규정하려 하는 시도는 곧 민족주의에 대한 신화를 내면화하게 되었던 것을 확인할 수 있다. 또한 이러한 경향은 나운규의 필름이 모두 소실된 결과, 그 실체를 확인하기 어렵다는 점에서 더욱 강화되어 왔던 것이 사실이다. 그러다 보니 인간 나운규의 고민과 욕망, 문제의식의 실상은 도외시되고, 오직 후대 연구자들의 입맛에 맞게 재해석된 나운규만이 포착될 뿐이다. 최근 초창기 연구에 대해 비판적 시각을 견지하며 이른바 '나운규 신화'를 해체하고자 하는 움직임도 일어나고 있지만, 인간 나운규의 실상을 온전히 파악해 내기 위해서는 더 많은 연구가 이루어져야 할 것이다. 이 글은 그의 삶을 찬찬히 되짚어 가며 그의 육성을 복원해 보고자 하는 시도이다.

2. 나운규의 생애 — 영화계에 입문하기까지

나운규는 1901년 음력 10월 27일에 함경북도 회령읍에서 삼남삼녀 중 삼남으로 출생했다. 부친인 나형권(羅衡權)은 구한말 대한제국 군대의 부교 출신이었으며 군대가 해산된 후에는 한약상을 경영하였는데, 나운규는 비교적 윤택한 가정환경에서 성장한 것으로 알려져 있다. 그는 회령 사립보통학교를 졸업한 후 2년제 고등소학교인 신흥학교에 진학하였는데, 동무들 사이에서 이야기를 잘 쓰는 아이로 인정받을 만큼 작문에 상당한 소질을 보였다. 나운규가 독서를 즐기게 된 것은 소문난 독서광이었던 둘째 형 나시규(羅始奎)의 영향을 받은 것으로 추측된다. 여기에 더해 신흥학교 시절 담임교사였던 박용운(朴龍雲)은 나운규에게 민족정신과 애국사상을 일깨워 주던 애국지사였다.

그는 이 시절 평생의 영화 동지였던 윤봉춘(尹逢春)을 만나게 된다(윤봉춘은 식민지기뿐 아니라 해방 후에도 활발한 활동을 이어 나가던 유명배우이자 감독이었는데, 그의 딸 윤소정(尹素貞) 씨도 이름난 배우가 되었다). 나운규가 처음으로 사랑의 감정을 느꼈던 이가 바로 윤봉춘의 친척이었던 윤마리아였는데, 결국 조혼관습 때문에 첫사랑을 이루지 못하고 집안의 강권으로 결혼을 하게 된다. 불만을 느낀 나운규는 결혼 후에 집에 들어가지 않고 한동안 윤봉춘의 집에서 기거하기도 했다.

이후 그는 회령 지방에 순회공연을 온 임성구(林聖九)의 혁신단(革新團) 공연에 큰 감명을 받아 윤봉춘과 연극을 하기로 의기투합한다. 곧바로

15세 때 고향 친구들과

만년좌(萬年座)라는 극단을 결성하여 활동하게 되지만 배우를 광대라 부르며 천시하던 관습이 남아 있던지라 부모들은 집안을 망신시킨다는 이유로 나운규를 비난하게 된다. 이에 굴하지 않고 나운규는 예우회(藝友會)라는 단체명으로 두 번째 작품을 공연하게 되는데, 연극에서 일본인을 모욕한 대목이 문제시되어 헌병대에 붙들려 가게 된다. 첫사랑에 대한 좌절의 경험과 연극 활동에서 겪은 모멸감이 겹쳐져 그는 한바탕 자살소동을 벌이기도 했다. 다행히 사건은 일단락되었지만 그는 고향 회령을 떠나 간도행을 결심한다.

　간도에서 명동중학에 입학한 나운규는 3·1운동이 일어나자 다시 고향땅으로 돌아와 윤봉춘과 함께 지역 독립운동의 주동자로 활동했다. 이후 러시아 땅으로 피신하지만 백계 러시아 군대에 잡혀 한동안 사역병 생활을 하다가 극적으로 탈출에 성공한다. 서울로 피신한 후 중동고등예비학교에 입학하고자 했으나 뜻을 이루지 못하고 다시 만주 땅 훈춘으로 떠나야 했는데, 이때 홍범도(洪範圖) 장군 휘하의 대한국민회 소속으로 잠시 독립군 생활을 하게 된다. 신흥무관학교 입학에 뜻을 품기도 했으나

_____ 22세 때 광복군 시절

_____ 청소년 시절의 나운규

병이 생기는 바람에 다시 고향으로 복귀해야 했다.

1921년에는 과거 입학하고자 했던 서울의 중동고등예비학교에 입학하였으며, 이때 만난 은사의 도움으로 윤봉춘과 함께 연희전문(연세대학교의 전신) 문과에 입학했다. 그러나 학문에는 별 뜻이 없어 영화 보기에만 열중했다고 알려진다. 그에게 지대한 영향을 주었던 둘째 형 나시규는 방황하는 나운규를 엄하게 꾸짖었고, 정신을 차린 그는 다시 연극 공연에 뛰어들기로 결심하여 지방공연을 계획한다.

그러나 파란만장한 그의 청년기는 결코 순탄하지 않았다. 과거 독립군 활동 이력이 문제가 되어 1년 6개월의 징역을 살게 되었던 것이다. 그는 청진 감옥에 구금되었는데 나운규의 호였던 '춘사(春史)'는 이때 함께 투옥된 감방 동료들로부터 얻은 것이라고 알려져 있다. 그가 체포된 결정적 계기는 명확하지 않으나 크게 두 가지 설이 존재한다. 하나는 그가 회령-청진 간 철로 폭파 임무를 수행한 것이 문제가 되어 투옥되었다는 설이며, 다른 하나는 도판부 사건, 즉 독립운동 서류 5만 부의 인쇄 및 배포 작업을 수행한 것이 발각되었다는 설이다.

　그가 감옥에 있는 동안 안타깝게도 그의 집안은 풍비박산이 나고 만다. 큰형인 나민규(羅珉奎)는 형사 사건에 휘말려 복역하게 되며, 둘째 형 나시규는 폐병으로 사망하고 만 것이다. 1923년에 출옥한 후 나운규는 자연히 집안일을 돌보기 위해 칩거상태에 들어가게 된다. 그러던 중 그는 회령 지방에 순회공연을 왔던 신극단체 예림회(藝林會)와 인연을 맺게 되었는데 이때 그가 만난 사람이 예림회의 문예부장이었던 안종화(安鍾和)였다.

　안종화는 1924년에 부산에서 한국 최초의 영화사였던 '조선키네마 주식회사(이하 조선키네마)'를 창립했던 인물로, 그가 창립한 영화사는 일본의 자본 및 기술인력에 조선의 영화인들이 협력하는 모양새를 띠고 있었다. 이즈음 양친이 연이어 사망하게 되자 나운규는 더 이상 반대하는 사람도 없으니 학업을 계속하기보다는 영화에 본격적으로 투신해야겠다고 마음먹는다. 책과 이불 짐 등을 처분한 돈으로 부산행 차비를 마련한 나운규는 조선키네마의 유급 연수생으로 들어가게 된다. 이즈음 친구에게 보낸 편지의 한 대목에서 그는, "환경이란 서리에 시들었든 내 이상의 싹이 한 잎 두 잎 피게 될 봄이 점점 가까워 오는 것 같다"며 영화인으로서의 본격적인 출발에 대한 감격을 토로하기도 했는데, 영화는 나운규에게 있어 봄날의 꽃과도 같은 존재였던 것이다.

3. 빛: 〈아리랑〉과 나운규의 전성시대

　나운규가 처음으로 스크린에 자신의 모습을 비춘 것은 윤백남(尹白南) 감독의 1925년 작 〈운영전(雲英傳)〉이었다. 하지만 영화는 좋은 성적을 거두지 못했고, 〈운영전〉의 흥행 실패 책임을 둘러싸고 감독과 영화사 사이에 반목의 골이 깊어지자, 윤백남은 영화사를 탈퇴하며 주요 인력들을 데리고 나오는데, 나운규도 이때 조선키네마를 탈퇴하여 '윤백남푸로덕션'에 입사하게 된다. 처음에는 단역에 가까운 가마꾼 역할을 맡았을 뿐이지만, 같은 해 〈심청전(沈淸傳)〉의 심봉사 역을 맡으며 나운규는 점차 배우로서 존재감을 드러내기 시작한다. 그는 미남 배우라 하기는 어려웠지만 개성 강한 연기를 통해 관객들에게 강한 인상을 주었다. 이후 지리멸렬해진 윤백남프로덕션을 나와 조선키네마의 창립 작품이었던 〈농중조(籠中鳥)〉에 조연으로 출연했던 그는 '성격 배우'라는 평판을 얻게 되었는데, 이 작품의 여주인공이었던 복혜숙(卜惠淑)의 회고에 따르면 이미 이 시점에 나운규는 그의 감독 데뷔작 〈아리랑〉의 내용을 구상하고 있었다고 한다.

　〈아리랑〉은 조선키네마의 두 번째 작품으로, 당시의 신문 광고에는 쓰모리 슈이치[津守秀一] 감독의 작품으로 소개되어 있다. 그러나 대부분의 영화인이 〈아리랑〉은 나운규의 작품이었다고 술회하고 있다. 사실 조선어와 조선의 풍속에 익숙하지 않은 일본인이 〈아리랑〉을 감독했으리라 보기는 어려운데, 검열을 통과하고 영화 제작에 따르는 어려움을 극복하는 데 있어 일본인을 내세우는 것이 보다 유리했기 때문에 이러한 결과가 빚어진 것이라 추측해 볼 수 있다. 〈아리랑〉은 '단성사(團成社)'에서 개봉되었는데, 선전부장이었던 이구영(李龜永)의 회고에 따르면 극장에 들어가지 못한 이들이 아우성치는 바람에 극장문이 부서지기도 했을 정도였다니 그 인기를 짐작해 봄 직하다. 그렇다면 〈아리랑〉은 어떤 영화였을까? 신문에 소개된 〈아리랑〉의 줄거리는 다음과 같다.

철학을 공부하다 미쳐 버려 낙향한 영진(나운규 분)은 아버지와 여동생 영희(신일선 분)와 함께 살아가는데, 마침 마을의 악질 마름 오기호(주인규 분)가 영희를 손에 넣기 위해 빚을 미끼로 영희의 아버지를 압박하는 중이다. 그러던 중 서울에서 영진의 친구인 현구(남궁운 분)가 내려와 영희와 함께 사랑을 키워 가는 한편, 영진은 시도 때도 없이 환각을 보고 〈아리랑〉 노래를 부르면서 온갖 광태(狂態)를 연출한다. 영희를 자기에게 달라는 오기호의 제안을 받고 고민하던 영희의 아버지가 결국 오기호의 요구를 거절하자 오기호는 풍년제가 벌어진 날 밤 영희를 노리고 덮친다. 그 광경을 목격한 영진은 환각 속에서 오기호를 낫으로 찔러 죽이고, 그 충격으로 정신을 되찾은 후 포승줄에 묶여 순사에게 끌려간다. 마을 사람들은 끌려가는 영진을 눈물로 보내며 〈아리랑〉 노래를 따라 부른다.

그간 〈아리랑〉은 리얼리즘 영화의 모범으로 평가되어 왔다. 고한승(高漢承)은 당대의 평론을 통해 조선의 현실을 그대로 보여 준 〈아리랑〉의 '가난한 화면'에 주목했으며, 이러한 평가는 이영일(李英一)의 『한국영화전사』에도 계승된다. 그러나 과연 〈아리랑〉은 '리얼리즘 영화'이기만 했을까? 이는 혹 해방 후 저항적 민족영화의 전통을 확립하고자 하는 영화계

_____ 〈아리랑〉 제작진과 찍은 단체 사진

의 욕망이 투영된 평가는 아니었을까? 실제로 영화의 내용을 소개하는
당대의 신문 기사 등을 참조해 볼 때, 주인공 영진이 보는 환각에서 물주
머니를 가진 아라비아 상인이 사막에서 젊은 남녀를 희롱하는 상징적 장
면이 묘사되고 있는바, 이는 〈아리랑〉이 표현주의적 요소를 가진 영화이
기도 했음을 함의한다. 아쉽게도 필름이 남아 있지 않아 실체를 확인할
수 없는 상태지만, 〈아리랑〉에는 '리얼리즘'이라는 사조만으로 모두 설명
할 수 없는 요소들이 산재해 있었던 것으로 보인다.

　한편, 〈아리랑〉뿐만 아니라 나운규가 제작한 영화들은 '매체적 혼종
성'을 강하게 띠고 있었다. 즉 그의 영화에는 연극적 요소가 강력하게 결
합되어 있었다는 것이다. 그는 영화의 프롤로그와 에필로그를 무대 실연
을 통해 연출하는가 하면, 〈아리랑〉을 상연할 때 영화 말미에 배우들이
무대로 올라가 관객들과 함께 '아리랑'을 합창하기도 했다. 발터 벤야민

(Walter Benjamin)은 영화의 출현 이래, 원본과 복제본의 차이를 따지기 어렵게 된 기술복제 시대의 예술이 보편화되었다고 주장하지만, 적어도 나운규의 영화는 완전한 복제매체라고 보기 어려운 측면이 존재한다. 실제로 나운규의 영화는 단본의 필름 프린트가 배우들과 함께 순회하는, 어찌 보면 연극 순회공연과 같은 양상을 띠며 상영되었기 때문이다(물론, 임수호를 비롯한 배급업자들이 나중에 〈아리랑〉의 필름을 구입하여 배우들 없이 별도의 순회상영을 하기도 했다).

〈아리랑〉으로 조선 관객들의 이목을 집중시킨 나운규는 두 번째 영화 〈풍운아(風雲兒)〉마저 성공을 거두며 스타의 입지를 분명하게 다질 수 있었다. 특히 〈풍운아〉의 주인공 '니콜라이 박'은 나운규 영화에 자주 등장하는 활극적 남성 영웅의 원형으로 볼 수 있는 인물이다. 한 사회공동체에 홀연히 나타나 문제를 해결하고 젊은 남녀의 사랑을 중개해 준 뒤 또

〈풍운아〉의 한 장면

다시 어디론가 방랑의 길을 떠나는 '니콜라이 박'의 모습에는 만주와 러시아를 떠돌았던 나운규 자신의 체험이 짙게 반영되어 있었다.

또한 〈풍운아〉는 나운규 독주 시대를 알린 작품이기도 했다. 조선키네마는 〈아리랑〉과 더불어 심훈(沈熏)의 〈탈춤〉, 김태진(金兌鎭)의 〈뿔 빠진 황소〉를 동시에 제작하고자 했으나 제작비 문제에 봉착하게 되었고, 나운규의 인기를 활용하고자 그의 차기작을 먼저 제작하기로 결정한다. 이러한 결정은 동료 영화인들의 불만을 낳게 되었고, 나운규에 대한 반

감도 생겨나게 되었던 것 같다. 여기에 나운규의 고집스러운 성격과 독선적인 면모가 더해지며 그는 점차 조선키네마 내에서 고립되었다. 그는 〈야서(野鼠, 들쥐)〉, 〈금붕어〉를 제작한 후 조선키네마를 탈

_____ 〈야서〉의 한 장면   _____ 〈금붕어〉의 한 장면

퇴하고 자신의 이름을 내건 '나운규푸로덕션'을 창립하게 된다.

제1회 작품이었던 〈잘 있거라〉는 대단한 인기를 모으며 순조로운 출발을 보였다. 그러나 한 여자를 둘러싼 형제의 애정갈등을 그린 영화 〈옥녀(玉女)〉가 소재의 비윤리성으로 인해 여론의 비판을 받으며 흥행에 참패하게 되었고, 다음 영화 〈사나이〉도 연이어 실패하게 되었다. 절치부심한 나운규는 일주일 만에 각본 하나를 완성하게 되는데 그것이 바로 〈사랑을 찾아서〉였다. 나운규는 〈아리랑〉에 버금갈 걸작을 자신하면서

조선키네마의 요도 도라조[淀虎藏]에게 제작비를 지원받는데, 이는 흥행을 장담할 수 없는 상황에서 상당한 위험을 감수한 일이었다. 나운규는 자금을 구하기 위해 사방으로 모색했는데, 이 과정에서 '조선극장'의 도움을 받게 되고, 초창기부터 나운규를 도왔던 단성사 대신 조선극장에서 영화를 개봉하게

_____ 〈사랑을 찾아서〉의 한 장면

된다. 단성사와 조선극장의 라이벌 구도를 고려할 때 이는 일종의 '배신'으로 비춰질 만한 일이기도 했다.

〈사랑을 찾아서〉 역시 〈풍운아〉와 마찬가지로 자전적 체험이 반영된, 만주를 배경으로 한 활극이었다. 영화에 등장하는 만주의 민족학교는 그가 만주에서 다녔던 명동중학을 모델로 하고 있으며, 나팔수 노인에는 구한국 군대의 부교 출신이었던 아버지 나형권의 모습이 투영되어 있다. 다양한 사연을 가지고 만주로 모여든 인물들이 지역의 마적단과 여주인공 정희를 뒤쫓는 호색한 명기운에 맞서 싸우는 것이 영화의 주된 내용이다. 사실 〈사랑을 찾아서〉의 원래 제목은 〈두만강을 건너서〉였으나 불온하다고 지적한 일제 검열 당국에 의해 제목을 변경하지 않을 수 없었다. 그러나 오히려 검열 때문에 입소문이 난 결과, 1만 명이라는 입장 기록을 세웠다고 전해진다. 당시 경성의 인구가 20만 명 정도였고, 개봉관이 경성에 하나뿐이었음을 감안하면 이는 놀라운 수치라고 할 수 있을 것이다.

〈벙어리 삼룡〉은 나도향(羅稻香)의 동명 소설을 영화화한 한국 최초의 문예영화였다. 이 영화는 계급주의 논쟁의 시작점이 되기도 했다. 비평가들은 원작의 삼룡이 주인의 학대 속에서 점차 계급성을 자각하게 되는 인물인 반면, 영화 속의 삼룡이는 아씨에 대한 무조건적인 사랑만을 보여 주고

_____ 〈벙어리 삼룡〉의 한 장면

있을 뿐이라고 비판했다. 아마도 이 과정에는 검열 때문에 상당한 부분을 삭제당해야 했던 〈사랑을 찾아서〉의 경험이 반영되어 있었으리라 추정해 볼 수 있을 것이다.

4. 그림자: 방황과 재기, 그리고 암중모색

이 즈음 나운규는 인천 지역의 명기였던 유신방(柳新芳)을 만나고 연인 관계로 발전하게 된다. 그는 유신방을 〈벙어리 삼룡〉에 주역으로 발탁했는데, 영화 제작 후 자금을 얻기 위해 남조선 순회상영을 벌이며 그녀와 동행하게 된다. 이때 그는 상당한 돈을 벌었으나 귀경하고 보니 돈을 모두 탕진하고 말아 동료들의 원성을 사게 되었다. 나운규푸로덕션은 점차 쇠락하게 되고, 실망한 동료들은 이탈하여 '청귀시네마'를 조직하기에 이른다. 결국 나운규푸로덕션은 공중분해되었는데, 1930년 그는 단성사 사장 박정현(朴晶鉉)의 후원에 힘입어 '○□△(원방각)' 사에 입사하게 된다. 〈사랑을 찾아서〉를 개봉할 때 나운규의 배신을 경험했음에도 불구하고 여전히 그는 버릴 수 없는 카드였던 것이다. 나운규는 〈아리랑 그 후의 이야기〉, 〈철인도(鐵人都)〉 등을 제작하지만 별다른 흥행은 거두지 못한다. 이어 그는 한국 최초의 발성영화를 제작하겠노라 선언하며 〈말 못

_____ 〈철인도〉의 한 장면

1930년의 모습. 왼쪽부터 이필우, 임운학, 나운규, 이명우

할 사정〉을 촬영하지만 결국 실패하고 말았다. 무성영화보다 월등히 많은 돈이 드는 발성영화를 찍을 수 있을 만큼 충분한 자금을 모으지 못했던 '말 못할 사정'이 있었던 것이다.

1930년에 그는 이른바 조선영화논쟁이라고 불리는 비평논쟁에 참여하게 된다. 이미 1928년에 한설야(韓雪野), 심훈, 임화 사이에서 논쟁이 벌어진 바 있는데, 지금껏 제작된 조선영화가 무가치한 오락물에 불과하다고 비판한 계급주의 평론가들과 이에 항변하는 영화인 사이의 대결 구도가 형성되었던 것이다. 한설야는 나운규의 영화를 두고 그나마 조금 나은 편이지만 "날탕패 영화"에 불과하며, 〈아리랑〉 이후 오히려 퇴보한 모습을 보여 주었다고 공격했다. 1930년의 2차 논쟁에서 나운규의 영화들은 비판의 중심에 놓이게 되었는데, 윤기정(尹基鼎), 서광제(徐光霽), 박완식(朴完植) 등의 계급주의 비평가들과 카메라맨 이필우(李弼雨)가 의견을 교환하는 동안 논쟁은 인신공격의 수준으로 비화되었다. 결국 논쟁은 당사자인 나운규가 참여하면서 일단락될 수 있었는데, 나운규는 조선영화의 열

악한 제작 현실을 모르는 비평가
들이 "망상배"에 불과함을 지적하
였다. 검열과 자본의 제약으로 인
해 영화의 내용이 빈약해질 수밖
에 없는 현실을 도외시하고 있다
는 것이었다.

_____ 〈개화당 이문〉의 한 장면

   점점 경제적으로 궁핍해지게
된 나운규는 생활고를 해결하기 위해 '원산만프로덕션'의 〈금강한(金剛
恨)〉에 색마(色魔) 역으로 출연하게 된다. 일본 시대극의 유명 배우였던 도
야마 미쓰루[遠山滿]은 조선에서 본격적인 활동을 개시하게 되었는데, 조
선영화의 영웅 캐릭터였던 그가 일본인 밑에서 색마 역을 맡는다는 것은
관객들에게 대단한 반감을 살 만한 일이었다. 인기가 폭락한 후 나운규
는 일시적으로 영화계를 등졌으며 1931년에는 일본 영화계 시찰을 떠나
게 된다. 그러나 실상 그는 일본 프로덕션에서 허드렛일을 하며 근근이
생활하는 데 그쳤다. 짧은 시찰을 마치고 돌아와 김옥균을 조명한 〈개화
당 이문(開化黨異聞)〉을 제작하지만, 조선왕조 오백 년을 다룬 작품은 찍지
말라는 검열 당국의 방침 때문에 상당 부분의 삭제를 감수해야 했다.
   이후 나운규는 극단 '신무대(新舞臺)'에서 연쇄극 촬영을 담당하면서 활
동을 이어 나갔는데, 이는 극단 측과 이해가 맞아떨어진 결과였다. 신무
대를 이끌었던 신불출(申不出)은 〈동방이 밝아온다〉 공연 중 임의로 대사
를 지어냈다가 임석(臨席)경관에 의해 발각되어 피검된 바 있다. 검열 당
국은 신불출의 극계 은퇴를 조건으로 신무대의 존속을 허가했기에 신불

_____ 〈임자업는 나룻배〉에 함께 출연한 문예봉

_____ 〈임자업는 나룻배〉의 한 장면

출은 만담가로 변신하지 않을 수 없었다. 하루아침에 간판 스타를 잃어버린 신무대로서는 신불출의 빈자리를 채울 누군가가 필요했는데, 비록 인기가 떨어졌다고는 하나, 한 시대를 풍미하던 아이콘 나운규가 그 적임자로 지목되었던 것이다. 이후 그는 무용가 배구자(裵龜子) 일행을 따라다니며 지방 순회를 다니기도 하고 극단 현성완(玄聖完) 일행에 가담하기도 했는데, 이 과정에서 현성완의 딸 현방란(玄芳蘭)과 결혼하게 된다.

몸은 연극계에 매여 있었지만 그가 영화에서 완전히 떠난 것은 아니었다. 나운규는 1932년 이규환(李圭煥) 감독의 〈임자업는 나룻배〉에 주연배우로 출연하게 된다. 이 영화는 추후 조선어 발성영화 시대의 개막과 함께 최고의 스타가 된 문예봉(文藝峰)의 데뷔작이기도 했는데, 두 사람은 부녀지간으로 출연했다. 이 영화에서 그는 노역을 소화하며 활극적 영웅 이미지를 벗어난 내면연기의 가능성을 보여 주었고, 연기에 대한 호평이 쏟아졌다.

그는 '영화시대' 사 대표인 김현수(金賢秀)의 부탁으로 몇 편의 영화를 더 제작하지만 사실상 청부업에 가까운 일이었다. 여전히 그는 예원좌(藝苑座) 일행과 함께 활동하는 등 연극계에 한 발을 걸치고 있는 상태였다. 이후 〈무화과(無花果)〉, 〈그림자〉를 제작하면서 영화계에 재정착하는 계기를 마련했지만, 흥행은 그리 양호하지 못했다. 그러던 중 '한양영화사' 대표 차상은(車相銀)은 나운규를 발탁하여 주연 및 감독을 맡기게 되는데 이때 제작된 영화가 바로 〈강 건너 마을〉이다. 이 영화가 호평을 받으면서 비로소 나운규는 영화인으로서 재기할 수 있었다. 자신감을 얻은 그는 '최초의 조선어 발성영화 개봉'을 목표로 〈아리랑〉 제3편을 제작하지만 녹음 상태에 심각한 문제가 발생하여 재녹음을 하게 되었던바, 최초라는 타이틀을 〈춘향전(春香傳)〉에 내줄 수밖에 없었다.

5. 나오며

10년 정도 되는 기간동안 나운규는 정력적인 활동을 이어 나갔으나 병은 점차 그의 육신을 좀먹어 들어갔다. 수많은 문인들이 앓았던 까닭에 '예술가의 병'이라는 별칭으로 불리기도 한 폐병을 그 역시 앓고 있었다. 1937년에 잡지 『삼천리(三千里)』에 발표한 글 「영화시감(映畵時感)」에는 이미 죽음의 그림자가 짙게 드리워져 있었다. 그는 "이대로 죽어 버리면 무엇이 남는가? 십 년 싸워서 남긴 것이라고는 한데 모아놓고 불 질러 버리고 싶은 작품 몇 개가 굴러다닐 뿐"이라며 지난 세월에 대한 회한을 술회한다.

그가 남긴 최후의 작품은 1937년에 발표된 〈오몽녀(五夢女)〉였다. 이 작품은 소설가 이태준(李台峻)의 등단작이기도 했다. 작품을 눈여겨보았던 나운규는 이태준을 찾아가는데 이 장면은 굉장히 처연한 분위기를 자아낸다. 이태준 역시 폐병을 앓고 있어 나운규는 문병을 겸해 찾아가게 되었다고 알려진다. 이미 병이 상당히 진척된 상태였지만 그는 자신의 병을 밝히지 않고 오히려 이태준을 위로한다. 동병상련의 두 인물이 마주하는 장면은 마치 동경으로 떠나기 전 김유정(金裕貞)을 찾아간 이상(李箱)이 서로의 죽음을 직감하며 눈물 어린 마지막 인사를 교환하던 장면을 연상시키기도 한다. 다행히 이태준은 건강을 회복할 수 있었지만 있었지만 결국 나운규는 〈오몽녀〉를 완성한 직후 사망하게 된다. 향년 37세의 아까운 나이였다.

나운규의 활동은 곧 식민지기 한국영화사의 축도와도 같았다. 즉 식민지 조선의 영화가 보여 준 부침의 역사는 곧 나운규의 영화 인생과 정확히 겹쳐지기 때문이다. 1920년대 중반 이후 조선영화 제작이 호황을 맞이했을 때 그의 전성기가 시작되었다. 그러나 1930년대 초반부터 서양의 발성영화 상영이 시작되고, 아직 무성영화기에 머물러 있던 조선영화가 침체되게 되면서 나운규의 슬럼프도 맞물리게 된다.

앞서 '나운규 신화'의 해체와 재구성이 필요하다는 점을 잠시 강조한 바 있다. 현재 만들어진 나운규의 이미지는 일제에 저항했던 민족주의자이자 리얼리스트의 면모를 띠고 있다. 그러나 실제 삶을 통해 되돌아본 나운규의 모습은 영화를 누구보다 사랑하는 영화인인 동시에 정력적인 활동가에 가깝다. 그의 실체에 접근하기 위해 가장 중요한 일은 필름의 발굴일 것이며, 선입견에 사로잡히지 않고 그를 하나의 인간으로 재평가하는 일일 것이다. 이를 위해서는 나운규의 성취가 천재적 개인의 성과라기보다는 식민지 극장 문화가 지닌 특수성과 결합된 결과라는 사실에 주목해야 할 것이다. 또한 그의 한계를 결함으로 바라보기보다는 이를 극복하고자 했던 고투의 과정에 초점을 맞춰 바라볼 필요가 있다. 아직 발굴되지 않은 퍼즐 조각들을 하나둘 맞추다 보면 언젠가는 인간 나운규의 모습을 오롯이 조명할 수 있으리라 기대한다.

동심과 희망을 그리다,

윤극영

정진헌
건국대학교 교양대학

1. 들어가며

어느덧 한국 아동문학이 걸어온 길이 한 세기에 접어들었다. 1920년 대 초 김기전(金起田), 방정환을 중심으로 시작된 아동인권운동은 아동을 더 이상 보호 대상이 아닌 근대적 주체로 호출하게 된다. 1923년 방정환 의 『어린이』를 시작으로 『신소년』(1923-1934), 『아이생활』(1926-1944), 『별 나라』(1926-1935) 등의 아동잡지가 발간되면서 독자문단을 통해 1930년 대 성인문단에 편입한 소년문예사들의 동요 창작은 한국 아동문학의 발 전과 성장을 가져오는 데 일익을 담당했다. 당시 전국에서 우후죽순으로 탄생한 소년운동은 소년문예운동으로 이어졌으며, 이들의 인적 네트워 크는 1930년대 중반 잡지 폐간까지 연이은 소년문예운동 단체를 결성하 는 계기가 되었다. 또한 동화회, 동요회, 독서회, 웅변회와 같은 이들 단 체의 다양한 활동은 아동문학의 연구 및 보급을 위한 초석이 되었다.

일제강섬기 창작동요가 잡지 및 신문을 통해, 아동들이 읊는 노래에서 부르는 노래로 대중화될 수 있었던 배경에는 작곡가들의 역할이 컸다. 당시 윤극영, 정순철(鄭順哲), 박태원(朴泰遠), 홍난파(洪蘭坡) 등은 동요 창작

외에도 작곡을 통해 나라 잃은 아동들에게 우리의 노래를 알렸으며, 슬픔을 이겨 낼 수 있는 위안의 역할을 했다. 특히 윤극영(尹克榮, 1903-1988)은 식민지 암울했던 시기부터 작고하는 그날까지 한평생을 어린이 문화운동 및 동요 창작 보급을 위해 헌신한 인물이다.

_____ 윤극영. 1920년대의 모습

2. 윤극영의 생애

윤극영은 1903년 9월 6일 종로구 소격동에서 윤정구(尹政求)와 청송(靑松) 심씨(沈氏) 1남 3녀 중 막내로 태어났다. 유년 시절 조부 승지(承旨) 윤 직선(尹稷善)으로부터 한학을 수학했다. 1916년 서울교동보통학교를 졸업하는데, 당시 한성사범학교 출신인 김연영 선생으로부터 민족의식을 키우게 된다. 훗날 소파 방정환과의 어린이운동 참여도 그때의 영향이 크다고 그는 술회한 바 있다.

1920년 경성고등보통학교를 졸업한 그는, 당시 '색동회'의 조재호(曺在浩), 외종형제 심훈, 흑도회(黑濤會)의 박열(朴說, 1923년 일본 천황 암살기도) 등과 조우하며 친분을 쌓기도 했다. 윤극영은 중학 3학년부터 충무로에 있는 이와사키[岩崎] 연구소에서 바이올린 개인지도를 받았으며, 도쿄음악대학 사범과 출신인 고이데[小出] 음악 선생으로부터 "윤극영, 도쿄에 가라.

도쿄에 가면 문이 열린다"라는 말을 듣고 유학의 꿈을 갖게 된다.

부친의 반대로 졸업 후 18세에 경성법전(서울법대)에 들어가게 되지만 여전히 공부에 흥미가 없던 윤극영은 1921년 도쿄 동양음악학교에 입학하게 된다. 당시 학교에는 홍난파가 유학 중에 있었다. 유학 자금은 친척인 윤덕영(尹德榮), 윤치호의 도움을 받게 된다. 동양음악학교 재학 시절 윤극영은 사와사키[澤崎] 선생의 권유로 바이올린에서 성악으로 전공을 바꾸고 피아노와 음악 이론 공부에 전념한다. 도쿄 유학 시절 박열, 와세다대학의 김복진(金復鎭), 도쿄미술대학의 김기진(金基鎭) 등과 교류하기도 했다. 당시 요시찰 인물이었던 박열 때문에 일본 형사의 조사를 받기도 했다.

1923년 3월 윤극영은 인생의 전환기를 맞게 된다. 방정환과의 만남이다. 방정환은 윤극영에게 어린이에게 줄 노래를 지어 달라고 부탁을 한다. 윤극영은 흔쾌히 수락하고 당시 나카가와[中川]의 형제별(날 저무는 하늘에 별이 삼형제~, 『어린이』 1923년 제1권 8호 수록)을 번역한 노래를 함께 부르며 나라 잃은 설움과 어린이 운동을 위한 마음을 다지게 된다. 5월 1일 동경에서 어린이 문화운동 단체인 색동회를 발족했다. 당시 회원은 방정환, 진장섭, 조재호, 손진태, 정병기, 정순철, 윤극영이었다. 색동회는 '어린이'라는 말을 확정했고, 어린이날을 제정했다. 당시 소파가 주간이던 『어린이』는 색동회의 기관지 역할을 했다. 색동회 회원들은 여름방학을 이용해 서울에 와서 전선지도자대회(全鮮指導者大會)를 개최했다. 당시 윤극영은 대회에 참여한 선생들에게 동요를 가르치기도 했다.

1923년 9월 1일 관동대지진 이후 일본은 조선인을 학살하는 끔찍한 일이 자행했다. 많은 유학 지식인들이 그러했듯이 위기의식을 느낀 윤극영은 도쿄음악학교를 중퇴하고 고국으로 돌아온다. 윤극영은 부친이 소격동 자택 뒤뜰에 지어 준 조그마한 연구실인 '일성당(一聲堂, 노래를 부른다는 뜻만이 아니라 명성을 높인다는 뜻도 있다)'에서 피아노를 치며 세월을 보냈다. 그러던 중 1924년부터는 창가만 부르던 어린이들을 위해 동요 창작에 심혈을 기울인다. 〈설날〉(『어린이』 1924년 제2권 1호)은 당시에 탄생한 노래이다.

1924년 8월에는 어린이 합창단인 '다알리아회(Dahlia會)'를 조직해 본격적인 동요 창작 및 작곡을 시작했다. 당시 대표적인 합창단은 표한종(表漢鍾)과 오중묵(吳重默)이 창설한 소녀동요단체 '가나다회'(1925)가 있었다. 다알리아회 활동 당시 누이(맏누이 정순)의 죽음과 망국의 슬픔을 노래한 〈반달〉을 비롯해 〈할미꽃〉(박팔양), 〈따오기〉(한정동), 〈고드름〉(유지영) 등의 많은 작품을 작곡했다.

다알리아회에는 주로 여학생들이 많았지만 교단에서 교장을 역임한 윤정석, 윤형모, 윤양모 삼형제가 참여하기도 했다. 다알리아회는 1925년 3월 내청각(來靑閣)에서 창가극 〈파랑새를 찾아서〉를 공연했다. 곡과 안무는 윤극영이, 창가극의 번역은 박팔양(朴八陽)이, 피아노 반주는 중앙보육학교 출신 오인경(吳仁卿)이 담당했다. 그리고 동아일보에 근무하고 있던 안석영(安夕影), 매일신보 기자였던 이서구(李瑞求)를 비롯해 심훈과 김병조(金秉祚), 임병설(林炳卨) 등의 후원을 받아 다양한 활동을 했다. 당시 윤석중(당시 중1)의 「흐르는 시내」 동시를 동요로 작곡해 주기도 했는데, 그와의 인연을 해방 이후에도 이어 간다. 또한 그는 창작한 동요와 곡들을 모은 작곡집 『반달』을 내기도 한다.

한편 윤극영은 일성당에서 음악 공부를 하던 시절 교우하며 지내던 오인경(당시 16세)과 사랑에 빠진다. 오인경은 창가극 공연 당시 피아노 반주를 맡으며, 윤극영과는 각별한 사이가 되었다. 1926년 1월, 함께 간도행을 결심하지만 형사와 오인경의 오빠 오홍선의 방해로 이별을 하게 된다. 음악과 작문을 가르치며 외롭게 동흥중학교에 자리를 잡은 윤극영은 그해 겨울 광명중학으로 이적한다. 당시 『민성보』에 실린 여학생과의 스캔들 기사로 심적인 모욕을 당하기도 한다. 이듬해 1927년 2월 오인경과 재회를 하는데, 그녀는 광명유치원 보모로 일을 하며 이후 1935년 서울 독창회를 가질 때까지 윤극영과 함께 그곳에서 지낸다. 광명학교 시절에도 〈고기잡이〉와 같은 동요 창작 및 작곡은 이어졌고, 윤석중(당시 양정보고 졸업)이 보내 준 동요(시) 〈우산 셋이 나란히〉, 〈제비남매〉 등을 작곡해 주었다.

1935년 가을 윤극영(당시 32세)은 다알리아회를 버리고 간도로 도망갔던 과오를 속죄하기 위해 서울에서 독창회를 연다. 하지만 독창회가 실패를 하자 1936년 1월 다시 도쿄로 떠난다. 당시 생활고로 힘들어하던 윤극영은 도쿄중앙방송에서 〈반달〉 외 5곡의 작사·작곡료를 받아 연명을 하던 중, 그곳에서 '모던잡지' 사장이었던 마해송(馬海松)과 해후를 하고, 그의 도움으로 동양음악학교 동창이자 '빅터레코드' 간부인 아오도(青砥)를 만나게 된다. 이후 윤극영은 1937년 도쿄의 '무랑루즈' 극단에 취직을 하게 되는데, 당시 〈두만강의 노래〉 공연이 성공을 거두고 『요미우리 신문』에 "한국 예술인의 동경 진출"이라는 헤드라인으로 대서특필된다.

일본에서 성공한 윤극영은 1940년 서울, 간도를 거쳐 마침내 가족과 상봉하게 된다. 이후 다시 하얼빈으로 가서 예술단을 창설하게 되지만, 1년 만에 떨어진 일본 경시청의 해체 명령에 따라 예술단을 접고, 1941년

2월 용정행을 택한다. 그곳에서 윤극영은 장공장, 이시보시(역마차) 사업을 하며 새로운 인생을 시작한다. 한편 일제의 만행이 극에 달하던 1942년 용정 헌병대장 이시다[石田]의 강요로 오족협화회(五族協和會)에 가입하게 된다. 이는 그의 삶에 있어 부끄러운 일화로, 지우고 싶은 기억으로 남게 된다. 오족협화회는 당시 식민지인 만주를 개척하는 데 첨병 역할을 한 친일단체였다. 1945년 해방 이후 윤극영은 형무소에 수감되어 온갖 고초를 겪는다. 당시 동흥중학교 제자들의 도움을 받아 거우 죽을 고비를 넘기고, 1946년 중병으로 풀려나게 된다. 1947년 간도 탈출 후 서울로 돌아온 그는 제일은행 전무이자 중학 동창인 김병조의 도움을 받아 포목점 및 사업을 하며 생활을 이어 나간다. 그리고 이때 〈어린이날의 노래〉(윤석중)를 작곡하게 된다.

당시 윤석중은 명륜동 4가에 '노래동무회'를 결성해 아이들과 동요를 부르며 동요 창작 및 연구를 하고 있었다. 윤석중이 동요를 지으면 정순철과 윤극영이 작곡을 했고, 김천(金泉)이 피아노를 치며 한인현(韓寅炫)이 아이들의 합창을 지휘했다. 윤극영은 이 단체에 가입해 〈어머니〉, 〈기찻길옆〉, 〈나란히 나란히〉, 〈봄노래〉 등 100여 곡이 넘는 동요를 작곡한다. 윤극영은 "그 시절 나는 눈물이 날 정도로 좋았다"라고 회고한 바 있다.

1950년 전쟁을 겪은 이후, 윤극영은 그동안의 아동문학 및 문화운동 활동의 공로를 인정받아 1957년 5월, 제1회 소파상을 수상하게 된다. 소파상은 윤석중이 주간으로 활동하던 '새싹회'가 제정한 상이었다. 1963년 5월에는 서울교육대학과 노래동산회가 주관하는 제1회 '고마우신 선생님상'을 수상한다. 1968년 창경궁에 그의 노래비 '반달'이 세워졌으며, 1970년에는 국민훈장 '목련장'을 수훈하기도 했다.

윤극영은 조재호(초대회장)를 비롯한 여러 회원들과 함께 1969년 6월 12일 색동회를 다시 한번 발족한다. 1973년부터 1974년까지 제4대 색동회 회장을 역임하기도 했다. 1987년에는 제1회 KBS 동요 대상을 수상했으며, 1987년 어린이 심성 계발을 위한 '동심문화원'을 설립해 운영하다 1988년 11월 15일 85세의 나이로 동심을 위한 생을 마감한다.

3. 나오며

윤극영은 시대의 질곡 속에서 한평생 어린이 문화운동과 동요 창작 및 보급에 생을 바쳤다. 한국 아동문학사뿐만 아니라 우리들의 가슴 속에 그가 남긴 노래는 아직도 대중에게 회자되고 있다. 하지만 색동회, 다알리아회, 노래동무회 등을 통해 그가 남긴 작품은 1926년 23세 때 간도에서 펴낸 동요 작곡집 『반달』과 1964년 시와 동요 등을 모아 세광출판사를 통해 발간한 『윤극영 111곡집』이 전부였다. 다행히 사후 16년 만인 2004년 며느리인 이향지의 노력으로 『윤극영 전집 1, 2』이 출간되어 그가 걸어온 발자취를 온전히 복원할 수 있었다.

나라 잃은 시대 어린이들에게 삶의 구원자이자 위안자로서의 그의 공로는 마땅히 인정받아야 한다. 그의 육신은 우리 문학사에서 사라졌지만 "오늘도 샛별이 되어 등대가 되어 어린이의 마음을, 그들이 걸어갈 길을 밝게 비추길" 바라는 그의 마음은 영원할 것이다.

참고자료

『동아일보』, 『조선일보』, 『중외일보』
『어린이』 외 일제강점기 아동잡지

윤극영(2004), 『윤극영 전집 1, 2』, 이향지 엮음, 현대문학.

윤삼현(2011), 「윤극영의 동요세계 - 일제강점기 창작동요를 중심으로」, 『한국아동문학연구』 20, 한국아동문학학회.

윤석중(1985), 『어린이와 한평생』, 범양사.

장유정(2012), 「근대전환기 윤극영의 창작 동요 연구-한국 최초의 창작동요집 『반달』을 중심으로」, 『구비문학연구』 35, 한국구비문학학회.

장유정(2015), 「미공개 『어린이』에서 발견한 윤극영의 동요」, 『근대서지』 12, 근대서지학회.

정인섭(1981), 『색동회 어린이 운동사』, 휘문출판사.

최명표(2012), 『한국 근대 소년문예운동사』, 경진.

나의 회고록. 어린이들의 영원한 친구. 반달 할아버지 윤극영 선생님(https://www.youtube.com/watch?v=8TNnDkOg5Ls)

동요 반달의 작곡가, 윤극영 님(https://www.youtube.com/watch?v=omyC74DsXqY)

반달 그때 그 목소리, 작사·작곡 윤극영, 노래 이정숙(https://www.youtube.com/watch?v=fjbysuBKKVM)

어린이 만세, 반달 할아버지 윤극영 선생님(https://www.youtube.com/watch?v=lGuYlSFdLO0)

푸른하늘 은하수 60년, 반달 할아버지 윤극영 선생님(https://www.youtube.com/watch?v=7oX9bJbih1I)

경계를 넘는 삶과 문학,
강경애

윤영실
숭실대학교 한국기독교문화연구원

1. 식민지 조선 빈농의 딸, 한국의 대표 작가가 되다

강경애(姜敬愛, 1907-1943)는 오늘날 한국의 대표 작가 중 한 명으로 평가받지만, 그녀의 삶은 평생 주변부에 머물러 있었다. 고단한 삶은 식민지 조선에서 빈농의 딸로 태어났을 때부터 운명처럼 주어졌지만, 야학과 사회운동, 간도 독립운동에 투신했던 그녀의 적극적 선택이기도 했다. 강경애는 피식민자로, 여성으로, 빈자로 겪어야 했던 차별과 불행을 그저 수긍하지도 거부하지도 않으면서, 모든 억

_____ 강경애

압받는 이들을 향한 따뜻한 공감과 불의에 대한 저항으로 승화시켰다. 그녀의 작품들은 민족, 계급, 성(젠더) 문제를 두루 다루고 있으면서도 특정한 이념으로 환원되지 않는 독특한 시선과 생생한 구체성을 지녔다. 이런 작품 경향은 한때 리얼리즘에 미달한 자연주의라고 비판받는 원인이 되기도 했지만, 고통스러운 삶의 심연에서 길어올린 작품의 진정성은

이론의 유행이나 시대를 뛰어넘어 오늘날에도 큰 울림을 준다.

　강경애는 1907년 4월 20일 황해도 송화 지역 가난한 집 딸로 태어났다. 5살 때 아버지가 돌아가신 후 재혼한 어머니를 따라가 의붓아버지 밑에서 성장했다. 어려운 형편에도 꾸준히 공부를 지속해서 1921년 평양 숭의여학교에 입학했지만, 1923년 동맹휴학에 가담했다가 퇴학 처분을 받았다. 이후 문학 강연회에서 만난 양주동(梁柱東)을 따라 서울에 와서 동덕여학교에 잠시 재학했고, 양주동과 결별 후 고향에 내려가 야학, 신간회(新幹會) 등의 사회운동에 종사했다. 강경애는 1931년 「파금(破琴)」으로 등단한 후 「어머니와 딸」(1931), 「소금」(1934), 『인간문제』(1934) 같은 문제작들을 연달아 발표했다. 하지만 문단에서는 여전히 주변에 머물러 있었는데, 여성이 문단에서 극소수였던 점 이외에도 1930년대의 대부분을 남편 장하일(張河一)과 함께 간도에 머물렀던 탓일 것이다. 강경애는 1943년 지병으로 이른 나이에 세상을 떠난 후 분단과 이념 문제로 남한에서는 오랫동안 잊혀 있었다. 강경애 문학에 대한 본격적인 재평가가 시작된 것은 사회주의 계열 작가들에 대한 해금이 이뤄지고 카프문학 연구가 한 차례 성행한 후인 1990년대부터였다. 강경애의 대표작인 『인간문제』는 소작농과 산업노동자를 두루 다루고 있다는 점에서, 이기영(李箕永)의 『고향』이나 한설야의 『황혼』을 능가하는, 식민지 조선 리얼리즘의 최고봉이라는 평가를 받기도 했다. 그러나 계급, 민족, 젠더의 이념적 경계들을 넘는 독특한 시선은 마르크스주의의 퇴조 이후에도 그녀의 작품들이 지속적인 생명력을 갖도록 하는 동력이 되었다.

　강경애의 작품들은 탈민족주의적, 탈식민주의적 페미니즘이라는 현대사상의 관점에 비춰보아도 시사하는 바가 크다. 미국에서 활동하는 인도 출신 학자인 가야트리 스피박(G. Spivak)은 「하위주체는 말할 수 있는가」라는 도발적인 논문으로 큰 반향을 일으켰다. 이 글에서 스피박은 영국 식민지기 인도의 사티(Satī) 풍습을 조명한다. 사티는 죽은 남편을 따라 처첩을 산채로 화장하는 풍습이다. 영국 제국주의자들은 사티 같은 '야만'적 억압에서 인도 여성들을 구하기 위해 '문명화=식민화'가 필요하다고 주장했다. 반면 인도 토착 남성 지배층은 사티를 비난하는 백인들의 서구 중심주의와 제국주의를 비판하면서, 인도 여성들은 스스로의 명예를 위해 사티에 기꺼이 동참했다고 맞섰다. 스피박은 서양 제국주의자들과 인도의 토착 지배층이 저마다 사티로 죽어간 인도 여성(들)을 대변한다고 주장할 때, 정작 그녀(들)의 목소리는 거듭 '침묵'당한다는 점을 강조했다. 스피박의 분석은 여러 방향의 비판적 사유들로 이어졌다. 우선 마르크스주의나 페미니즘, 민족주의 같은 이념이 각각 계급, 젠더, 민족이라는 특정한 관점으로 현실을 재단할 때, 여러 모순들이 복합적으로 작동하는 현실의 다양한 양상을 제대로 볼 수 없다는 비판이 제기된다. 제국 중심부의 백인 여성이 페미니즘 관점에서는 피억압자이지만 식민지에서는 지배자로 군림하는 경우, 혹은 민족, 계급, 젠더의 중층적 억압 아래 놓여 있던 식민지 조선의 '위안부' 문제를 민족주의 관점으로 환원하면 다른 억압들이 은폐되고 마는 경우. 이 각각의 경우들에 독특한 차이들, 차이들의 차이들에 더욱 민감해져야 한다는 것이 스피박의 주문이다. 한편 스피박은 '하위주체(the subaltern)'를 재현, 대표, 대변하는 행위가 정작 하위주체의 목소리를 침묵시킬 수 있다는 문제를 제기하면서, 한편으로는 하위주체의 목소리에 귀 기울이기 위한 지식인의 비판적 자기성찰을 요구하고, 다른 한편으로는 지식인의 대표 혹은 재현으로 환원될 수 없는 하위주체의 역량이나 다중적 차이들을 강조한다. 스피박의 이론은 종종 현학적인 난해함으로 비판받기도 하지만, 식민지, 하위계층, 여성의 복합적 현실에 더 가까이 접근하려는 방향성만큼은 인정할 만하다. 그리고 바로 그런 점에서 강경애의 문학이 지닌 문제의식과 상통하는 면이 많다. 이제 강경애의 작품들을 통해 그 문제의식들을 좀 더 구체적으로 살펴보도록 하자.

2. '하위주체'에게 '말 걸기'를 통한 지식인의 비판적 자의식

강경애는 궁핍하고 핍박받는 하층민의 삶을 재현하는 데 일관된 노력을 기울였다. 그녀는 작가로서 명성을 얻은 뒤 고향 근처의 몽금포를 방문했을 때를 이렇게 적고 있다.

오! 저 계집애는 이 농촌에 사는 가난한 어부의 딸이구나 하였다. 그 머리며 손발의 장대함… 이번에 내가 여기 온 것은 저들의 생활을 탐구하러 왔어야 할 게다 하는 부르짖음이 내 가슴을 뜨겁게 흔들어 놓았다. 오냐 작가로서의 사명이 뭐냐. 이 현실을 누구보다도 똑똑히 보고 또 해부하여 가지고 작품을 통하여 일반대중에게 나타내 보이는 데

있는 것이 아니냐. 예술이란 그 자체가 민중의 생활과 분리되는 데 무
슨 가치가 있으랴.　　　　　　　　　　 ―「어촌점묘」, 『조선중앙일보』(1935.9.1~6)

　이 글에서 작가는 몽금포의 수려한 자연경관에 도취되었다가도, 그 풍
경 곳곳에 스민 어민들의 가난한 삶의 흔적에 주의를 돌린다. 나아가 작
가로서 자신의 사명은 가난한 민중의 현실을 탐구하고 작품에 담아내는
것이라는 다짐을 되새긴다. 그런데 당대의 프로문학이 마르크스주의에
기초해 소작농민, 노동자 같은 특정 계급에 초점을 맞추고 있는 것에 비
해, 강경애 소설이 그려 내는 '민중'은 훨씬 다양한 폭을 지니고 있었다.
그들은 기생(「동정」), 중국인 지주의 딸(「채전」), 어민(「장산곶」), 아편쟁이
(「아편」)들로, 계급, 민족, 젠더 중 어느 하나의 이념적 틀로 환원되지 않
는, 다양한 차원의 억압 아래 놓인 인물들이었다. 그들은 작가가 책에서
배운 것이 아니라 삶의 현장(특히 간도)에서 마주쳤던, 타인들의 구체적
모습이었다.
　그런데 강경애는 민중의 재현(representation)과 민중 사이의 거리를 끊
임없이 의식하면서, 지식인인 자신의 위치에 대한 반성과 성찰을 이어
간다. 강경애의 소설들 중 1인칭 화자를 설정하거나 여성 작가가 등장하
는 경우는 예외 없이 이와 같은 작가의 반성적 자의식이 투영되어 있다.
「그 여자」(1932)는 간도 이주 농민들과 그들을 대표하여 연설하는 지식인
여성 사이의 거리감을 날카롭게 드러내고 있다. 용정에 거주하는 여류
문사인 마리아는 어느 날 외곽 농촌지역(얼두거우)에서 연설을 하게 된
다. 그녀는 고향에서 보아 온 농부들이란 '오직 먹는 것과 애 낳는 것, 일

하는 것밖에는 아무것도 모르는' '불쌍한 인간들'이기에 과연 자신의 말
을 알아들을까 염려했지만, 막상 연단에 오르자 스스로에게 도취되어 열
변을 토한다. 이 부분에서 작가는 마리아가 농민들을 바라보는 시선과
농민들이 마리아를 바라보는 시선을 나란히 겹쳐 놓음으로써, 그들 사이
에 놓인 괴리를 선명하게 보여 준다. 마리아는 '농민과 노동자를 부르짖
고' '내 땅'을 등지고 간도로 이주해 온 농민들을 비난하며 동포애와 민족
애를 호소한다. 그러나 농민들은 마리아와 같이 '공부한 신여성'이 '어떻
게 노동자, 농민을 알게 되었을까'라는 의구심을 지니며, 마침내 마리아
가 동포애를 운운하는 대목에서 분노를 터뜨리게 된다. 마리아가 '민족
주의'라는 이념에 따라 동일시하고 있는 '동포'라는 관념은, 농민들이 고
향에서 뼈저리게 경험한 지주와 소작인 사이의 계급적 차이와 억압을 지
우고 있었기 때문이다.

> 마리아의 말과 같이 슬픔과 괴로움을 같이하는 그들이었던가! 그들의
> 사정을 털끝만치라도 보아주는 그들이었던가. 군중의 눈앞에는 그 지
> 주의 그 눈! 그 얼굴이 새삼스럽게 커다랗게 나타나 보였다. 그리고 자
> 기들이 쫓겨났던 그때 일이 다시금 나타나 보였다. '민족이 뭐냐! 내
> 땅이 뭐냐!'

「유무」(1934)는 작가로 활동하는 여성 인물인 '나'가 자신의 집에 세들
어 살던 복순 아버지가 해 준 꿈 이야기를 회상하는 형식이다. 작품에서
복순 아버지의 꿈으로 처리된 내용은 만주의 항일운동가들이 겪은 일제

의 잔인한 탄압을 암시한다. 일제는 1931년의 만주사변 이래 만주에 대한 통치권을 급속히 강화해 나가는 한편 '치안숙정공작'을 통해 항일세력을 철저히 탄압했다. 특히 1933년부터 1934년까지 만주 한인 사회주의자에 대한 집중적인 토벌은 '백 명의 군중을 죽이면 그 가운데 공산당이 1, 2명 있었을 것'이라는 회고처럼 무차별적이고 잔인했다. 주목할 점은 복순 아버지의 '꿈' 이야기를 전해 듣는 '나'의 반응이다. 나는 몇 년 만에 재회한 복순 아버지의 수척하고 음산한 모습만으로도 어떤 알지 못할 거북함과 위압감을 느낀다. 나아가 '붓끝이란 참말 인생의 그 어느 한 부분이라도 진지하게 그려 보았던가?' 하는 의문과 함께 자신의 글이 지닌 '허위와 가장'을 아프게 되돌아본다. 이러한 설정은 일제의 무자비한 토벌에 희생당한 이들과, 이들을 재현하면서도 정작 일제의 탄압에서 비켜서 있었던 작가 사이에 놓인 거리감을 표현한 것으로 볼 수 있다.

이처럼 강경애는 지식인과 하위주체 사이에 엄연히 존재하는 거리를 잊지 않으면서도, 그 거리를 좁히기 위해 끊임없이 하위주체를 향한 '말 걸기'의 노력을 보여 준다. 그것은 가령 「그 여자」의 마리아가 그러했던 것처럼 지식인이 자선을 베푸는 위치에서 하위주체를 향해 일방적으로 발화하는 것이 아니다. 오히려 하위주체와의 접촉을 통해 자신의 한계를 되비추는 배움으로서의 '말 걸기(speaking to)'이다. 「동정」(1934)은 서술자인 '나'의 이러한 '말 걸기'의 시도와 좌절을 그림으로써, 하위주체에 대한 값싼 '동정'이 지니는 한계와 허위를 드러내고 있다. 여성 작가인 '나'는 우물가에서 날마다 만나는 한 여성에게 말을 걸어 그녀의 사정을 듣게 된다. 그녀는 가난한 농가 출신으로 아버지의 빚에 팔려 화류계로 넘거진, '산월'이라는 이름의 '매소부(賣笑婦)'였다. '나'는 그녀에게 약간의 환멸과 더 큰 동정을 갖게 되어 언젠가 그녀가 도망칠 때 도움을 주겠다는 약속까지 하게 된다. 그러나 어느 날 밤, 그녀가 진짜 도망쳐 '나'에게 도움을 청하자, '버쩍 싫은 생각이 들'면서 훗날을 기약하자는 애매한 약속으로 그녀를 돌려보낸다. 다음 날 아침, 그녀가 우물에 빠져 자살한 사실을 알게 된 '나'는 남편에게 매달리며 "산월이가 죽었대우! 불쌍해!" 하며 목을 놓아 운다. 이 짤막한 단편은 '내'가 잠시나마 한 매소부에게 품었던 여성으로서의 동질감이나 동정이 얼마나 기만적인 것이었는지를 보여 준다. 여성으로서의 동질감은 '나'와 그녀 사이의 계층적 '차이'로 다시 균열되며, '내'가 산월에게 보였던 어설픈 동정은 오히려 그녀를 죽음으로 몰고 갈 뿐이었다. 작가는 작품 속 '나'의 기만을 냉정하게 그려 냄으로써 지식인으로서의 자기 위치의 한계를 날카롭게 해부하고 있었던 것이다.

3. '침묵하는 타자'로서의 여성 하위주체에 대한 재현

강경애의 소설들에 등장하는 대부분의 여성 인물들은 성, 계급, 민족 모순에 의해 이중, 삼중으로 억압받은 하위주체들이다. 이들은 강간이나 인신매매 같은 성폭력의 희생자들이며, 일제의 통치 권력에 자식과 남편과 형제를 잃은 피식민자들이며, 자신의 '몸'을 유일한 생산력이나 생산 수단으로 삼아 생존을 이어 가는 소작농, 노동자, 유모, 매춘부 같은 무산계층이다. 성, 민족, 젠더라는 각각의 모순은 때로는 충돌하고 때로는 공모하면서 여성 하위주체의 고통스러운 삶을 규정한다.

「마약」(1937)은 보득아비가 아내를 죽였다는 죄목으로 일본인 순사들에게 끌려가는 장면으로 시작된다. 식민 지배 권력인 일본 순사들은 아내를 '죽인' 보득아비를 '법'으로 심판하면서 식민지 여성 하위주체의 보호자를 자처한다. 그러나 사건의 전말은 보득아비의 가부장적 권력과 이를 심판하는 식민 권력이 보득어미의 죽음에 공모하고 있었음을 폭로한다. 아편쟁이인 보득아비는 당국에 아편을 필 수 있는 권리를 '등록'할 돈을 마련하기 위해 아내를 중국인 진서방에게 팔아넘겼고, 보득어미는 자신을 겁탈한 진서방으로부터 도망치다 죽었다. 보득아비가 애초에 아편쟁이가 된 것은 실직의 고민과 좌절 때문이었는데, 재만조선인 실업은 일본 기업들의 민족차별로 인한 구조적 문제였다. 그러나 보득어미의 '법'적 보호자를 자처하는 일제의 식민주의 담론과 보득어미 자신에게도 깊숙이 내면화된 가부장적 담론 사이에서, 보득어미의 '목소리'는 '침묵' 당하게 된다. 작품은 최후의 순간까지 남편과 자식을 걱정하며 죽어가는 보득어미의 모습을 어떤 평가도 배제한 채 그려 냄으로써, 지배 담론 속에서 강요되는 여성 하위주체의 침묵을 효과적으로 형상화하고 있다.

그런데 강경애의 일련의 자기반성적 소설들이 보여 주듯 하위주체를 향해 '말을 걸려'는, 더 나아가 하위주체를 '재현'하려는 작가의 노력은 일종의 딜레마에 처하게 된다. 작가가 어떤 방식으로 하위주체를 재현하든, 바로 그 재현을 통해 하위주체의 경험의 직접성은 가려지고 하위주체의 목소리는 침묵당할 수밖에 없는 것이다. 스피박은 이러한 딜레마를 비켜갈 수 있는 유일한 방법이 하위주체의 경험을 어떤 담론에 의해서도 전유될 수 없는 '절대적 타자'로서, '접근할 수 없는 여백'으로서 보존'하는 것이라고 제안한다. 달리 표현하자면, 하위주체의 재현을 통해 오히려 기존의 담론들이 지닌 결여와 틈새를 조명하는 것이다. 강경애의 소설들은 여성 하위주체의 형상화를 통해 「마약」에서처럼 작가가 비판하고자 하는 지배 담론(가부장주의, 식민주의)의 틈새들을 보여 줄 뿐 아니라, 때로 작가 자신의 이념적 지향(계급, 여성, 민족해방)이 지닌 한계까지도 날카롭게 되비추고 있다.

「채전」(1933)은 중국인 지주의 딸인 수방이를 주인공으로 내세우고 있다는 점에서 이채를 띠는 소설이다. 수방이는 지주의 딸이지만 의붓어머니의 구박으로 온갖 잡일을 도맡아 하는 처지이기에 오히려 농장의 조선인 일꾼들에게 더 정을 붙이고 살아간다. 그러던 어느 날 수방은 자신의 부모가 농장 일꾼들을 해고하려는 계획을 엿듣고, 평소 자신에게 친절하고 머리핀도 사다 주었던 맹서방에게 이를 누설한다. 수방이 덕분에 농장 일꾼들은 단체 투쟁을 벌여 고용을 연장할 수 있었지만, 작품은 충격적인 결말을 맞는다. "며칠 후에 수방이는 소문 없이 죽고 말았다. 그의 머리에는 여전히 핀이 반짝였다."

「채전」에 대한 기존 연구들은 주로 농장 일꾼들의 단체 투쟁에 초점을 맞추어 그 과정에 대한 묘사가 치밀하지 않은 점, 특히 수방의 죽음이라는 결말이 작품의 주제를 흐리고 있다는 점을 비판적으로 평가해 왔다. 그런데 막상 작품의 서술은 주로 수방이라는 소녀를 중심으로 전개되기에, 이런 해석은 마르크스주의의 계급투쟁이나 민족주의 관점에서 이루어진 체계적 오독이라고도 할 수 있다. 기존 연구들이 작품의 주인공인 수방이를 배제한 채 작품을 해석할 수밖에 없었던 것은, 수방이라는 인물이 기존의 담론들에 포섭되지 않는 틈새에 놓여 있기 때문이다. 그러나 아이러니하게도 작품상에서 최대의 희생자는 바로 이 수방이라는 인물로서 그녀의 '목소리'는 작품 내외부에서 몇 중으로 억압당한다.

「소금」(1934)의 주인공인 봉염어미는 1930년대 만주의 복잡한 정세 속에서 성, 계급, 민족 등 다양한 차원의 갈등관계 속에서 철저히 희생당하는 인물로 그려지고 있다. 봉염어미의 남편은 공산당의 항일 무장투쟁세력에게 죽임을 당하고, 남편을 잃은 봉염어미는 의지하던 팡둥(중국인 지주)에게 강간을 당하고 쫓겨나며, 아들 봉식이는 공산당으로 활동하다가 일본 경비대에게 사형을 당한다. 먹고살기 위해 부잣집 유모 노릇을 하던 봉염어미는 자신의 자식들을 제대로 돌보지 못해 모두 병으로 잃게 되고, 혼자 남아 소금 밀수를 하다가 일본순사에게 체포당한다. 그런데 봉염어미는 상황에 대한 즉물적 반응과 삶에 대한 본능적 집착으로 일관하면서 독자가 기대하는 어떤 의식의 일관성도 보여 주지 않는다. 그런 이유로 「소금」은 리얼리즘과 페미니즘 양쪽에서 비판을 받기도 했다. 그러나 시각을 달리하여 보면, 작품 속의 하위주체를 작가의 이념을 대변하는 인물로 재현하지 않았다는 점이야말로 이 작품이 지닌 진정한 미덕일 수 있다. 흔히 강경애의 소설이 지나치게 '자연주의적'이라는 비난을 받는 것도 이처럼 작가가 자신의 선험적 이념을 유보한 채 하위주체의 체험의 직접성에 육박하고자 했기 때문이다.

4. '어머니 주기'와 공감과 연대의 가능성

물론 작가 강경애는 마르크스주의의 틀을 통해 세계를 인식했으며, 그녀의 많은 작품들이 계급해방의 전망을 제시하고 있다. 그런데 흥미로운 점은 작품 내에서 계급해방의 전망이, 주로 부재하거나 현존하는 남성 인물들을 매개로 여성 인물들에게 전달된다는 점이다. 「어머니와 딸」(1931-1932)의 옥이는 길에서 우연히 마주친 영실의 오빠를 통해 '몇 백 명의 노동자를 위하여 자기 몸을 희생해 바친' 그의 길을 따르겠다는 갑작스러운 의식의 전환을 이룬다. 「모자」(1935)의 승호어미는 항일 무장투쟁을 하다 처형당한 남편을 떠올리며, '아버지가 못다 한 사업을 이 아들로 완성하게 하리라'고 결심한다. 「어둠」(1937)의 영실도 항일운동을 하다가 처형당한 오빠를 끊임없이 떠올리며 자신의 소시민적 삶을 반성한다. 그러나 여성인물들이 계급의식을 각성하는 과정은 작품 내에서 구체적이거나 설득력 있게 그려지고 있지 못한다. 남성 인물들을 통해 발화되는 계급해방의 전망이 여성 인물의 삶의 구체성과 맞물리지 못한 채 공허한 권위적 담론으로 남아 있는 것이다.

여성인물들의 삶에 더욱 밀착된 문제는 오히려 아이에 대한 애착이다. 「어머니와 딸」의 예쁜이(옥이의 어머니), 「소금」의 봉염어미, 「모자」의 승호어미, 「마약」의 보득어미 등은 모두 아이에 대한 강한 모성과 애착을 지니고 있다. 그러나 자연적 본능으로서의 모성은 상황을 타개하는 힘을 지니고 있지 못하다. 「어머니와 딸」의 예쁜이는 삶에 절망한 채 결국 딸인 옥이조차 제대로 돌보지 않는다. 「소금」의 봉염어미가 지닌 모성본능은 상황에 따라 끊임없이 동요한다. 그런데 강경애의 소설들은 자연적 모성본능과는 다른 차원에서 '모성'이 지닌 윤리적 가능성을 탐색하고 있다. 「어머니와 딸」의 산호주가 대표적이다. 그녀는 원래 예쁜이의 딸이었던 옥이를 양녀로 거두어 친딸처럼 키워 낸다. 산호주와 옥이는 생물학적 모녀관계를 넘어선 깊은 연대감으로 맺어져 있으며, 이는 산호주가 옥이를 자신의 친아들인 봉준이와 결혼시키면서도 오히려 옥이에게 "믿지 마라! 남자를 믿지 말아라!"는 유언을 남기고 있는 데서 단적으로 드러난다. 산호주가 옥이에게 행하는 '어머니 주기(Giving the Mother)'는 생물학적, 본능적 차원을 넘어선 윤리적 결단으로서 산호주와 옥이 모두에게 자신 앞에 놓인 삶의 질곡(이 경우에는 남성들에 의한 억압)을 헤쳐 나가는 힘을 부여하고 있다.

한편 강경애의 소설들은 '어머니'를 매개로 성과 계층과 민족의 '차이'를 넘어서는 '연대'의 가능성을 시사한다. 「번뇌」(1935)에서 '주의자'로 활동하다 감옥에서 출소한 R을 따뜻하게 맞아준 것은 역시 아들을 감옥에 두고 있는 동지의 어머니였다. 「장산곶」(1936)에서 '어머니'는 식민지의 민족차별마저 넘어설 수 있는 매개로 그려진다. 같은 어업조합에 속해 있던 형삼과 시무라는 '민족'을 넘어선 우정을 키워 왔다. 시무라는 군대에 징용되어 만주로 떠나면서 자신의 노모를 형삼에게 부탁했지만, 시무라의 노모는 '조센진'을 꺼려 하는 일본인들의 영향을 받아 형삼을 멀리한다. 그러나 형삼은 어느 날 폭우 속을 걷고 있던 시무라의 어머니를 들쳐 업고, 등에 업힌 노파의 '미안하구먼!'이라는 쉰 목소리에 가슴이 찡해

옴을 느낀다. 식민주의 담론이 조장해 온 민족차별과 적대가 형삼과 시무라 어머니 사이의 인간적 관계맺음 속에서 힘을 잃고 있음을 보여 주는 것이다. 한편 「산남(山男)」(1936)에서 '어머니'의 존재는 지식인과 하위주체 사이에 깊게 가로놓인 간극을 넘어설 공감의 가능성을 보여 준다. 지식인 여성인 '나'는 어머니 병문안을 위해 고향에 가던 길에, 타고 있던 버스가 비탈길에 미끄러지는 사고를 당한다. 그때 근처 산막에 살던 사나이가 중병에 걸린 자신의 어머니를 병원까지 태워 주겠다는 약속을 받고 벼랑 끝에 걸린 버스를 끌어올려 줬다. 그러나 버스기사는 사고가 수습되자 사나이와의 약속을 어기고 버스를 출발시키며, '나'는 뒤늦게 그 사정을 전해 듣고 '걷잡을 수 없는 울음'을 터뜨린다. 「산남」은 1인칭 여성화자와 하위주체의 만남이라는 형식을 취하고 있다는 점에서 「유무」나 「동정」과 비슷하지만, 내가 그 '사나이'에게 느끼는 감정은 괴리감이나 부채감, 혹은 동정만은 아니다. 둘 다 병환 중에 있는 어머니를 두고 있다는 점에서 '나'는 그 사나이에 대한 이질감을 넘어 깊은 공감을 느끼고 있기 때문이다.

5. 강경애 소설의 이중적 전망과 『인간문제』

앞서의 작품들이 주로 윤리적, 개인적인 차원에서 모성(어머니)이 지닌 의의를 제시하고 있다면 강경애의 대표작인 『인간문제』(1934)에서 모성의 의미는 역사적 차원으로까지 확대된다. 작품 전반부의 배경인 용연동네에서 '모성'은 하위주체들 사이의 기본적인 삶의 원리로 작동한다. 이서방이 자기 자식도 아닌 첫째를 필사적으로 보살피고, 마름인 민수가 지주인 덕호의 심부름으로 빚을 받으러 갔던 집에서 아이들이 '엄마'를 부르는 소리에 자신의 딸 선비를 떠올리며 오히려 돈을 적선하고 오는 것, 혹은 선비모(母)와 신천댁, 할멈과 선비, 간난모(母)와 선비 사이에 맺어진 상상적 모녀관계 등은 모두 생물학적 가족관계를 넘어선 모성적 베풂과 보살핌을 보여 준다. 이러한 모성적 원리는 하위주체들 사이의 관계를 넘어 하위주체와 노동 대상인 사물 사이의 관계로까지 확장된다. 농민들이 땀 흘려 가꾼 조나 쌀, 선비와 할멈이 여름내 따 들인 목화송이 등은 유난히 '알'의 이미지로 형상화된다. '알'의 이미지는 노동하는 인간과 노동의 산물 사이의 관계가 마치 부모와 자식 사이의 관계처럼 전면적인 애정과 정성으로 맺어져 있음을 상징적으로 보여 준다. 특히 주인공인 선비의 '달걀'에 대한 애착은 생산과 출산의 겹침을 상징적으로 드러낸다. 모든 면에서 수동적이고 순종적인 선비는 자신이 애지중지 키운 달걀을 뺏기는 것에 유독 강한 분노를 느낀다. 용연동네의 하위주체들이 보여 주는 모성적 원리는 이중적 지배구조(주재소, 면역소로 대표되는 식민지 지배 권력과 정덕호로 대표되는 지배계급)를 전복할 수 있는 혁명적 에너지로 잠재해 있다.

모성적 원리가 지닌 의의는 작품 후반부와 비교했을 때 더 잘 드러난다. 작품 후반부에서 선비와 첫째, 형철은 인천의 방적공장 노동자와 부두 노동자로 일하게 된다. 그런데 근대적 노동공간인 축항과 공장에서 나타나는 노동자와 생산물 사이의 관계는 용연동네의 유기적, 모성적 관계와는 달리 '사물화'되어 있다. 용연동네에서 노동하는 인간은 노동의 산물(조, 벼, 달걀, 목화송이 등)과 자식을 대하는 듯한 애정관계로 맺어져 있었지만, 인천의 노동자들은 노동의 산물(얼레, 연돌)을 자신의 생명을 좀먹는 공포의 대상으로 느낀다. 이러한 의식의 전도는 단순히 농촌과 공장의 노동 강도의 차이에 의한 것이 아니라, 근대적 생산양식이 야기한 근원적인 노동소외로 말미암은 것이다. 이러한 관계의 변화는 노동자들 사이의 관계에서도 드러난다. 조직화되지 못한 일용직 노동자들은 자신의 하루 임금을 보장해 줄 일감을 차지하기 위해 서로가 대립·경쟁하는 관계다. 주인공인 신철을 제외한 부두노동자들은 모두 '붉은 끈', '외눈까풀이', '백동테 안경' 등의 제유적 명명법으로 지칭됨으로써, 소외되고 사물화된 인간관계를 단적으로 드러낸다.

물론 작가는 『인간문제』에서 사회주의적 변혁의 전망을 제시하고 있다. 신철을 매개로 한 첫째의 계급의식 각성과 간난을 매개로 한 선비의 계급의식 각성, 또한 이들을 중심으로 이루어지는 지하조직운동, 부두노동자들의 파업투쟁 묘사는 사회주의적 전망을 제시하고자 했던 작가의 의도를 잘 드러낸다. 특히 작품 말미에서 공장의 과도한 노동착취로 인한 선비의 죽음, 지식계층인 신철의 검거와 전향을 목도한 첫째의 울분과 깨달음은, 서술자의 목소리와 겹쳐지면서 이러한 '인간문제'를 해결하기 위해 첫째와 같은 수많은 노동자의 단결을 촉구하고 있다. 그러나 흔히 지적되듯이 『인간문제』에서 사회주의적 전망은 구체성이 결여되어 있으며, 선비와 첫째의 계급의식 각성도 설득력 있게 그려지지 못했다. 이는 작가의 사회주의적 이념이 무매개적으로 작품에 투사된 결과이며,

이는 '관념'으로서의 사회주의를 받아들인 식민지 시대 경향소설들의 일반적 특성이기도 하다.

그러나 『인간문제』의 또 다른 축을 이루고 있는 모성적 전망(어머니 되기)은 사회주의적 전망과 겹쳐지면서, 작품의 시간성을 중층화시키며 전망을 구체화하는 데 기여한다. 우선 작품상에서 병렬적으로 제시된 용연, 서울, 인천이라는 공간 자체가 식민지 근대의 비동시성의 동시성을 드러내면서 잔존하는 것, 지배적인 것, 돌출하는 것 사이의 복합적 관계로 형상화된다. 용연동네의 지주와 소작농 사이의 봉건적 관계나 모성적 원리가 잔존하는 것으로서의 비근대적 요소라면, 모든 공간을 불균등하게 관통하고 있는 근대적 법과 행정, 치안, 자본제 생산양식과 근대적 소비문화는 지배적인 것으로서의 근대적 요소에 해당한다. 한편 작가가 제시하고 있는 사회주의적 전망은 돌출하는 것으로서의 비근대적 요소라고 할 수 있다. 그런데 선비와 첫째의 경험과 의식에서 잔존하는 것, 지배하는 것, 돌출하는 것이라는 시간성의 세 가지 계기는 끊임없이 유추의 관계를 형성한다. 선비는 서울의 밤거리와 공장 감독관에게서 끊임없이 덕호의 모습을 떠올리며, 부당한 권력으로서의 공장 감독관에 대한 계급투쟁은 '덕호와 같은 놈들'에 대한 투쟁으로 자각된다. 첫째 역시 자신이 체험한 불합리한 근대적 '법'의 모순을 '원소(怨沼) 전설'에서 농민들을 억압했던 전근대적 '법'과 겹쳐 놓음으로써, 또 근대적 '법'을 위반하는 계급투쟁을 원소 전설에서의 농민들의 저항과 동일시함으로써 세 가지 시간성의 계기들을 중층화시킨다.

한편 작품 첫머리의 원소 전설은 작품의 결말과 상동관계를 이룸으로써 원소 전설이라는 과거의 결말이 사회주의적 전망이라는 미래와 겹쳐진다. 원소 전설은 농민들의 현실적 패배와 저항의지를 통한 낙관적 미래라는 두 가지 측면을 동시에 보여 주는데,『인간문제』의 결말 역시 선비의 죽음과 첫째의 각성이라는 결말을 통해 현실적 패배와 그를 넘어서 면면하게 이어지는 저항의 의지와 낙관적 미래의 전망을 제시하고 있는 것이다. 무엇보다도 용연동네에 투영된 비근대적 요소로서의 모성적 원리는, 사회주의적 전망이 추상적으로밖에 제시하지 못했던 사물화된 세계의 극복을 경험적 차원에서 형상화하고 있다. 용연동네의 모성적 관계는 서울 및 인천에서의 소외된 인간관계 및 자본주의적 상품 형식으로 전화된 생산물과의 사물화된 관계와 대비되면서, 작품의 표층이 제시하는 마르크스주의적 전망과는 또 다른 차원의 전망을 제시하고 있는 것이다.

이처럼 강경애의 소설들에서 마르크스주의적 전망과 모성적 전망이 분리된 채 이중적으로 발현되고 있는 것은, 다중적 주체로서의 강경애를 규정하는 계급과 성이라는 담론축들의 '차이'가 텍스트에 남긴 균열의 흔적이라고 볼 수 있다. 요컨대 작가는 이념적 차원에서 마르크스주의를 지향하고 있으나, 경험적 차원에서 작가에게 인간관계의 윤리적 근거이자 '물화되지 않은 관계'의 원형을 환기시키는 것은 바로 여성적 상상력을 통한 모성의 원리였다.

식민지 조선의
마르크스주의 역사철학자,

신남철

박민철
건국대학교 인문학연구원

1. 신남철의 삶:
식민의 땅에서 자라 분단의 땅에서 잠든 철학자

한반도에서 서구의 사상과 철학이 언제쯤 본격적으로 수입되었는지를 묻는다면, 그 답은 일제강점기이다. 물론 한반도의 서양철학 수용은 1900년대 초 이정직(李定稷)의 칸트 연구나 이인재(李寅梓)의 고대 그리스 철학사로부터 시작되었다고 볼 수 있다. 하지만 그들의 연구는 모두 유학의 관점에서 서양철학을 단순 해석한 것이었다는 점에서 서양철학 수용의 원래 의미와는 거리가 멀다. 분명 서양철학이 본격적으로 한반도로 유입·수용되고 연구된 시기였다. 특히 일본의 식민지라는 역사적 상황과 철저하게 맞물리면서 1920년대에는 사회운동적 관심에서 주로 마르크스주의를 중심으로 몇몇 서양철학 사조가 소개되었고, 1930년대에 이르러 경성제국대학(이하 경성제대) 출신 철학 연구자와 귀국 유학생들에 의해 서양철학 연구가 본격화되었다.

그러나 보다 중요한 것은 사회운동적 관심이건, 학문적 관심이건 이들의 서양철학에 대한 관심이 단순히 이론적 호기심을 떠나, 일제 식민지의 구체적인 현실을 극복할 수 있는 사상적 기반에 대한 탐구에 있었다는 사실이다. 일제강점기와 해방공간에서 서양철학은 무엇보다 식민지 시기의 민족적 억압에 대한 해방의 원리로서 연구되었다. 특히 일제강점기는 식민지 모순의 극복이 주된 시대정신으로 떠오른 시기였다. 이 시대를 살았던 철학자들은 이러한 시대정신 속에서 철학함의 의미와 실천적 역할에 대해 고민했다. 철학은 그러한 시대적 맥락과 더불어 민족해방의 실천적 이념을 제공하는 목적에서 철저하게 연구되었다. 이를 대표하는 철학자가 바로 신남철(申南徹, 1907-1958)이다. 하지만 이외에도 신남철을 기억해야만 하는 이유가 있다면 그가 '식민의 땅에서 자라 분단의 땅에서 잠든 서양철학 1세대 연구자'이기 때문이다.

이런 점에서 신남철의 삶과 사상을 이해하는 것은 단순히 식민지와 해방정국, 그리고 분단 시기를 살았던 어떤 특정한 한 개인의 삶과 학문을 이해하는 차원을 넘는 것으로서, 가장 격동적이었던 한국 현대철학사의 사상사적 흐름을 전체적으로 조망하는 작업이기도 하다. 우선 신남철의 삶에 대해 간략하게 살펴볼 필요가 있다.

신남철은 1907년 경성에서 태어나 중앙고등보통학교를 졸업하고 1927년 경성제대 예과 법문학부에 입학한다. 1931년 같은 대학 철학과 졸업과 동시에 대학원에 진학하여 철학과 조수(助手)로 근무를 한다. 대학원 재학 시 '조선사회사정연구회'의 회원이 되어 미야케 시카노스케[三宅鹿之助] 교수 밑에서 마르크스 경제학과 마르크스주의를 연구한다. 1933년부터 1936년까지 동아일보 기자, 1937년부터 1945년까지 자신이 졸업한 중앙고등보통학교의 교원 등을 역임하며 식민지 학계와 저널리

즘에서 활동한다. 해방 직후인 1945년부터 경성제대 및 서울대학교 사범대학 교수로 재직하다가 1948년(또는 1947년) 월북하여 북한의 김일성종합대학 철학과 교수와 최고인민회의 법제의원을 역임한다. 이후의 행적이 자세히 알려지지는 않았으나, 1958년 북에서 사망한 것으로 알려진다.

신남철은 시, 소설, 논문, 기사 등 약 120여 편의 글을 저술했다고 알려져 있다. 이러한 일련의 저술을 살펴보면 신남철이 비단 철학만이 아니라 문예, 어문, 시사 등 많은 분야에 관심이 있었음을 보여 준다. 그런데 그의 저술들을 살펴보면 대학시절 초기에는 문학 관련 글을 발표하고 대학졸업과 대학원 시절에는 헤겔 철학과 마르크스주의에 관련된 글이 주를 이룬다. 하지만 1933년 동아일보에 입사해 기자생활을 시작한 이후부터는 철학 관련 글보다는 문학작품, 평론, 기고글을 주로 썼다. 1936년부터 1945년까지는 상대적으로 알려진 글이 별로 없는데, 아마도 일제강점기의 중등교원이라는 직책 때문인 것으로 판단된다. 다시 1945년 해방 이후를 기점으로 1948년 월북할 때까지 일제강점기 당시 쓴 철학 관련 글을 모으고 몇 편의 글을 추가로 집필한 후 엮어서 신남철 철학에서 빼놓을 수 없는 두 편의 역작인 『역사철학』, 『전환기의 이론』을 발표했다. 1948년 월북 이후 김일성종합대학 철학과에 재직하면서 주로 서양철학사를 강의한 것으로 전해진다. 현재 북에서 쓴 글로 「남조선에 대한 미제의 반동적 사상의 침식」, 「실용주의 철학은 미제침략의 사상적 도구」와 같은 이데올로기 비판, 「연암 박지원의 철학사상」, 「이율곡의 철학사상」 등의 전통 철학 관련 논문들이 확인되고 있다.

2. 식민지 시대의 역사인식: '변증법적 유물론', 헤겔 철학의 마르크스주의적 해석

식민지 조선의 대다수 철학 연구자들이 그러했듯이, 신남철에게도 중요한 시대적 과제는 민족해방이었다. 신남철이 특히 주목했던 것은 당시 조선의 사회경제적 상황이었다. 구체적인 현실에 대한 객관적이고 냉철한 인식 속에서 해방의 사상과 논리를 발견할 수 있을 것이라는 철학자 고유의 믿음 때문이었다. 1934년 『동아일보』에 발표한 신남철의 「최근 조선 연구의 업적과 그 재출발 ─ 조선학은 어떻게 수립할 것인가」는 식민지 조선의 현실을 파악하는 데 필요한 구체적인 방법을 제시하는 글이다. 그는 여기서 역사 발전의 내면적 원동력으로서 사회적 생산관계를 과학법칙에 입각하여 파악할 것, 역사 서술의 기초 조건인 사료를 선택할 때 반드시 현대적 상황과의 연관관계를 통해서 파악할 것, 역사 발전 과정 전체가 거시적인 관점에서 한눈에 조망되도록 할 것 등을 제시한다. 세 가지 조건 중에서 특이한 점은 '생산관계'에 주목하라고 한 첫 번째 조건이다.

물론 이러한 방법론은 마르크스주의적 역사철학의 맥락을 보여 주는 부분이다. 신남철은 대학 졸업 이후 '생산력'과 '생산관계'의 변증법적 발전 법칙에 입각한 역사 고찰이야말로 과학적 연구라는 관점을 강하게 주장한다. 여기서 '생산력'은 자연을 변화시켜 인간에게 필요한 재화를 생산하는 능력이며, '생산관계'는 생산에 필요한 생산수단이 누구의 소유인가를 말한다. 예를 들어, 전근대 노예노동의 생산관계 형태는 농업이라는 생산력 단계에서는 일정한 효과를 발휘하지만, 근대산업생산의 국면에는 어울리지 않는다. 따라서 노동계급이 필요하게 되고 이것이 중세 봉건제를 지나 자본주의 단계로 이행하는 배경이 된다.

바로 이러한 변증법적 유물론이 신남철 역사철학의 바탕에 위치한다. 변증법적 역사 이해와 유물론적 세계관은 신남철의 철학에 헤겔과 마르크스 사상이 가장 중요한 기초로 자리 잡고 있음을 보여 준다. 신남철이 선택한 변증법적 유물론은 역사적으로 물질적 삶 혹은 경제적 삶의 모순이 지속되어 왔으며, 그러한 모순이 역사 발전의 원동력이 된다는 세계관이다. 신남철이 보여 주는 이러한 역사철학은 이미 수년 전 경성제대 재학 당시 헤겔 철학에 대해 썼던 그의 여러 글에서 확인할 수 있다.

일제강점기 당시 활동한 경성제국대학 출신의 서양철학 1세대들 중 마르크스주의적 입장에 서서 헤겔 철학을 연구하고 있는 대표적인 인물이 바로 신남철이다. 특히 그는 식민지 조선의 학술계에서 헤겔 철학의 마르크스주의적 해석을 가장 투철하게 수행했던 철학 연구자였다. 그는 헤겔 사후 100년인 1931년 당시 철학계의 이슈였던 이른바 '헤겔 르네상스'에 대해 서술하면서, 당시 새롭게 부흥하고 있는 헤겔 철학이 진정한 헤겔적 정신에 입각한 방식으로 이뤄지고 있지 않음을 비판한다. 신남철이 주장하고자 했던 것은 당시의 헤겔 철학는 헤겔이라는 이름 아래 마르크스주의를 수정·개정하여 무력화시키고 변질화시키려는 저의를 가지고 있으며, 따라서 오늘날의 헤겔 철학은 프롤레타리아트의 세계관으로서의 변증법적 유물론과 철저하게 결합할 필요가 있다는 것이었다.

특히 헤겔 철학은 '자유의 철학'으로서 '부정'과 '변화'라는 혁명적 계기를 지닌 철학임에도 불구하고, 당시의 헤겔 르네상스는 헤겔의 변증법적 논리에 관념론적이며 비역사적인 논리를 끼워 넣어서 헤겔 철학의 혁명적 요소를 제거해 버렸다는 것이다. 신남철이 봤을 때, 진정한 헤겔 르네상스는 '헤겔 체계의 정신 내용을 일반적으로 이해'하는 것이 아니라, '혁명하는 심장과 개혁하는 두뇌'와 같이 "역사 운동의 원동력이 되는 사물 간의 물질적인 모든 관계"를 철학적으로 파악하는 것이다. 따라서 진정한 헤겔 르네상스는 역사사회적 구체성을 여실히 파악하는 마르크스주의적인 변증법적 사유에 대한 부흥이 되어야 한다. 이때의 핵심은 관념론적 이론을 배제하며, 객관적이고 사회적인 존재에 대한 '인식'으로부터 출발해 '사회적 실천'을 문제시하는 '변증법적 유물론'이라고 할 수 있다.

신남철이 주장하는 헤겔 철학에 대한 마르크스주의적 해석은 1932년에 발표된 「신헤겔주의와 그 비판」에서 보다 강하게 반복된다. 신남철에 의하면 신헤겔주의는 자본주의 몰락기에 등장하는 이데올로기의 하나로서, 마르크스주의의 혁명적 방법을 이른바 헤겔의 정신으로써 온건화시키는 일종의 '관념학'에 불과한 것이다. 다시 말해 신헤겔주의에 있어서 생철학적 흐름이든 신칸트학파적 흐름이든지 간에 이들 양자 모두는 사실상 계급적으로 규정되어 있는 인간생활의 모든 형태를 다만 인식론적·형이상학적으로만 문제 삼았을 뿐이며, 역사적으로는 자본주의에 대한 수정과 마르크스주의에 대한 비판을 통해 '최고의 관념 형태'인 파시즘으로 이어졌을 뿐이다. 신남철 비판의 핵심은 신헤겔주의가 결국 혁명적인 방법론인 헤겔의 변증법을 온전히 계승하지 않고, 역사적·구체적인 성격을 추상화시켜 버린 방법론적 변형에 기반하고 있다는 것이다. 결과적으로 신남철은 헤겔 철학의 진정한 의미가 헤겔의 마르크스주의적 독해, 즉 역사적 유물론의 법칙과 세계관을 확립하는 데 있음을 다시한번 역설한다.

3. 전환기 시대의 역사철학: 역사적 개인들의 두 가지 실천 논리

'헤겔 철학의 마르크스주의적 해석'은 일제강점기 당시 신남철의 철학사상을 특징지을 수 있는 규정이다. 이미 1930년대 초부터 이러한 관점에서 다수의 글들을 발표했던 신남철은 1930년대 후반기에는 이러한 해석을 더욱 발전시켜 당대 식민지 조선에 필요하고 적용되어야 할 구체적인 역사철학을 완성시킨다. 간략하게 말해, 이는 억압적인 식민지 현실에 맞서 해방으로 나아가기 위해 피식민자의 주체적 실천을 강조하고 추동시키기 위한 역사철학적 이론이었다. 신남철의 문제의식은 한마디로 마르크스주의의 변증법적 인식론에 기초하여 피와 살을 지닌 인간의 역사적 실천의 논리를 재구성함으로써 식민지 현실에서 요구되는 해방적 실천을 위한 이론적 기초를 마련하는 것이었다.

여기서 신남철은 무엇보다 '근원적인 실천'을 강조한다. "근원적 실천은 역사적 계열에서의 모든 과정이 신체와 피부에 침투하여 절실하다는 것을 자각하고 자기의 몸을 그 과정의 운행에 내던지는 파토스적 행위"

인 것이다. 이처럼 신남철이 역사적 과정에 자신의 몸을 내던지는 실천을 이야기한 이유는, 식민지 현실을 타개할 주체들의 실천이 중요했기 때문이다. 험난하고 급변하는 역사의 과정에 자신의 운명을 과감하게 내던지는 '파토스(pathos)'적 행위로서 이 역사적 실천은 해방 이후 신남철을 사로잡았고, 나아가 그가 월북 이전까지 맹렬하게 추구했던 가장 핵심적인 철학적 주제였다.

> "이른바 철학하는 자의 할 일은 단순한 '테오레인[靜觀, 정관]'이나 '필레인[愛顧, 애고]'이나 '드레네인[苦悶, 고민]'만을 할 것이 아니라 '크리네인[批判, 비판]'하고 '마케인[抗爭, 항쟁]'하는 '호프로드로모스[先驅者, 선구자]'가 되는 것이었다는 점을 저버릴 수 없다."

신남철이 1948년에 발간한 『역사철학』 서문에서 등장하는 위의 글처럼, 신남철은 식민지로부터의 해방을 맞이한 조선의 철학자가 시대의 현실을 단순하게 '앉아서 구경'하거나 '고민'하는 것이 아니라 새로운 조선을 건설하기 위해 모든 것을 걸고 과거의 폐습을 '비판'하고 '저항'하는 실천적인 '선구자'가 되어야 할 것을 역설한다. 분명, 해방 직후 당시의 정세에서 긴박하게 요구되었던 역사적 현실에 대한 실천적 참여는 일제강점기부터 유지되어 온 신남철의 철학적 문제의식이었다. 이처럼 신남철은 헤겔 역사철학과 마르크스주의적 방법론을 결합시켜, 당시 조선의 해방정국에 임하는 개개인의 역사적 실천의 성격과 방향을 철학적으로 논증하는 데 주력했다. 신남철에 의하면 역사 발전의 원동력은 헤겔의 절대이념과 같은 관념적인 것이 아니라, 구체적인 현실에서 작용하는 인간의 실천이다. 역사 발전의 주체를 피와 살을 가진 구체적인 인간으로 설정하는 문제의식은 이미 앞서 살펴봤듯이 일제강점기의 신남철의 사상 속에서 출발하고 있었다.

해방 이후 신남철은 구체적 개인의 실천을 강조하고, 이것을 다시금 역사 발전의 필연성과 연결시키기 위한 이론화로서 헤겔의 '이성의 간지(List der Vernunft)' 개념에 대한 독창적인 재해석을 수행한다. 헤겔은 역사를 이성이라는 절대이념이 자신의 목적인 자유를 실현하는 과정이라고 보았는데, 이 목적 실현을 위한 방법을 '이성의 간지'라는 말로 표현했다. 역사의 발전으로서 자유의 점진적인 실현은 특수한 관심과 정열에 기초한 인간의 다양한 행위에 의해서 이루어지지만, 결과적으로 역사는 인간의 행위의도와 무관하게 독자적인 운동을 전개한다. 즉 이성은 개별적인 인간의 행위에 방해받지 않고 인간의 관심과 열정을 자기 목적 실현을 위한 단순한 하나의 수단으로서 활용한다는 것이다.

그런데 신남철은 헤겔 철학의 바로 이 지점을 강하게 비판한다. 그에 의하면 헤겔 철학은 역사 발전 과정에 있어서 일정한 역할을 담당하는 구체적 개인들의 주체적·의식적 활동을 전적으로 도외시한 한계를 갖는다. 여기서 신남철은 이러한 한계를 갖는 헤겔의 '이성의 간지' 개념을 역사적 개인들이 스스로의 희생을 감내하는, 이른바 '엄숙성에 관한 논리'로 전환한다. 개별적 인간의 행위를 통한 자유의 실현은 헤겔의 설명처럼 단순한 수단이나 우연적인 성질의 것이 아니라, 세계사적 자유 실현에 있어서 필수적인 요소이다. 그런데 이것은 자유의 원리에 대한 철저한 자각을 동반하는 '비판하는 인간'의 엄숙한 희생을 통해서 마련된다. 하지만 이때의 개인은 단순히 개별적인 인간을 의미하는 것이 아니다. 신남철에 의하면 그 개인은 세계사적 영웅으로서 개인이 아니라, 시대적 상황이 요청하는 자기헌신의 열정적 자각을 소유한 '집단적 개인'인 것이다. 따라서 신남철은 역사 발전의 진정한 원리는 헤겔 철학이 말하는 것처럼 정신의 자기실현이 아니라, 이러한 비판을 하는 개인들이 모인 집단적인 자기희생의 실천임을 역설한다.

신남철의 핵심적인 의도는 헤겔의 역사철학을 실마리로 하여 전환기의 실천 논리를 이끌어내려고 한다는 점이다. 헤겔의 역사철학에 등장하는 '세계사적 개인'과 '이성의 간지'에 의한 희생의 논리는 특히 역사적 전환기에 처한 당대의 현실에서 중요한 의미를 갖는다. 여기서 신남철은 이러한 헤겔의 역사철학으로부터 전환기였던 개인의 실천을 위해 두 가지 실천논리를 이끌어낸다.

첫째, 개인의 행복과 불행은 역사 발전에서 전혀 고려되지 않는다는 점이다. '이성의 간지'에서 신남철이 주목하는 것은, 개인이 자기 행위의 역사적 의미를 자각하지 못하는 데 있는 것이 아니라, 개인의 영욕이나 성공 여부에 상관없이 오히려 개인의 행복을 희생시키면서까지 진행되어 가는 역사의 냉혹함과 엄숙성에 있었다. 삶의 안락함과 자기실현을 위한 개인의 욕망과 정열은 역사 속에서 냉혹하게 무시된다. 하지만 이러한 냉혹한 역사가 결국 현실의 모든 인간에게 숙명처럼 달라붙어 있다는 점에서 '인간의 운명적 비극성'이 있다는 것이다. 따라서 당대의 역사적 과제를 위해 실천하려는 개개인은 이러한 역사적 엄숙성을 자각하여 자기희생을 각오하지 않으면 안된다.

둘째, 개인의 자기희생적 실천은 당대의 역사적 과제를 철저히 자각한 바탕 위에서 조직적으로 수행되어야 한다는 점이다. 여기서 신남철은 '세계사적 개인'에 부여된 역할을 '자기헌신의 정열적 자각을 지닌 집단적 개인'의 역할로 바꾸어 놓았다. 다시 말해 개인의 실천은 고립적으로 이루어지는 것이 아니라 '정치적인 당'을 매개로 조직적으로 이루어져야 한다는 것이다. 그럼으로써 개인은 아집과 어두운 정열에서 벗어나 '무명의 혁명가라는 위대한 의식' 아래 역사적 실천을 다하게 된다. 물론 이는 당시 그가 참여했던 정치세력과의 연관선상에서 이루어진 결과이기도 했다. 그럼에도 불구하고 이러한 혁명적 의식은, 달리 말해 역사적 전환기에 있어서 자기희생을 각오하는 일종의 새로운 정신의 탄생이자, 혼란스러운 해방정국에서 새로운 독립국가 건설을 위해 반드시 필요한 철학적 원리이기도 했다.

4. 신남철 역사철학의 특징과 그 의의

해방정국은 일제 식민 시대가 끝나고 새로운 시대가 도래하는 역사적 전환기였다. 이와 마찬가지로 해방정국에서 서양철학에 대한 연구 역시 급격한 전기를 맞이했다. 이 당시 발간된 거의 모든 철학 개론서의 서문에는 식민지 해방 이후 '새로운 국가 건설'이라는 시대적 문제의식이 잘 드러나 있다. 당시의 철학자들은 새로운 국가를 만들기 위한 철학의 임무와 역할을 분명히 자각하고 있었다. 이 중에서도 전환기가 요구하는 새로운 시대정신과 이론의 제공에 몰두했던 철학자를 꼽자면 단연 신남철이었다.

일제강점기와 해방정국을 통해 일관되게 추진했던 신남철의 철학적 문제의식은, 마르크스주의의 변증법적 인식론에 기초하여 피와 살을 지닌 인간의 역사적 실천의 논리를 재구성함으로써 식민지 현실에서 요구되는 해방적 실천의 이론적 기초를 마련하는 것이었다. 신남철은 그 시기 어떤 철학자들보다 변증법 사유와 유물론적 세계관의 결합을 가장 명징하게 보여 줬으며, 이를 기반으로 철학이 실천의 학이어야 한다는 사실을 확인하고, 전환기에 필요한 주체들의 역사적 실천 논리를 상세하게 논증하였다. 그런데 놀랍게도 이러한 신남철의 역사철학은 그의 사상 형성 초기부터 있었던 휴머니즘에 대한 믿음으로부터 출발하는 것이었다.

신남철은 르네상스 시기의 휴머니즘이 전환기에 처한 인간의 사상과 실천이 어떠해야 하는지를 모범적으로 보여 주고 있다고 생각했다. 신남철은 휴머니즘이 세 가지 특징을 지닌다고 규정했다. 첫 번째 특징은 전통에 대한 비판적 인식이다. 역사적 전환기에서 인간 주체는 새로운 가치들을 모색할 수밖에 없는데, 이는 전통에 대한 비판적 대결을 통해서만 확보된다. 두 번째 특징은 인간 자주성의 해방이다. 새로운 사회 건설을 담당하는 인간은 새로운 인간으로 거듭나야만 하는데, 이는 사회적 억압이나 기존의 통념에서 벗어나 자유와 책임을 다하는 자주성의 확립으로부터 가능한 것이었다. 세 번째 특징은 앞서 말한 동지애적 친애감, 이타적이고 희생적인 인간성이다. 이것은 전통에 대한 비판적 인식을 가지고 자주성의 해방을 위해 주체적으로 실천하는 사람들에게 자연스럽게 나타나는 특징이다. 이처럼 신남철이 말하는 휴머니즘은 단순히 인간성의 존중 및 그 실현을 주장하는 인간주의(humanitarianism)에만 국한되지 않는다. 오히려 그것은 역사적 전환기의 실천적 윤리로서 현실적 근거를 지닌 원리로 확장된다.

특히 신남철은 이러한 특징들을 기반으로 당시의 조선인들이 '휴머니즘적 인간'으로 변모되어야 할 것을 역설했다. 치열한 자기노력을 통한 휴머니즘적인 인간으로의 변화가 있어야만 해방 이후 새로운 민주주의 국가 건설이 실현될 수 있다고 봤기 때문이다. 구체적으로 그가 강조하는 휴머니즘적 인간은 첫째, 인간에 대한 자애로운 공감(kind feeling)능력을 갖춘 사람이다. 이는 감정과 이성의 조화를 통해 드러나는 본연의 인간성을 관대하게 존중하는 정신적 기질이다. 나아가 둘째, 자기희생의 사회적 정의감(unselfish)을 갖춘 인물이다. 이는 사회정의를 실현하기 위해 자신을 희생, 헌신하는 의로운 결단의 측면을 말한다. 셋째, 고전에 대한 교양(classical learning)으로 '역사적으로 본 휴머니즘의 의미'를 아는 인간을 의미한다. 과학적인 방법론의 관점에서 헤겔 철학의 마르크스주의적 해석에 몰두했던 신남철 철학에는 이처럼 다른 경로를 갖는 철학적 지반이 놓여져 있다. 다시 말해 마르크스주의적 관점만으로는 전환기의 시대에 대응할 수 없다는 인식이 그의 휴머니즘론을 유지시킨 이유였다. 이처럼 신남철은 당대에 제기된 이론적, 실천적 대립을 해결하는 데 혁명적 휴머니즘이 갖는 중요성을 강조하고 있었다.

마르크스주의, 휴머니즘으로 무장한 식민지 역사철학자 신남철은 안타깝게도 식민의 땅에서 자라 분단의 땅에서 자신의 삶을 마감하게 된다. 오늘날 신남철과 그의 사상은 한국 현대철학 관련 연구에서 지속적으로 등장하고 있다. 일제강점기 당시 조선 최고의 마르크스주의 철학자라는 평가부터 남북의 분단 체제 아래 희생당한 서양철학 1세대라는 평가에 이르기까지 그의 생애와 철학을 설명하는 규정은 다양하다. 하지만 무엇보다 중요한 것은, 바로 그가 우리에게 낯설었던 서양철학을 '지금, 여기, 우리'에게 필요한 현실 변혁의 논리를 만드는 데 활용한 '조선의 철학자'라는 사실일 것이다.

이론과 실천 사이에서 산화한
게릴라 철학자,

박치우

조배준
건국대학교 통일인문학연구단

1. 대학이 남긴 이름, 잊혀진 사람의 이름

혜화동사거리에서 이화동사거리를 거쳐 종로5가까지 이어진 서울의 대학로. 1980년대 중반 이후 문화·예술 거리로 조성된 대학로라는 이름엔 식민지 시기 경성제국대학과 미군정 시기에 건립된 국립서울대학교의 흔적이 담겨 있다. 1924년 1월에 경성제대 예과 건물이 들어선 이후 1975년 1학기에 의대, 간호대, 치대를 남기고 서울대 캠퍼스가 관악산 자락으로 이전하기까지, 동숭동의 이 자리는 '최고 권위'를 가진 고등교육의 상징이었다. 조선민립대학건립 운동의 열기를 억압하고 제국주의 일본이 세운 그 권위는 해방 후 '국대안 파동'을 거치며 한국 사회에서 줄곧 기득권을 누리는 집단의 '지배적 권력'으로 이어졌다. 그러고 보니 이 동네는 조선 시대에도 고급 관리로 진출하기 위해 노력하던 성균관 유생들이 여흥을 즐기던 곳이다. 여전히 성업 중인 문화·상업·교육 지구로서 오늘날의 대학로는 후대에 무슨 기억을 전달할까.

현재 한국 문화예술진흥원 '예술가의 집'으로 탈바꿈한 옛 경성제대의 본관을 둘러보며 문득 한 사람을 떠올렸다. 식민지 지식인으로 훈육되

경성제국대학 정문(왼쪽), 현재 '예술가의 집'이 된 본관(오른쪽)

었지만 '지금 여기에서 철학이란 마땅히 무엇이어야 하는가'를 자문하며 당파성을 당당히 옹호했던 서양철학 1세대 연구자. 해방 이후 분단국가의 남쪽에 머물며 지배 체제가 부여하는 권위에 안주할 수 있었지만, 과감히 그것을 거부했던 인문지식인. 일하는 사람들이 '주인'으로 사는 세계를 만들기 위해 시대가 당면한 과제를 자신의 두뇌로 사유하려고 했던 실천적 지식인. 일제와는 다른 형태로 도래하는 파시즘을 규탄하고 '가짜 민주주의'를 거부했던 사회주의 철학자. 좌익세력에 대한 탄압에 총을 든 손으로 응답하며 '빨치산(partisan)'으로 죽었으며, 1988년 해금 조치 이전까지 남북 모두에서 잊혀졌던 사람.

혼재된 기억의 프리즘 속에서 박치우(朴致祐, 1909-1949)의 문제의식은 사후 70년이 지나 다시 오늘날 우리 시대의 방향을 묻고 있다. 식민 역사의 청산과 반민주적 지배에 대한 저항, 남북 분단의 평화적 극복과 통일국가의 형성, 민주주의의 점진적 혁신을 위한 사회적 연대와 시민 주체의 참여, 기득권 중심으로 사회를 재편하는 자유주의 체제의 한계와 모순, 인간을 본위에 두고 역량을 축적해 가는 진보 정치의 힘 등, 그가 고민했던 주제들은 단지 해방공간에서만 유효했던 시대정신이 아니기 때문이다. 실천으로서의 이론, 이론으로서의 실천을 변증법적으로 함께 모색했던 그 철학의 방법은 오늘날에도 여전히 공동의 미래를 만들어 가는 데 중요한 역사적 지표이자 사유 과제로 남아 있다.

—— 박치우

2. '서양철학 1세대'의 철학에 대한 관점

박치우는 1909년 함경북도 성진(城津), 한국전쟁 중 김책시(金策市)로 이름이 바뀐 이 항구도시에서 가난한 목사 박창영(朴昌英)의 아들로 태어났다. 어려운 환경 속에서 수재로 성장한 그는 1928년 조선일보의 사주 방응모(方應謨)가 설립한 '춘해장학회'의 장학금을 받고 경성제대 법문학부 5기생으로 입학했다. 제국주의 엘리트교육과 식민지 우민화 정책의 수단으로 설립된 경성제국대학은 원활한 식민통치를 위해 고등교육을 통제하고 전문교육의 분야와 범위를 제한했다. 박치우는 전공을 선택하기 전 준비 과정인 예과 2년을 거쳐 3년 동안 철학 공부에 매진했다. 그런데 당시 독일의 국가주의적 철학을 힘주어 가르치던 교수들이, 폭넓은 지적 욕구를 가진 조선인 철학도들에게 풍부한 학문적 자양분을 제공하기에는 여러 제약이 있었다.

각 지방에서부터 경쟁을 뚫고 선별된 법문학부의 조선인 학생들은 무엇보다 식민지배를 영속화하기 위한 엘리트 관료, 소위 ‘내지인’의 지배를 합리화하고 ‘황국신민’을 계몽할 지식인 그룹으로 성장할 자원들이었다. 일상적 차별 속에서 불안과 자괴감을 느끼며 공부해야 하는 식민지 청년 지식인들에게 달린 이 같은 조건은 수시로 학생들의 정체성을 흔들고 사유를 위축시켰으리라. 조국은 처참히 무너져 강탈당했고, 사상적·문화적 전통은 단절되었으며, 우리말도 점차 잃어 가는 와중에 그들은 어떤 비전을 가지고 철학도로 공부할 수 있었을까.

　여기서 ‘哲學’으로 번역된 ‘philosophy’라는 서양의 학문 전통을 국내에서 처음 전문적으로 수학했던 이들이 ‘실천으로서의 철학함’이라는 근본적 문제의식을 공유하면서 함께 둘러앉아 독일어 원서를 읽는 풍경을 상상해 본다. 훗날 일제의 ‘교육칙어’나 ‘황국신민의 서사’를 모태로 ‘국민교육헌장’을 기초로 하고 일본군 시절을 추억하는 대통령 밑에서 유신독재의 관료로 활동했던 박종홍(朴鍾鴻), 서울대 철학과 교수직을 버리고 월북하여 김일성종합대학 철학과 교수로 일했지만, 전쟁 후 북한에서 숙청당한 신남철, 그리고 ‘총을 든 철학자’ 박치우가 그 당시엔 서로의 인식을 날카롭게 벼려 주는 동학(同學)이었으리라. 졸업 이후 철학적 실천 방향에 따라 서양철학 1세대의 인생 행로와 후대에 미친 영향력은 크게 달라졌지만, 지식인으로서 정치공동체에 복무해야 했던 그들에게 시대가 요구했던 해방 이후 민족사적 과제는 모두 특정한 이념적 지향의 국가 건설로 귀결되었다. 남북의 두 분단국가는 냉전체제를 거쳐 오며 공생적 적대관계, 적대적 유사 체제를 구축해야 했고, 그들의 학자적 운명은 결

국 독재적 권력의 필요나 취향에 달려 있
을 수밖에 없었다.

　1933년 박치우는 미야모토 와키치[宮本和
吉] 교수의 지도를 받아 당시 현상학적 존
재론으로 알려졌던 독일 철학자 니콜라이
하르트만(N. Hartmann)의 사상에 대한 졸
업논문을 제출한다. 졸업 후 그는 학교에
남아 지도교수의 연구실 조교로 있다가
1934년 9월, 26세의 젊은 나이에 평양 숭

—— 박치우와 그의 부인

실전문학교의 교수로 부임했다. 그즈음 혼인도 했던 박치우는 안정된 생
활 속에서 비교적 자유롭게 연구할 수 있었다. 그가 논문을 발표하고 토
론했던 '철학연구회'에는 당시 경성제대의 신남철, 박종홍, 도쿄제국대학
의 김두헌(金斗憲), 교토제국대학의 전원배(田元培), 미국 남가주대학교(남캘
리포니아대학교)의 한치진(韓稚振), 미국 시카고대학교의 갈홍기(葛弘基), 그
리고 독일 예나대학교에서 수학한 안호상(安浩相) 등 젊은 조선인 철학 연
구자들이 참여했다.

　박치우는 본격적으로 사회주의사상에 심취한 이 평양 시절 동안 당시
일본 제국주의 철학의 주류를 이루던 신칸트학파의 영향권에서 벗어나
'변증법'을 철학적 인식의 지평이자 존재의 합리적 형식으로 수용했다.
철학의 사명에 대해 관조적 이론을 향한 추구와 더불어 '이론적 실천'을
포함하는 주관적 측면을 동시에 지향해야 한다고 인식했던 20대 후반의
철학도는, 국가주의로 수렴되는 기존의 강단 철학 및 제국주의에 점령당

한 식민지의 노예 정신과 결별하고자 했다. 그가 파악한 철학은 '객관성'을 추구하면서도 늘 특정한 역사적 상황 속에서 계급적 '당파성'을 띠는 학문이었다. 이런 그의 다짐은 아래의 글에 표현되어 있다.

> 철학의 고향이 어느 곳이었으며 또는 그것이 여지껏 얼마나 호사스러히 자라왔든지 간에 손발 하나가 지극히 귀한 오늘의 우리로서는 공연히 몇 해를 두고 이 새로운 손님의 원적과 이력만을 들추고 앉았을 거를은 없는 것입니다. 이러한 의미에서 나는 아까 철학이란 무엇이냐를 물을 거를이 있거든 먼저 '철학은 오늘, 이 땅, 우리에게 있어서 마땅히 무엇이어야만 될 것인가', '마땅히 우리의 이 현실에 대하여 어떠한 책임을 분담해야만 될 것인가'라는 문제를 묻는 편이 백배나 더 중하고도 긴급한 일이라고 말하였던 것입니다.
>
> — 「아카데미 철학을 나오며 — 철학의 현실에 대한 책임분담의 구명」(1936)

역사와 현실에 적극적으로 참여하고 발언할 수 있는 '실천(praxis)으로서의 철학함'을 고민했던 박치우는 당면한 현실의 문제에 개입하는 철학적·세계사적 흐름을 주시하며 시대의 모순을 비판하는 철학을 지향했다. 형식주의와 개인주의에 매몰된 안일한 부르주아의 철학적 사고를 타파하고, 파시즘으로 대변되는 일체의 비합리적 관념 체계를 지양하며, 인민의 이름으로 진행되는 역사적 '당파성의 철학', '최대 다수의 최대 행복'을 실현하는 인민민주주의를 실천적으로 펼쳐 나가는 것. 이러한 박치우의 사상은 이 시기 이후부터 견지했던 그만의 철학적 정향(定向)으로 볼 수 있다.

하지만 평양에서의 안정적인 연구 환경은 채 4년을 채우지 못했다. 1938년 3월 일제의 강제적 신사참배(神社參拜)에 반대하던 숭실전문학교가 자진 폐교 결정을 내린 것이다. 이후 박치우는 호구지책으로 대학 재학 시절부터 인연이 깊었던 조선일보 학예부 기자로 살아가며, 때론 고매한 '평론가'로 지면에 등장하여 이 식민지 수도에서의 생활이 '그저 아무렇지도 않은 듯' 소시민적 삶을 살아야 했다. 하지만 그런 생활도 오래가지 못했다. '내선일체(內鮮一體)'의 바람이 더욱 거세지고 전쟁의 광기를 위해 식민지의 자체적 생명성을 말살하고 수탈하는 시기는 1930년대 후반부터 찾아왔다. 1940년 8월『조선일보』가 폐간되었을 당시, 박치우는 이미 경성제대 대학원 진학을 허가받은 상태였다. 아리스토텔레스(Aristoteles)를 중심으로 고대철학을 연구할 계획을 드러낸 마지막 학적부, 그리고 일제의 강압에 의해 궁여지책으로 썼든 아니든 친일 행적이 다분히 드러나는「동아협동체론(東亞協同體論)의 일성찰(一省察)」(1940)이라는 글 한 편은 대체 무엇을 의미하는 것일까. 해방 이전 그에 대한 공식기록은 여기까지가 사실상 마지막이다.

그즈음 어릴 적 시베리아로 선교를 떠났다가 17년 만에 돌아와 함경북도 온성군 훈계교회에서 시무하던 아버지가 별세했다. 또한 우리말과 우리글로 자신의 생각을 제한적이나마 표현할 수 있었던 언로가 완전히 차단당하자, 박치우는 더 이상 한반도에 머물러야 할 이유를 찾지 못한 것일까. 그가 언제 일제의 괴뢰국인 만주국(滿洲國)의 수도 신경(新京)으로 떠났는지, 거기서 얼마나 머무르며 어떤 활동을 했는지, 장기간 체류했다면 어떤 방법으로 가능했는지 적어도 1941년 초부터 1945년 해방 때까지 그의 생활을 해명할 길이 현재로선 없다.

3. 해방공간의 좌익 신문 『현대일보』와 월북 이후

'한성부'가 '경성부'로, 다시 경성부가 '서울'로 개칭되던 35년의 시간 동안 애처로운 수도의 풍경은 참 많이 바뀌었다. 1945년 10월 중순에서 하순 사이에 한반도의 북부를 가로지르고 어느새 남북을 갈라놓은 38선을 넘어, 박치우는 서울로 돌아왔다. 1945년 가을 이후의 해방정국에서 그는 남로당 정치 활동 이외에도 여러 조직 활동에 참가했다. 11월 9일 결성된 '임시정부 영수 환국 전국환영회'를 시작으로 '조선문학동맹', '조선문화협회', '민주주의민족전선' 등 여러 문화인·지식인 모임에 동참했다. 그는 1945년 12월부터 이듬해 6월 사이엔 박헌영(朴憲永)의 평양 방문을 세 차례 수행하며 김일성(金日成)과의 협의를 지켜보기도 했다.

혜화역에서부터 걷더라도 대학로에서 종로 방향으로 걸어 나와 다시 을지로로 들어가는 길은 채 3km가 안 된다. 대학로에서 시작한 박치우의 서울 생활은 해방 이후 을지로 2가에 사무실을 두었던 현대일보에서 마무리된다. 1946년 3월 25일 창간되어 좌익 계열의 일간지를 펴내던 이 신문사는 해방공간에서 박치우의 언론 활동을 가장 잘 보여 주는 흔적이다. 발행인과 주필을 함께 맡은 박치우는 주간으로 '한국 단편소설의 완성자' 이태준, 편집국장으로 시인 이육사의 동생인 문학평론가 이원조(李

源朝), 고문으로 모더니즘 시인 김기림(金起林) 등과 함께 이름을 올렸다. "『현대일보』는 자유 조선의 소리다. 세계 민주주의의 전령이다. 새 나라 건설의 전령이다"라는 취지를 창간호에서 천명했던 『현대일보』는 당시 미 군정의 좌익 활동 탄압 및 민생 정책의 무능, 그리고 우익의 파시즘적 행태를 가감 없이 비판했다.

_____ 『현대일보』 창간호

이런 언론 활동은 미 군정과 우익세력의 적대적 대상이 되었고 창간한 지 6개월도 채 되지 않은 9월 6일, 현대일보는 압수 수색을 당하고 정간되었다. 미 군정은 우익인 대한독립청년단에게 이 신문의 발행권을 넘겨 버렸고, 박치우는 자신과 남로당세력 전체가 곧 사면초가의 상황에 놓일 것을 직감했다. 10월 들어서는 대구에서 식량 배급과 관련된 시위로 촉발된 '인민항쟁'이 전국적으로 확대되었고, 곧이어

_____ 1946년 10월 대구에서 전국으로 확대된 인민항쟁이 발생한 지역

미 군정의 가혹한 남한 내 좌익 탄압과 무분별한 우익단체의 테러가 자행되었다. 이 혼란기에 박치우는 1946년 말에서 1947년 초에 월북했다.

박치우는 북으로 가기 얼마 전, 그동안 썼던 글을 모아 한 권의 책을 출판했다. 『사상과 현실』은 1930년대 중반 이후에 쓴 자신의 논문과 논

_____ 『사상과 현실』 초판(1946.
11.20) 표지(국립한글박물관)

설을 선별한 책으로 당시 3쇄까지 찍었다. 재간행되어 지금도 읽을 수 있는 그 책은 이 땅에 시대의 문제를 고민했던 자신의 사유와 지적 활동의 분투를 증언할 박치우가 남긴 작은 흔적이었다.

북으로 간 박치우는 박헌영의 지시에 따라 처음엔 정치 활동에 필요한 인쇄물을 공급하는 '해주인쇄소'를 설립하는 일에 참여했다. 그리고 1947년 10월 이후부터는 월북한 남로당 잔존세력을 교육하고 유격대로 양성하기 위한 강동정치학원(江東政治學院)을 세우고 운영하는 일에 매진하게 된다. 평안남도 강동군 입석리의 탄광촌에 마련된 그곳은 당원들을 재규합하고, 사상을 벼리고, 무장투쟁을 준비하는 군사학교였다. 박치우는 사상과 역사교육을 전담하는 정치부원장으로서 2년여간 이곳을 관리했으나, 그는 월북한 좌익이 곧 사면초가의 상황에 놓일 것을 직감했다. 1948년 8월 남조선인민대표자대회 이후에도 수세에 몰린 남로당세력은 1949년 9월 총봉기를 통해 강동정치학원생들로 구성된 유격대를 남파했다. '여순반란사건' 이후 입산한 세력과 더불어 이미 6월부터 400여 명이 오대산 지구로 투입되었다.

전쟁이 얼마 남지 않은 1949년 가을, 박치우와 그의 동지들은 자신의 삶과 신념을 증명하기 위해 죽음의 문턱으로 걸어 들어갔다. 그가 지휘하는 태백산 지구의 1군단은 군경합동 토벌대에 의해 결국 와해되었다.

_____ 박치우의 사망 소식을 알린 『동아일보』 기사

잔류병들은 제3군단 김달삼의 부대와 합류하여 저항했지만 박치우는 태백산 인근에서 주검도 없이 산화했다.

　"약 2주일 전 태백산 전투에서 적의 괴수 박치우를 사살하였다."

『동아일보』 1949년 12월 4일 자 기사에 짤막하게 소개된 신태영(申泰英) 육군참모총장의 이 말이 박치우의 마지막 행적이다. 남쪽은 물론이고 북쪽의 '혁명렬사릉'에도 그의 묘비는 없다. 그는 남과 북 모두에서 오랫동안 잊혀졌다.

　'제주 4·3 사건'의 주요 인물이었던 남로당원 김달삼(金達三, 본명 이승진)은 자신의 최후를 강원도 산골에 지명으로 남겼다. 우리나라에서 두 번째로 긴 공식 지명인 '김달삼모가지잘린골(정선군 여량면 봉정리)'. 스물여덟 살의 나이로 죽은 어느 빨치산 대장의 '모가지 잘린 골짜기'를 기억하는 것이 왜 중요했을까. 그렇게 해서라도 자신들의 무고를 증명하고 부락민의 목숨을 지키고자 했던 민초들의 마음이 읽힌다. 승자도 패자도 없는 전쟁 속에서 이름 없이 사라져 간 더 많은 사람들의 이름은 기억되지 못했고, 서로를 절멸시키려고 했던 상처는 두터운 피딱지가 되어 말라 버렸다. 마찬가지로 박치우의 비극적 운명은 전쟁 이후 진행된 박헌영의 숙청과 더불어 어쩌면 남로당세력의 예정된 파멸이었는지도 모른다. 분단국가 권력투쟁의 희생양들은 처절한 전쟁을 통해서만 독재적 지배 체제의 구축이 가능하다고 예감하지 않았을까. 물론 우리가 아는 분단의 역사는 이름도 없이 쓰러져 간 수많은 사람들의 실상을 있는 그대로 기록하지도, 고통을 기억하지도, 죽음을 애도하지도 못했다.

4. 해방공간 민주주의 담론의 현재성

박치우는 해방 이후 1년여 동안 민주주의 논쟁에 참여하면서 박헌영이 '8월 테제'에서 현 단계의 과제로 제시한 '부르주아 민주주의'의 제도적 달성을 우선 지지했다. 그런데 그가 궁극적으로 해방 조국의 새로운 민주주의로 품고 있던 이상은 자유민주주의가 주장하는 형식적·사적 소유중심적 시민민주주의를 넘어서는 인민민주주의였다. 노동을 통해 살아가는 절대다수의 '근로인민'이 바로 민주주의의 주권자이며, '최대 다수의 최대 행복'에 다가가는 것이 '인주주의(人主主義)'의 토대가 되는 민주주의로서, 파시즘과 전체주의를 낳은 근대시민사회의 모순을 극복할 수 있는 '진짜' 민주주의라는 것이다. 그가 원했던 새로운 한반도는 노동자가 노동을 통해서 자신의 정치적·경제적 자유를 실현하고 주체적으로 살아갈 수 있는 여건을 보장해 주는 민주국가였다.

다수자의 요구인 일대일이 관철되는 날 조선의 민주주의는 일대 비약이 필지(必至)일 것이다. 그것은 적어도 금(金)주주의적인 낡은 민주주의 그대로일 수는 없을 것이다. 능력대로 일을 시키지 않는 사회, 능력이 있고도 일을 안 해서 무방한 사회, 그리고 일을 하고도 분배에의 관여가 허여되지 않는 사회, 일을 않고도 분배를 독점할 수 있는 사회, 이러한 사회에서는 공평의 가상밖에는 안 되는 형식논리적인 일대일은 있을 수 있을는지 모르나 가장 참된 일대일, 현실적인 일대일, 현실적인 공평은 있을 수가 없는 것이다. 그러므로 민주주의라는 것이 자기 자신의 주의와 주장에 철저하려면 이른바 부르주아 민주주의에 주저앉지 말고 다수자인 근로인의 현실적인 일대일의 요구를 강력히 보증할 수 있는 근로인민민주주의에까지 자신을 진전시키지 않으면 안 되며 또 당연히 그렇게 되고야 말 이유가 여기에 있다. 이것을 예측 내지 각오할 줄 모르는 민주주의가 있다면 그것은 벌써 민주주의가 아니라 '금'주주의나 '물(物)'주주의 혹은 '지(地)'주주의 이외의 아무것도 아닐 것이다.
— 「전체주의와 민주주의」, 『사상과 현실』(1946)

그가 꿈꾸던 새로운 한반도는 노동자가 노동을 통해서 자신의 자유를 실현할 여건을 보장해 주는 곳, 노동으로 인한 소외와 계급사회의 대립이 사라지는 곳이었다. 근로인민이 경제적으로나 정치적으로나 주체로 살아갈 수 있는 사회를 만들어 가는 민주주의 국가. 그 이상을 실천해 가야 한다는 신념은 결국 그를 북으로 내몰았지만, 이후 박헌영과 남로당 세력은 북에서도 궁지에 몰릴 수밖에 없었다. 남북에 각각 정부가 세워지고 미국과 소련에서 이식된 분단국가주의적 정치제도가 시작된 이후, 이 땅에서 도달 가능한 '인민의 자기통치'로서 민주주의의 시간은 지속적으로 유예되었다.

박치우는 일제강점기 후반 이후 새로운 독립 조국의 미래상을 고민하던 실천적 '지식인'의 모습과 역사의 수레바퀴를 굴리기 위해 자신을 내던질 준비가 되어 있는 '혁명가'의 모습을 모두 가지고 있다. 그는 해방 조국이 무엇보다 일하는 사람들이 주인으로 살 수 있는 세상이 되길 원했고, 그 길을 넓혀 가기 위해 치열하게 '사유'하고 넓게 '연대'하자고 주장했다. 그것이 '일본 제국주의는 파시즘이다'를 목놓아 외치고 싶어도 반대로 말하고 써야 했던, 고통스러운 식민의 역사를 극복할 수 있는 길이자, 언제든 얼굴을 바꿔 도래할 수 있는 파시즘의 망령을 벗어날 수 있는 길이라고 생각했으리라. 나아가 박치우는 역사가 강요하는 불가항력적인 힘에 대한 굴복 요구에 맞서, 총을 드는 것으로 응전했고, 철학자로서 '당파성'을 당당히 옹호했다. 당시 그가 고민했던 문제들, 즉 반민족세력에 대한 처벌, 통일국가의 형성, 실질적 민주주의의 실현을 위한 점진적 혁신과 사회적 연대, 시민사회의 모순과 이율배반의 극복, 변증법적 현실 인식의 정치적·실천적 가능성 등은 당시 기준에서만 유효한 시대정신이 아니다. 실천으로서의 이론이자 이론으로서의 실천을 지향했던 그의 '철학함'은 오늘날에도 여전히 요구되는, 인문학 연구자들이 갖춰야 할 학문적 태도이기 때문이다.

　이런 점에서 박치우는 단지 1980년대 학생 운동가들이 숨어서 읽던 사상가로만 추억될 수 없다. 박치우가 분단국가의 남쪽에 머물 수 있었다면, 이후 한국의 철학계와 한국의 진보 정치는 어떤 변화를 겪었을까 하는 부질없는 가정을 해 본 적이 있다. 지배 체제가 부여하는 권위와 권력을 비웃으며 시대의 모순을 비판하고 비합리주의에 적극적으로 저항하는 꼬장꼬장한 서양철학 1세대 선배들의 모습. 들어 본 적 없는 그런 모습이 '한국 현대철학'의 자랑스러운 전통으로 후대에 전해지면 좋겠다는 오래된 기대가 있기 때문일 게다. 1945년의 고민, 즉 진정한 독립의 역사를 주체적으로 만들어 가자는 문제의식은 오늘날에도 여전히 한반도의 과제이다. 냉전의 종식 이후에도 여전히 독자적 체제로서 유지되는 분단 체제의 극복과 동아시아의 평화 실현, 인민의 자유와 평등이 실질적으로 보장되는 민주주의 같은 주제는 그와 우리 시대가 공유하고 있는 공통의 시대정신이기 때문이다. 그는 언제든 살아 돌아와 다시 묻는다.

　"철학은 오늘, 이 땅, 우리에게 있어서 마땅히 무엇이어야만 될 것인가."

춤추는 몸과 근대의 신여성,

최승희

황희정
강원대학교 문화예술·공과대학 무용학과

■ 이 글은 저자가 2016년 12월 『무용역사기록학』에 실은 「최승희 춤추는 몸과 일상에 나타난 근
대 신여성의 여성성 연구」를 수정 및 편집한 것이다.

1. 근대의 신여성, 최승희

근대 신여성의 출현은 일상 문화와 소비를 주도하며 새로운 충격을 주었다. 이것은 유럽이나 미국과 같은 선진 제국뿐 아니라 한국이나 중국, 인도와 같은 식민지·반(牛)식민지 경험을 가진 국가에서도 공통으로 나타난 현상이었다. 이러한 점에서 한국의 근대사와 여성사, 그리고 동아시아와 전 세계적 근대역사에서 신여성은 중요한 주제 영역을 차지한다고 할 수 있다.

_____ 짧은 단발머리의 최승희

한국 근대사에서 1920년대 출연한 신여성은 19세기 후반 한국 사회가 근대로의 길을 밟아 온 이래 여성을 둘러싼 가장 커다란 변화라는 점에서 주목하지 않을 수 없다. 여러 근대성의 의미 중에서 자기의식화의 개념은 여성 자신의 인격과 개성 존중, 자유연애와 자유결혼, 정조에 대한 도전, 남녀평등과 여성해방 등의 쟁점을 공공의 차원에서 제기하면서 남성이 지배하는 가부장의 한국 사회에 도전했다.[1] 즉 신여성은 자아실현을 꿈꾸면서 자신의 목소리를 공개적으로 드러냄과 동시에 사회진출을 모색하던 새로운 여성들을 말한다. 여기엔 신여성을 기존의 봉건적 여성의식의 여성들과 구분 지으려는 의미가 담겨 있다.

최승희(崔承喜, 1911-1969)는 결혼 제도 안에서 근대적 결혼을 실현하였다는 점에서, 급진적이기보다는 다소 절충적인 신여성의 모습을 보인다. 최승희와 남편 안막(安漠)의 관계는 서로 삶을 잘 이해해 주고 정신적 멘토이자 동등한 관계를 형성하는 오늘날의 결혼 문화와 흡사하다. 최승희는 "결혼하고 변한 것이 무엇인가, 결코 아무 것도 변한 것이 없다. 오히려 무용에 대한 열정이 날이 갈수록 더하여질 뿐이다"[2]라고 할 정도로 남성의 종속물이 아닌, 활동하는 여성으로서의 삶을 계속 이어 나갔다. 오히려 남편이 최승희의 예술 활동을 적극적으로 외조한 덕분에 최승희는 아이를 낳은 이후에도 당시 급진적 페미니스트들도 해내지 못했던 고소득 전문직을 가진 워킹맘의 삶을 실현하였다. 최승희는 자신의 전문성을 직업으로 연결하여 수익을 창출했으며 결혼과 일을 병행하는 데 성공했다.

최승희는 안막과 동반자적인 근대적 부부관계를 형성하였다. 최승희가 흥행 실패로 경제적 곤란에 처해 춤 공연이 어려웠을 때 남편의 협력

---

1 김경일(2016), 『신여성, 개념과 역사』, 푸른역사, 5쪽.
2 최승희(1937), 『최승희 자서전』, 이문당, 26쪽.

으로 1931년 2회에 걸쳐 춤 신작 발표회를 열고 조선 순회공연을 했다.[3] 남편 안막의 프롤레타리아 예술 운동은 최승희의 예술세계에 영향을 주어 피지배 민중의 고통과 이데올로기를 작품에 투영하였고, 이후 민족예술의 일환으로 전통 소재를 개발하고 창작하는 데에도 추진력이 되었다. 최승희는 오늘날의 기준으로 보더라도 실현하기 힘든 전문직 워킹맘으로서의 삶을 살았고 당시 두터운 관습의 틀 안에서 진보적 부부관계를 형성하였다.

최승희는 근대 신여성 중에서 양장 패션을 선보였던 여성으로도 또한 유명하다. 최승희는 당시 국내에서 흔히 볼 수 없었던 서구적 패션의 리더였다. 외출복뿐 아니라 집에서 입는 평상복도 양장을 입었다. 오늘날 신여성의 이미지는 주로 서양 패션 스타일을 연상하나, 실제 당시 근대교육을 받는 여학생들의 교복은 한복에서 실용성을 더해 길이가 짧아진 몽

_____ 베일 달린 모자를 쓴 최승희

당치마였고 졸업한 이후 신여성의 옷차림도 조금 더 고급 소재를 사용하고 서양식 소품을 곁들일 뿐 한복과 비슷하였다. 사치품인 양장은 오히려 고급 이미지와 상충되는 저임금 노동자 계층이었던 버스안내양, 여급 같은 직업여성의 유니폼으로 빠르게 도입되었다. 그 외에는 일부 신여성

---

3 김채원(2008), 『최승희 춤: 계승과 변용』, 민속원, 101쪽 참조.

들이 양장을 하였는데 자본주의사회의 사치와 허영의 상징으로 미디어에서 묘사되곤 했다.

최승희는 고등교육을 받은 엘리트였을 뿐만 아니라 양장을 훌륭하게 소화함으로써 내적·외적으로 모두 근대 신여성을 대표하는 패셔니스타가 되었다. '최승희' 하면 우선 그녀의 짧은 보브스타일의 단발머리가 떠오른다. 이 스타일은 일본이 1차 세계대전(1914-1918) 중

—— 숙명여고 동창들과 함께

유럽의 종군여성으로부터 시작되었다고 하며, 미국의 시네모드(스타들의 패션)로서 왕정(王正)[4] 말경에 일본에 건너왔다.[5] 이후 일본 직업여성과 여학생들 사이에서 양장열이 고조되면서 유행하였고, 우리나라도 1920년대 중후반부터 선구적인 소수의 여성들부터 시작하여 1930년대부터는 양장을 시작한 학생·신여성·외국에서 유학하고 돌아온 학생이 주로 단발을 하였다.[6] 단발은 여성에게 구시대의 의식을 버리고 문명을 맞이한다는 의미를 포함하고 있다.[7] 최승희는 한국춤을 출 때에만 전통적인 쪽

---

4 다이쇼 시대: 1912. 7. 30-1926. 12. 25.
5 황정윤(2002), 「일본 여성복식의 양장화에 관한 고찰」, 경성대학교, 27쪽.
6 임상임·김현경(1996), 「개화기 여성의 머리 모양에 관한 연구」, 『논문집』 32-2, 원광대학교, 682-683쪽 참조.
7 최혜실(2005), 「'신여성'을 가로지르는 욕망의 언어들」, 『여성학논집』 22-1, 한국여성연구원, 180쪽 참조.

진 머리를 하였고 현대춤을 출 때와 일상생활에서는 과감하게 한쪽으로 치우친 가르마를 탄 머리를 하였다. 이는 무용가로 활동하는 내내 유지되었다.

옷차림은 스커트 양장을 주로 입었다. 거기에 챙이 짧은 모자와 클러치를 소품으로 즐겨 매치하였으며 겨울에는 멋스러운 털코트를 걸쳐 세련되면서 고급스러움을 더했다. 이런 스타일은 당시 유행하던 아르데코(Art Déco) 패션이다. 1915년 파리국제박람회를 시작으로 미국에 영향을 주어 1930년대까지 유행한 이 스타일은 화려함, 모더니즘, 유행, 대량생산, 키치(kitsch), 아방가르드(Avant Garde) 등과 같은 양상이 절충적·혼성적으로 상호 접속되어 나타난 양식[8]이다. 최승희가 최신 유행의 서구 패션을 잘 소화한 패셔니스타로 등극한 것은 당대 스타로서 패션 감각이 뛰어났을 뿐 아니라 자신의 전문 분야에서 성공한 아우라를 가진 신여성이었기 때문이다. 치아를 드러내고 환하게 웃는 모습에서 자기확신을 볼 수 있으며 전통적 여인상과 대조적인 신여성으로서 당당하고 도도한 여성성을 엿볼 수 있다.

2. 최승희의 춤추는 몸

최승희는 한국 전통을 소재로 신무용을 창작한 한국 창작무용의 선구

---

8 장혜량(1996), 「아르데코 양식을 응용한 복식 디자인 연구」, 이화여자대학교, 3-4쪽.

_____ 〈광상(狂想)〉　　　　_____ 〈리릭끄 뽀엠〉　　　　_____ 어깨를 드러낸 최승희

자이자, 당시 신지식인 계층인 '신여성'의 대표적 아이콘이 되었다고 할 수 있다. 최승희의 작품은 초기에는 이시이 바쿠[石井漠]로부터 배운 서구적 표현주의와 남편 안막의 영향으로 보이는 프롤레타리아 경향의 예술 작품을 발표하였다. 1934년부터는 민족예술 춤을 창작해야겠다는 자각 후 본격적인 한국 전통 소재와 오리엔탈리즘 소재의 작품 활동에 매진하였다. 최승희의 춤은 현대무용부터 신무용에 걸쳐 있지만 춤의 소재 혹은 장르와 상관없이 그녀의 춤추는 몸에는 근대적 여성성이 일관되게 투영되어 있다.

　위의 세 사진의 표정은 각각 진취적인 선각자적 여성성, 부드러운 여성성, 요염한 여성성으로 복합적인 신여성의 모습을 담고 있다. 기본 자세는 몸통의 측면을 보이고 시선은 턱을 당겨 멀리 사선을 응시함으로써 각선미를 적극적으로 전시하고 있다. 노출이 있는 의상을 입고서도 전혀 위축됨 없이 상체를 뒤로 젖히고 팔을 올림으로써 전통적으로 노출되기 꺼려 하는 겨드랑이를 전면에 드러내는 데 주저함이 없다. 겉으로 드러나는 의상, 또렷한 화장, 짧은 보브스타일의 머리와 함께 신체를 전시하는 방법·표정·몸짓에서 전근대적 몸이 아닌 생각하는 여성의 자의식과 주체성, 대담함을 읽을 수 있다.

최승희의 작품에 드러난 몸 사용에서 우리는 전통적 가치관에서 탈피한 신여성의 주체적인 몸에 대한 태도를 볼 수 있다. 봉건시대 여성의 전통적 몸에 대한 인식의 특징으로는 수동성, 부드러움, 정조 중시, 어머니로서의 역할 강조를 들 수 있다. 여기에서 몸은 속살을 표출하기보다는 숨겨야 하고, 상체를 돌출시키기보다는 은밀하게 수그리며, 가슴은 수유를 위한 기능 외에 성적인 강조를 금기시해야 올바른 것으로 취급되었다. 외국인 혹은 기생이 아닌 무용예술가가 이런 봉건적인 몸에 대한 도전을 작품에서 예술로 승화한 것은 최승희가 처음이었다고 할 수 있다.

전통을 소재로 한 작품에서도 이러한 춤추는 몸은 이어진다. 〈화랑의 춤〉에서 상체는 시원스럽게 열려 있고 얼굴은 사선 위를 향한다. 재치 있게 무릎을 바깥으로 연 발랄한 소년과 같은 모습이지만, 몸의 사선과 환한 웃음은 남성 옷으로도 숨길 수 없는 여성성을 내뿜고 있다. 아주 짧은 기간 한성준(韓成俊)에게 한국무용은 배웠지만 탁월한 감각으로 최승희는 자신의 여성성을 부여한 새로운 한국춤을 예시하였다. 현대무용에서 상체를 뒤로 젖히고 사

_____ 〈화랑의 춤〉

_____ 〈보살춤〉

선으로 몸통을 틀어 선을 길게 늘이는 여성스러움을 강조하는 기법은 전통 소재의 춤에도 여전히 기본 바탕을 이루며 당당하고 자신 있는 신여성의 자기확신을 드러내고 있다.

〈보살춤〉에서는 제자리에 가만히 선채 우아한 팔 동작으로 시선을 집중시켜 감탄을 자아낸다. 동양의 고혹적인 아름다움을 근대적 여성성과 혼합하여 재해석한 최승희만의 오리엔탈리즘을 구현했다. 무드라(Mudra)의 대표 이미지에 해당하는 검지와 엄지를 붙인 손동작, 한쪽 골반으로 무게중심을 두어 비스듬히 선 자세, 너머의 세계를 바라보는 듯 살짝 기울인 얼굴은 느릿한 움직임과 함께 보살의 신비함을 실재(實在)로 만들며 서구인들을 매료시키는 신비한 동양적 여성성을 자아낸다. 반라(半裸)를 연상케 하는 파격적인 의상은 관음증적 시선인 남성적 시선에 순응함과 동시에 전통적 여성성에 도전하는 페미니즘적 성향을 나타낸다.

최승희는 고등교육을 받은 인텔리 신여성으로 무용가가 된 최초의 예술가이고 영리하게도 여성스러운 성적 매력을 안무 전략으로 예술작품 안에 적극 수용하면서 보수사회에 안정적으로 침습한 진보적 예술가였다. 로라 멀비(Laura Mulvey)가 주장하는, 가부장적 사회구조 안에 남성 주도적 입장에서 형성되어지는 관음주의적 측면과 제인 데스몬드(Jane C. Desmond)가 주장하는 정신분석학 측면의 자기만족적 전시주의에 입각하여 해석한다면, 최승희 춤에서의 여성성은 남성적 인식의 개념구조 안에서 보는 이의 기쁨을 위한 결과를 의미하고, 공연자 자신의 자기표현의 욕구를 만족시키기 위해 이루어진 결과라 할 수 있다.[9] 최승희의 춤은 부드럽고 정적인 전통춤이나 남녀 동작이 구분되지 않는 중성적 성격의 궁중춤과 상반되는, 교태스럽고 여성스러운 성적 매력을 관음주의적 측면과 자기만족적 측면이라는 양면에서 춤 예술로 수용하였다. 자신의 춤에, 근대에 싹트기 시작한 신여성의 주체성을 입혀 여성성을 부여함으로써 순응과 도전의 경계에서 독자적인 춤 세계를 구축해 나간 것이다. 그녀가 확립한 여성성, 자기확신의 자신감, 여성적 몸선의 적극적 전시는 이후 한국 창작무용에서 여성무용수의 전형으로 자리 잡았다.

3. 나오며

최승희는 20세기 한국이 낳은 최초의 한류스타라 할 수 있다. 한국춤뿐 아니라 다방면에서 화제가 되었는데 여기서는 대표적인 신여성으로서 최승희의 춤과 일상에서 확립된 근대 신여성의 모습을 살펴보았다. 19세기 말부터 조선 사회가 전근대에서 탈피하여 세계와 교류하면서 사회의 주변부에서 가장 먼저 태동한 계층은 근대교육을 받은 여성들이었

---

9 최원선(2004), 「Feminine qualities as conceptual embodiment in Korean dance: Decoding Seung-Hee Choi's dance」, 『대한무용학회지』 41, 대한무용학회, 205쪽 참조.

다. 이들은 '신여성'이라는 새로운 지식계층을 이루면서 유교질서 안에서 수동적이었던 여성의 역할을 거부하고 자아실현과 주체적인 삶을 이루고자 하였다. 그 대표적 인물인 최승희는 전통에서 서구적 패러다임으로 변화하고 있던 전환기에, 신여성의 위상을 높이는 데 기여하였다.

초기 현대춤 작품과 이후 전통 소재의 작품, 동양적 이미지의 작품을 통해 공통적으로 대담하면서 당당한 신여성의 면모를 엿볼 수 있다. 전통적 여성의 수동성, 부드러움, 정조 중시, 어머니로서의 역할 강조에서 탈피하여 성적 매력을 세련되게 작품화하였다. 여기에는 가부장사회에서 남성적 시선에 순응함과 동시에 전통적 여성성에 도전하는 페미니즘적 성향이 동시에 담겨 있다.

일상에서는 진보적 결혼생활을 실천했다. 자유연애와 정조 탈피를 주장했던 이전의 급진적 페미니스트들과 같은 연애를 추구하지는 않았지만, 남편 안막과 결혼 후 정신적 동반자이자 인생의 멘토로서 근대적 부부관계를 형성하였다. 최승희의 작품 성향 또한 남편의 영향을 받아 프롤레타리아 경향의 춤을 창작하고 이후 한국춤을 개발하였다. 그리고 일과 결혼생활을 성공적으로 병행하는 데 성공하였다. 패션 또한 빼놓을 수 없다. 당대 유명인사가 된 것은 최승희가 눈에 띄는 외모와 몸매에 어울리는 양장 패션을 선보임으로써 패셔니스타로 등극한 영향도 크다 할 수 있다. 과거와의 단절을 의미하는 짧은 보브스타일의 머리를 고수하였고 안팎에서 모두 양장을 하였다. 외출할 때 착용한 모자, 외투, 스커트, 클러치, 구두는 모두 세심하게 선택된 아르데코 양식의 코디였다. 우아하고 세련되면서도 자기확신에 찬 당당함은 신여성의 표본이 되었다. 최승희가 구축한 신여성의 전형은 당시를 대표하고 그녀의 춤 유산은 오늘날까지도 이어지고 있다. 그러한 점에서 최승희는 전문 커리어를 인정받아 상업적으로도 성공한 독보적인 근대의 신여성이라 할 수 있다.

김경일(2016), 『신여성, 개념과 역사』, 푸른역사.

김채원(2008), 『최승희 춤: 계승과 변용』, 민속원.

임상임·김현경(1996), 「개화기 여성의 머리 모양에 관한 연구」, 『논문집』 32-2, 원광대학교.

장혜량(1996), 「아르데코 양식을 응용한 복식 디자인 연구」, 이화여자대학교.

최승일(1937), 『최승희 자서전』, 이문당.

최원선(2004), 「Feminine qualities as conceptual embodiment in Korean dance: Decoding Seung-Hee Choi's dance」, 『대한무용학회지』 41, 대한무용학회.

최혜실(2005), 「'신여성'을 가로지르는 욕망의 언어들」, 『여성학논집』 22-1, 한국여성연구원.

황정윤(2002), 「일본 여성복식의 양장화에 관한 고찰」, 경성대학교.

사진 출처: 광주광역시립미술관 하정웅컬렉션.

인물로
보는
근대
한국